KB137186

미세먼지
극복하기

미세먼지 극복하기

김동식 · 반기성 공저

프리스마

글을 열면서

1952년 12월 5일부터 12월 10일까지 고기압의 영향으로 차가운 안개가 영국 런던을 뒤덮었다. 날씨가 추워지자 런던 시민들은 난방을 위해 평소보다 많은 석탄을 사용했다. 게다가 당시 런던은 교통 수단을 전차에서 디젤 버스로 전환했다. 그러다 보니 디젤 차량에서 발생하는 아황산가스, 이산화황 등이 대기 중으로 다량 방출되었다. 이런 물질들이 역전층으로 인해 대기에 체류하며 농축되어 고농도의 미세먼지를 만들었다. 얼마나 짙었는지 운전이 불가능할 정도였다. 다량의 석탄 그을음은 미세먼지이고, 황산가스가 2차 입자성 물질로 변하면 역시 미세먼지가 된다.

미세먼지는 사람들을 공격하기 시작했다. 첫날부터 그 다음 주까지 기관지염, 기관지폐렴, 심장질환 등으로 4,000명이 넘는 사람이 죽었다. 대다수는 노인, 어린이, 만성질환자였다. 그 후 몇 주 동안 8,000명 이상이 더 죽으면서 사망자는 1만 2,000명을 넘었다. 대참사였다. 이 사건은 전 세계의 환경오염에 대한 경각심을 일깨우는 계기가 되었다.

영국 의회는 1956년 청정대기법Clean Air Act을 제정하고 정부에서 공기를 관리하기 시작했다. 일련의 사건을 겪으면서 1987년에 세계보건기구WHO, World Health Organization는 미세먼지와 초미세먼지에 대한 대기질 가이드라인을 제정했다. 2013년에는 세계보건기구 산하의 국제암연구소에서 미세먼지를 사람에게 암을 일으키는 1군 발암물질로 지정했다.

이처럼 미세먼지는 인체에 해로워 '조용한 살인자'로 불린다. 미세먼지 문제는 날로 심각해지고 있다. 특히 우리나라는 봄철뿐만 아니라 사계절 내내 시도 때도 없이 미세먼지 나쁨 주의보가 발령되기 일쑤다. 미세먼지 마스크를 쓰지 않고 숨을 쉬는 것이 불안할 지경이다. 이처럼 어느 순간 우리는 하늘을 뿌옇게 뒤덮은 미세먼지 공포에 휩싸이게 되었다. 이제는 미세먼지와의 전쟁을 선포하고 적극적으로 대책을 마련하는 것이 시급하다.

그런데 우리나라에는 아직 미세먼지를 종합적으로 다룬 책이 없다. MIT 출신 기상기업인으로서, 그리고 자타가 공인하는 국내 최고의 기상 전문가로서 그동안 미세먼지에 대해 누구보다 관심을 갖고 그 해결책을 연구해온 필자들은 미세먼지에 대해 종합적으로 다룬 책의 필요성을 느끼고 의기투합하여 이 책을 집필하게 되었다.

대기 중에 있는 미세먼지는 사람들의 필요 때문에 발생한 물질들이 대부분이다. 대표적인 미세먼지 배출원으로는 석탄화력발전소와 석탄난방 등이 있다. 차량의 배기가스, 특히 경유 차량은 많은 미세먼지를 배출한다. 선박에서도 우리가 상상하는 것 이상으로 다량의 미세먼지가 배출된다. 여기에다가 중국에서 날아온 미세먼지가 의외로 많다.

이 책 제1장에서는 먼저 미세먼지란 무엇인지 미세먼지의 정체를 살펴보고, 미세먼지가 어떤 날씨 조건에서 만들어지는지 서술했다. 미세먼지는 날씨나 기후의 영향을 받지만 반대로 기후나 날씨에도 영향을 미친다. 또 산업에까지도 영향을 미친다. 이처럼 미세먼지가 날씨나 기후에 어떤 영향을 받고 어떤 영향을 주는지, 그리고 산업에 어떤 영향을 미치는지도 자세하게 들여다보았다.

제2장에서는 미세먼지가 건강에 얼마나 해로운지 미세먼지와 건강에 초점을 맞추어 살펴봤다. 미세먼지는 심혈관질환, 호흡기질환, 천식 환자에게 매우 나쁜 영향을 미친다. 2014년 세계보건기구 발표처럼 미세먼지로 인해 조기에 사망하는 인구가 700만 명에 이를 정도로 사망률에도 큰 영향을 미친다. 이외에도 미세먼지는 암을 유발시키고, 치매 증상을 악화시키며, 임신부와 아이에게 치명적인 영향을 미친다. 또 미세먼지 농도가 높아지면 우울증, 피부노화와 아토피염도 발생한다.

이처럼 미세먼지가 인간의 육체적·정신적 건강에 해롭다 보니 미세먼지 측정과 예측이 매우 중요해졌다. 제3장에서는 우리나라 미세먼지 오염도 현황과 환경부의 미세먼지 측정 방법, 장비, 예측 방법을 알려주고, 민간의 케이웨더 공기지능센터가 수행하는 미세먼지 예측에 대해서도 자세하게 소개하면서 미세먼지 환경기준 및 행동 요령에 대해서도 설명했다.

제4장에서는 실외 미세먼지뿐만 아니라 실내 공기 오염이 왜 중요한지, 그리고 실내 공기 오염도 측정이 왜 중요한지 설명했다. 실제 생활 속에서 더 위험한 것은 실내 공기 오염이다. 실내 공기 오염을 어떻게 해결할 것인가? 문재인 정부는 학교에 공기청정기를 보급해 이 문제를 해결하겠다고 했다. 그런데 한 가지 문제가 있다. 공기청정기를 항상 가동시키면 좋겠지만 상당한 전기 낭비가 아닐 수 없다. 실내 공기의 질을 측정하여 공기의 질이 안 좋으면 환기를 시키든지, 환기를 시킬 수 없을 정도로 실외 미세먼지 농도가 높으면 공기청정기를 가동해

야 한다.

중요한 것은 공기청정기를 가동할지 말지를 판단할 수 있는 실내 공기 오염도 측정기가 필요하다는 것이다. 이런 문제를 해결하기 위해 만들어진 것이 간이공기측정기다. UC 버클리 대학의 스미스Kirk Smith 교수는 간이공기측정기 자료를 정밀한 통계나 정교한 연구에 사용하기는 어렵지만, 미세먼지 농도와 공기오염 정도를 어느 정도 정확하게 측정할 수 있다고 주장한다.

실제로 이런 간이공기측정기들을 세계적인 건축회사들이 사용하고 있다. 예를 들어 건축회사 쿡폭스COOKFOX Architects는 뉴욕 시의 뱅크 오브 아메리카 타워Bank of America Tower를 설계한 회사다. 이 건물은 입주자 건강 평가에서 미국 최초로 최고 등급을 받았다. 아이디어는 무엇이었을까? 입주자들이 사무실이나 업무구역 내의 공기 흐름과 환기를 개별적으로 조절할 수 있게 한 것이다. 이렇게 하기 위해 건물 안에 간이공기측정기를 설치하여 입주자에게 창문을 열어도 안전한지 알려주었다. 만일 실외 공기의 미세먼지 농도가 높을때는 특수 필터로 미세먼지의 95% 이상을 걸러내는 공조기를 연동했다. 실내간이공기측정기의 필요성을 너무 잘 보여주는 사례다.

우리나라도 이런 마인드가 정말 시급하다고 생각한다. 학교에 공기청정기를 설치하는 것도 중요하지만, 공기청정기의 효율적인 운용을 위해서는 공기청정기와 함께 실내공기측정기를 보급하는 것이 더 중요하다.

제5장에서는 실내공기측정기를 설치해 공기질 개선에 성공하고 미세먼지를 극복한 유치원, 도서관, 병원, 백화점, 대형 매장, 고속도로 휴게소, 공기업 사례들을 다양하게 소개했다.

마지막으로 제6장에서는 정부의 강력한 미세먼지 정책의 필요성을 강조하고 실효성 있는 미세먼지 정책을 위한 제언을 실었다. 필자들은 지금까지 여러 언론 기고를 통해 줄기차게 우리나라의 미세먼지 정책이 바뀌어야 한다고 주장해왔다. 그러나 "중국에 미세먼지 감축을 요구하라", "석탄화력발전소는 없애야 한다", "미세먼지 절감을 위해 지구공학도 이용해보자", "미세먼지 관리 기준을 상향해야 한다", "미세먼지를 줄이려는 지속적인 정책이 필요하다" 등과 같은 우리의 주장에 대해 어떠한 대답도 듣지 못했다. 그러다가 문재인 정부가 들어서면서 혁신적인 미세먼지 정책에서 그 대답을 듣게 되었다. 감사한 일이다.

"맑은 하늘과 깨끗한 공기는 아이들의 권리입니다."

문재인 대통령의 말이다. 그러나 "맑은 하늘과 깨끗한 공기는 아이들뿐만 아니라 우리 모두가 누려야 할 권리입니다"라고 당당히 말하고 싶다. 이 책이 맑은 하늘과 깨끗한 공기를 되찾는 데 조금이나마 도움이 되기를 바란다.

공동저자 김동식·반기성

Contents

Chapter 4 실내 공기 오염과 미세먼지 측정 · 143

Chapter 5 미세먼지 극복 사례 · 191

Chapter 6 강력한 미세먼지 정책이 필요하다 · 221

Chapter 1
미세먼지의 정체

1. 미세먼지란 무엇인가

미세먼지가 인체에 해롭다는 사실을 알려주는 사건들

미세먼지가 인체에 해롭다는 사실이 최초로 알려진 것은 1948년 대기오염으로 인한 집단사망사건 이후다. 미국 펜실베이니아 주에 있는 인구 1만 4,000명이 사는 작은 도시 '도노라Donora'에서 스모그 사건이 발생했다. 주로 제철소와 황산 제조 공장이 들어선 도노라는 계곡에 위치해 있었기 때문에 평상시에도 짙은 안개가 계곡을 덮는 경우가 많았다. 1948년 10월 27일부터 안개가 끼고 바람이 불지 않는 날이 5일간 지속되었다. 공장에서 배출된 여러 종류의 유해 가스와 매연, 증기 등이 안개와 함께 섞여 공중에 머물렀다. 이로 인해 20여 명이 사망하고 6,000여 명이 호흡기 질병으로 입원 치료를 받았다.

미국에서는 왜 이런 사태가 벌어졌는지에 대한 역학조사를 실시했다. 그 결과 10㎛(마이크로미터) 이하의 오염 미세먼지로 인해 질병발생률과 사망률이 증가했고, 이 미세먼지가 건강한 사람들에게도 해로운 영향을 미칠 가능성이 높다는 것이 밝혀졌다. 이후 미국 정부는 대기오염대책과 함께 미세먼지에 대한 대기오염기준도 마련하기 시작했다. 이 사건은 미세먼지가 인체에 얼마나 해로운지 보여주는 대표적인 사례다.

도노라 계곡의 비극 이후 4년 만에 또다시 대기오염에 의한 엄청난 사망자가 발생한다. 1952년에 발생한 런던 스모그 사건은 그레이트 스모그Great Smog라고도 불린다. 1952년 12월 5일부터 12월 10일까지 차가운 고기압이 밀려오면서 기온이 뚝 떨어졌다. 대기가 안정되면서 영국 런던은 차가운 안개로 뒤덮였다. 런던 시민들은 평소보다 많은 석

1948년 10월 미국 펜실베이니아 주 도노라에서 발생한 스모그로 인해 20여 명이 사망하고 6,000여 명이 호흡기 질병으로 입원 치료를 받았다. 이 사건은 미세먼지가 인체에 얼마나 해로운지 보여주는 대표적인 사례다.

도노라 계곡 비극 이후 4년 만인 1952년에 영국 런던에서 발생한 스모그로 총 1만 2,000명이 사망하는 대참사가 발생했다. 이후 1956년에 영국 의회는 청정대기법을 제정했다.

탄을 난방에 사용했다. 여기에다가 디젤 버스에서 배출된 오염물질이 정체되었다. 다량의 석탄 그을음은 미세먼지이고, 황산가스가 2차 입자성 물질로 변하면 또한 미세먼지가 된다. 엄청나게 높은 미세먼지 농도에 수많은 사람들이 고통을 받고 죽어갔다. 총 1만 2,000명이 사망하는 대참사가 발생했다. 이후 1956년에 영국 의회는 청정대기법Clean Air Act을 제정했다.

이런 일련의 사건을 겪으면서 세계보건기구는 미세먼지와 초미세먼지에 대한 대기질 가이드라인을 1987년부터 제정했다. 우리나라 환경부도 미세먼지를 대기오염물질로 규정하고 규제하고 있다. 현재 '환경정책기본법 시행령'에 따른 미세먼지의 대기환경기준은 24시간 평균 100㎍/㎥ 이하며, 1년간 평균 50㎍/㎥ 이하다. 2015년부터 시행된 초미세먼지의 대기환경기준은 24시간 평균 50㎍/㎥ 이하며, 1년간 평균 25㎍/㎥ 이하다.

미세먼지는 눈에 보이지 않는다

공기 중에 입자상물질(고체나 액체 상태)이 부유하고 있는 상태를 일반적으로 에어로졸Aerosol이라 부른다. 통상적으로 먼지라고도 한다. 먼지의 입도粒度 범위는 0.001~1,000㎛이지만 50㎛ 이상의 먼지는 발생 즉시 땅에 내려앉는다. 따라서 일반적으로 50㎛ 이하의 먼지를 총먼지TSP, Total Suspended Particle[1]라고 부른다. 입자의 크기가 10㎛ 이상인 경우에는 도시 미관에 영향을 미치지만, 인체에 큰 영향을 미치지 않는다. 이런 이유로 1990년대 후반부터 총먼지 대신 미세먼지로 환경기준을 변경한

---

1 총먼지는 총부유분진 또는 총부유입자상물질 또는 총입자상물질이라고도 한다.

것이다. 1997년에는 한 발자국 더 나아가 입자 크기가 훨씬 더 작은 초미세먼지를 규제하는 대기환경기준을 도입했다. 지금은 크기가 더 작은 초극세먼지에 대한 연구를 하고 있다.

미세먼지(PM_{10})는 기상학에서 지름이 10㎛(1㎛=1,000분의 1mm) 이하의 먼지를 말한다. 미세먼지 중 입자의 크기가 더 작은 지름 2.5㎛ 이하의 먼지를 초미세먼지($PM_{2.5}$)라 부른다. 2.5~10㎛ 크기의 먼지를 거친 미세입자coarse particles($PM_{2.5}$~PM_{10})라고 부른다. 미세먼지는 모래 크기의 9분의 1로 크기가 작다. 사람 머리카락 지름(50~70㎛)의 약 7분의 1~5분의 1일 정도로 크기가 작다. 미세먼지보다 작은 초미세먼지는 머리카락 지름의 약 30분의 1~20분의 1에 불과할 정도로 매우 작기 때문에 사람의 눈에 보이지 않는다. 그러다 보니 공기 중의 미세먼지나 초미세먼지의 정도는 농도, 즉 세제곱미터(㎥)당 질량[마이크로그램(㎍)]으로 나타낸다.

미세먼지를 만드는 물질

아침에 일어나 하늘을 보면 희뿌연 날이 많다. 거리를 걸으면 기침이 나고 미세먼지 농도가 높은 날에는 더욱 심해진다. 그래서 우리가 미세먼지 가운데 살고 있다는 인식이 들지만, 사실 우리는 언제 어디에서나 먼지와 뒤섞여 살고 있다. 왜냐하면 우리의 삶이 이런 먼지를 만들어내기 때문이다. 사람들은 먼지를 피하고 그것으로부터 해방되기를 바란다. 그러나 우리가 먼지를 줄이려고 노력하는 순간에도 우리는 먼지를 발생시킨다.

2012년에 『먼지 보고서Staub-Spiegel der Umwelt』라는 책이 번역 발간되었다. 독일의 과학자 옌스 죈트겐Jens Soentgen과 크누트 푈츠케Knut Voelzke가 같이 쓴 이 책은 먼지에 대한 모든 것을 이야기한다. 이 책은 먼지의 본질, 지극히 작은 입자 세계에서의 물리적 작용 원리, 먼지의 기원·피해·활용·회피, 그리고 심리적·문화사적 의미까지 먼지를 다각도로 조명한다. 저자는 먼지의 본질은 모든 물질적인 것의 발단이자 종착역이라고 말한다. 먼지의 실체는 매연, 황사, 꽃가루, 화산재, 섬유, 각질, 산업먼지, 우주먼지 등이며, 먼지 발생 근원지는 우주, 자연, 인간 모두라고 말한다. 이로 인해 알레르기, 아토피, 호흡기질환, 지구온난화 등의 문제가 발생한다. 저자는 먼지로부터의 해방은 불가능한 일이지만, 피해는 줄일 수 있다고 말한다.

『먼지 보고서』에서는 먼지를 일으키는 요인으로 세 가지를 든다. 우주먼지, 자연의 먼지, 인류가 발생시키는 먼지다. 우주와 자연의 먼지는 본래부터 있었고, 인류는 그것에 익숙하다. 먼지가 문젯거리가 되기 시작한 것은 산업화와 생활방식의 변화 때문이다. 즉, 미세먼지의 책임이 인류에게 있다는 것이다.

그렇다면 인류가 배출하는 먼지는 어떤 것이 있을까? 먼지는 오염원에서 대기로 직접 배출되는 토양과 금속성분, 이산화황, 일산화탄소 등과 같은 1차 입자가 있다. 그리고 이들이 공기 중의 산소, 오존, 수증기 등과 화학반응을 일으켜 만들어지는 이산화질소, 황산염 등의 2차 입자가 있다. 그 외 난방, 실내 활동, 생물적 혹은 무생물적 요인(예를 들어 화재)도 미세먼지의 근원이다. 초미세먼지를 만들어내는 대표적인 물질로는 유기탄소(OC), 원소탄소(EC), 질소산화물(NO_x), 휘발성유기화합물(VOCs), 오존(O_3), 암모니아, 황산화물(SO_x), 응축성입자, 금속입자, 미네랄 입자 등을 들 수 있다. 각각의 주요 발생원은 다음과 같다.

〈표 1〉 초미세먼지의 주요 발생원

원소탄소(EC)	불완전 연소 과정에서 발생, 자동차 배기가스
유기탄소(OC)	자동차 배기가스, 바이오매스 연소(산림 화재, 화전)
질소산화물(NOx)	연소 과정
휘발성유기화합물(VOCs)	도장용재, 식물, 공업
암모니아	농업, 축산, 생활 관련
황산화물(SOx)	화석연료의 연소
금속입자	산업 공정(금속정련, 석유정제, 석유화학, 첨가제 제조 등)
미네랄 입자	토양 기원(황사 등)

환경부는 미세먼지의 발생에 대해 다음과 같이 설명한다.

"미세먼지를 이루는 성분은 그 미세먼지가 발생한 지역이나 계절, 기상조건 등에 따라 달라질 수 있다. 일반적으로는 대기오염물질이 공기 중에서 반응하여 형성된 덩어리(황산염, 질산염 등)와 석탄, 석유 등 화석연료를 태우는 과정에서 발생하는 탄소류와 검댕, 지표면 흙먼지 등에서 생기는 광물 등으로 구성된다. 전국 6개 주요 지역에서 측정된 미세먼지의 구성비율은 대기오염물질 덩어리(황산염, 질산염 등)가 58.3%로 가장 높고, 탄소류와 검댕 16.8%, 광물 6.3% 순으로 나타났다. 한편 국내 미세먼지 발생분이 적은 백령도에서는 탄소류와 검댕의 비율이 상대적으로 낮았다."

화석연료의 연소는 초미세먼지의 주요 발생원이다. 초미세먼지 중 탄소성 입자는 크게 원소탄소(EC)와 유기탄소(OC)로 구분된다. 원소탄소는 연소 오염원에서 대부분 대기 중으로 직접 방출되는 1차 오염물질이다. 유기탄소는 인위적 또는 자연적 배출원에서 직접 발생되는

1차 유기탄소와 이것이 산화와 노화 과정을 거쳐 변환되는 2차 유기탄소가 있다. 초미세먼지의 경우 인체에 유해한 2차 입자의 비중이 미세먼지보다 높아 건강에 더 해롭다. 한국환경정책·평가연구원의 공성용 선임연구위원은 "2차 입자가 50%를 차지하고 있는 초미세먼지를 줄여야 대기의 질이 개선되었다고 할 수 있다"고 말한다. 초미세먼지는 미세먼지보다 관리가 어렵고 제거하는 데 비용이 많이 들기 때문이다.

주요 지역별 초미세먼지의 성분 구성을 보자. 우리나라 모든 지역에서 초미세먼지를 구성하는 성분 중에 가장 많은 것은 황산염이나 질산염이다. 무려 절반이 넘는다. 그 다음으로 탄소류와 검댕인데, 이 비중이 가장 높은 곳이 수도권 지역이다. 반면 중부권(대전)의 경우 기타 물질의 구성비가 다른 지역보다 높은 편이다.

KBS 이정훈 기자가 미세먼지가 2차 생성되는 과정을 실험을 통해 확인해 보도했다. 경유차에서 많이 나오는 질소산화물과 산업 현장에서 발생하는 휘발성유기화합물을 주입한 뒤 자외선에 노출시켰다. 1시간 뒤 초미세먼지 농도가 주의보 수준까지 높아지고, 2시간 뒤에는 경보 기준의 2배까지 치솟았다. 미세먼지가 전혀 없던 실험실이 한두 시간 만에 먼지 입자로 가득 찬 것이다. 생성된 입자를 전자현미경으로 보니 지름이 0.5㎛로 머리카락 굵기의 150분의 1 정도에 불과했다. 보도 중에 한국과학기술원의 김화진 박사는 "(배기가스가) 대기 중에 존재하는 여러 가지 산화제들과 반응하게 됩니다. 그러면 점점 무거워지면서 입자화되고요. 이것들이 조금씩 자라면서 우리가 알고 있는 초미세먼지의 일부가 됩니다"라고 말한다. 이렇게 2차 생성된 미세먼지는 직접 배출된 먼지보다 입자가 작아 몸 속 더 깊숙이 침투하기에 건강에 더 해롭다.

미세먼지는 화물차, 선박, 날림먼지, 음식조리에서도 많이 발생한다

환경부에서 발표한 자료[2]에 의하면, 우리나라의 경우 2012년에 전국 미세먼지(PM10) 배출량은 약 12만 톤이다. 미세먼지의 경우 제조업의 연소 공정에서 전체의 65%가 배출된다. 그 다음으로 자동차를 비롯한 이동 오염원에서 많이 배출된다. 초미세먼지(PM2.5)는 약 7만 6,000톤으로 산정되었다. 초미세먼지의 경우도 제조업 연소에서 전체 배출량의 절반 이상이 배출되나 미세먼지보다는 적다. 오히려 비도로 이동 오염원과 도로 이동 오염원이 각각 16%로 큰 배출원임을 알 수 있다.

도로 이동 오염원 중에 화물차가 69%로 압도적으로 초미세먼지를 많이 배출하고 있다. 그 다음이 경유 사용 RV 차량이다. 도로에서 배출되는 자동차별 초미세먼지 배출량을 보면 화물차에서 69%, RV에서 22%, 승합차에서 5%, 버스에서 3%, 특수차가 1%, 가장 적게 배출하는 것이 승용차로 0.3%다.

비도로 이동 오염원 배출량을 보면 선박이 48%로 압도적으로 초미세먼지를 많이 배출한다. 그 다음으로 건설장비 37%, 농업기계 10%, 철도 4%, 항공 1% 순이다. 선박에서 초미세먼지가 가장 많이 발생한다는 것이 조금 의아하지 않은가? "부산이 중국 상하이上海, 선전深圳 등과 함께 세계에서 대기오염물질 배출량이 가장 많은 '더티 텐Dirty Ten'에 뽑혔다." 2016년 2월 17일자 《네이처Nature》에 실린 기사에 나온 내용이다. 갈매기가 날고 뱃고동이 울리는 항구의 이미지는 공기가 맑을 거라는 선입견을 가지게 한다. 그러나 《네이처》의 발표는 우리의 그런 선입견이 잘못된 것임을 알려준다. 한국해양수산개발원의 육근형 부연구

---

2 환경부, "바로 알면 보인다. 미세먼지, 도대체 뭘까?", 2016

환경부의 발표에 따르면, 우리나라의 경우 2012년에 전국 미세먼지 배출량은 약 12만 톤이다. 미세먼지의 경우 제조업의 연소 공정에서 전체의 65%가 배출된다. 그 다음으로 자동차를 비롯한 이동 오염원에서 많이 배출된다.

인천과 같이 깨끗한 바닷바람이 늘 부는 곳에서도 해풍과 함께 항구로 들어오는 선박이 해안 도시의 미세먼지 농도에 큰 영향을 미친다. 이런 문제가 발생하는 것은 선박에서 사용하는 연료유가 황 함량이 매우 높은 저급 중유이기 때문이다. 전문가들은 선박용 연료는 자동차 경유보다 3,500배나 많은 황이 들어 있다고 본다. 국제 기구나 이웃한 중국에서는 이미 선박에 의한 대기오염을 심각한 문제로 받아들이고 다양한 관리 수단을 도입하고 있다. 그런데도 우리나라는 수도권 대기환경 개선 대책에서 예산의 75%가 자동차 관리 분야에 집중적으로 투입되고 있다. 아직도 선박의 영향을 과소평가하고 있다는 뜻이다.

위원의 글을 보면서 왜 이런 항구도시가 오히려 대기오염 농도(미세먼지 농도)가 높은지를 알게 되었다. 울산, 부산, 인천이 미세먼지의 원인이 되는 이산화황 오염이 심하기 때문이라고 그는 말한다. 미세먼지의 농도에 영향을 주는 이산화황 농도를 보자. 울산이 가장 높고 인천, 부산이 그 뒤를 잇고 그 다음은 서울과 대전, 광주 순이다. 울산, 인천, 부산과 같은 항구도시가 이산화황 농도가 높은 것은 황이 많은 연료를 더 많이 태우기 때문인 것으로 추정된다고 육근형 부연구위원은 주장한다.

인천시에서 발표한 미세먼지 저감 대책[3]을 보면, 인천시 내의 미세먼지와 초미세먼지 배출원별 비중을 확인할 수 있다. 먼저 미세먼지를 보자. 미세먼지는 비산먼지가 63%, 비도로 이동 오염원이 10%, 발전소 등이 9%, 도로 이동 차량이 6%, 기타가 4%를 차지한다. 초미세먼지는 미세먼지와 매우 다르다. 초미세먼지는 발전소가 35%로 가장 높고, 비도로 이동 오염원이 24%, 사업장이 15%, 도로 이동 차량이 12%, 비산먼지가 6%, 기타가 8%이다. 미세먼지보다 초미세먼지에서 비도로 이동 오염원이 차지하는 비중이 매우 높다는 것을 알 수 있다. 서울과 비교해도 현격히 높은 수치다. 비도로 이동 오염원은 주로 미세먼지를 배출하는 선박이나 항공기 등을 말한다. 인천과 같이 깨끗한 바닷바람이 늘 부는 곳에서도 해풍과 함께 항구로 들어오는 선박이 해안 도시의 미세먼지 농도에 큰 영향을 미친다는 것이다. 이런 문제가 발생하는 것은 선박에서 사용하는 연료유가 황 함량이 매우 높은 저급 중유이기 때문이다. 전문가들은 선박용 연료는 자동차 경유보다 3,500배나 많은 황이 들어 있다고 본다. 큰 항구에서는 미세먼지의 상당 부분이 선박에

---

3 인천광역시, "2020년 미세먼지 저감 종합대책", 2016

서 배출되는 것이다.

정말 그럴까? 독일 자연보호연맹NABU, Nature And Biodiversity Conservation Union은 깨끗하고 고급스러운 실내를 자랑하는 크루즈 선박이 배출하는 대기오염물질 자료를 발표했다. 대형 크루즈 선박 한 척은 하루에 약 150톤의 연료를 태운다. 따라서 대형 크루즈 선박 한 척이 하루에 배출하는 아황산가스는 수백만 대의 자동차가 배출하는 양과 비슷하고, 아질산가스는 중형급 도시의 차량 전체가 하루에 배출하는 양에 버금간다. 그리고 미세먼지는 런던 시내의 버스 수천 대가 하루에 배출하는 양과 같다.

상황이 이렇다 보니 국제해사기구IMO, International Maritime Organization는 선박에 대한 오염물질 규제를 시작했다. 세계적으로 2012년 1월 1일부터 황 함유량을 4.5%에서 3.5%로 규제를 강화한 데 이어, 2020년 1월 1일부터는 황 함유량을 0.5%까지 규제한다. 국제 기구나 이웃한 중국에서는 이미 선박에 의한 대기오염을 심각한 문제로 받아들이고 다양한 관리 수단을 도입하고 있다. 그런데도 우리나라는 수도권 대기환경 개선 대책에서 예산의 75%가 자동차 관리 분야에 집중적으로 투입되고 있다. 아직도 선박의 영향을 과소평가하고 있다는 뜻이다.

통계에는 포함되지 않았지만 날림(비산)먼지도 미세먼지의 주요 발생원이다. 날림먼지는 일정한 배출구 없이 대기로 흩날리는 미세먼지를 말한다. 날림먼지로 인한 미세먼지 발생량은 매우 많은 것으로 추정되고 있으며, 2012년 전국의 날림먼지로 인한 초미세먼지 발생량은 1만 8,168톤에 달한다. 이외에도 가정에서 가스레인지, 전기그릴, 오븐 등을 사용해 조리를 할 때도 미세먼지가 많이 발생한다. 식재료 표면에서 15~40*nm* 크기의 초기 입자가 생성되고 식재료의 수분, 기름 등과 응결하여 그 크기가 커진다. 미세먼지는 조리법에 따라서 그 발생 정도가 다르다. 불에 굽거나 기름을 사용해 튀기는 요리는 재료를 삶는 요리보다 미세먼지를 최소 2배에서 최대 60배까지 더 많이 발생시킨다.

2. 미세먼지와 날씨

미세먼지와 역전층과 습도

미세먼지가 대기 중에 배출되어도 정체하거나 축적되지 않으면 고농도의 미세먼지는 발생하지 않는다. 즉, 대기 상공으로 미세먼지가 잘 확산된다면 지표층의 미세먼지 농도는 그렇게 높아지지 않는다.

그렇다면 미세먼지 농도가 높아지는 원인은 무엇일까? 바로 날씨와 가장 밀접한 연관이 있다. 미세먼지 농도가 높아지기 위한 날씨 조건은 먼저 대기가 안정되어야 한다. 즉, 지표 부근에 역전층이 만들어지면서 미세먼지가 역전층 위쪽의 상공으로 확산되지 않아야 한다. 역전층이 만들어지면 역전층 경계면의 위아래 기상상태가 180도로 바뀐다. 역전층 경계면 아래쪽은 미세먼지가 축적되면서 미세먼지 농도가 급격히 상승하지만, 역전층 경계면 위쪽은 파란 하늘이 보일 정도로 미세먼지 농도가 매우 낮다.

그럼 역전층이란 무엇일까? 대기 중 기온은 일반적으로 고도가 100m 높아질 때마다 0.6℃씩 낮아진다. 그런데 고도가 높아질수록 기온이 올라가는 현상이 나타날 때가 있다. 이것을 기온역전현상이라 한다. 기온역전현상은 일교차가 큰 계절이나 산간 분지 지역에서 아침에 기온이 내려가면서 지표면이 복사냉각될 때 잘 발생한다. 통상 지표면은 태양 일사에 의해 데워져 뜨겁다. 그러나 역전층이 만들어질 때는 지표면

쪽의 기온이 낮아질 때다. 그리고 어느 높이 층의 온도가 지표면보다 높아진다. 그렇게 되면 고도가 낮은 쪽에 무거운 공기(찬 공기)가, 고도가 높은 쪽에 가벼운 공기(따뜻한 공기)가 위치해 공기가 안정된다. 즉, 대류에 의한 공기의 상하이동이 일어나지 않는다는 말이다. 그렇게 되면 지상에서 발생하는 미세먼지와 같은 대기오염물질이 상공으로 확산되지 못하고 지표층에 머무른 채 계속 쌓여 농도가 높아진다. 미세먼지 농도가 높은 날 자주 발생하는 날씨 패턴이 바로 역전층 형성이다. 이런 역전층과 습도, 연무haze, 煙霧[4] 등을 중국에서 날아오는 미세먼지와 연계해 연구한 논문[5]이 있다. 우리나라는 동북아시아 대륙의 풍하leeward, 風下[6] 측에 위치하고 있으며 편서풍의 영향으로 인해 장거리 수송되는 미세먼지의 영향을 많이 받고 있다. 두 연구자는 1979년 1월 1일부터 2016년 12월 31일을 연구 기간으로 잡고 미세먼지(PM_{10}) 시간당 평균 자료와 일본기상청 모델, 그리고 최근 연구 결과를 바탕으로 하여 한반도 지역과 주변 기상장의 변화와 미세먼지·초미세먼지의 발생과 강도 사례 등을 분석하고, 대기오염에 직접적인 영향을 미치는 것으로 알려진 역전층, 혹은 대기의 열적 연직구조의 변화를 파악하여 이를 통해 미세먼지·초미세먼지의 고농도 사례와 전반적인 장기 변동성과의 관계를 연구했다.

이들은 논문에서 중국 북경 지역의 초미세먼지 고농도 사례에서 기상장의 역할이 중요하며 기후변화로 인해 이러한 사례가 미래에 더욱

---

4 연무는 습도가 비교적 낮을 때 대기 중에 연기나 먼지와 같은 미세한 입자가 떠 있어 공기가 뿌옇게 보이는 현상을 말한다. 연무가 많이 끼면 가시거리가 길어진다.

5 이다솜·윤진호, "미세먼지·초미세먼지 장기 변동성에 미치는 기상장에 관한 연구", 광주과학기술원, 2017

6 풍하는 바람이 불어가는 방향을 말한다.

증가할 수 있음을 보여주는 연구 결과[Cai et al.(2017)]와 함께 중국에서 빈번히 발생하는 겨울철 연무 사례가 기상장 약화에 의한 것임을 밝힌 연구 결과[Zou et al.(2017)]를 언급하면서 기후변화로 인해 미세먼지 및 연무 문제가 더 발생할 수 있음을 시사했다. 결론적으로 역전층의 존재와 연무 등이 중국에서 날아오는 미세먼지의 농도를 더 높게 만드는 역할을 하고 있다는 것이다.

미세먼지와 가시거리

역전층이 만들어지면 미세먼지 농도가 높아지고 빛이 미세먼지에 의해 여러 방향으로 흩어지거나 미세먼지에 흡수되어 가시거리[7]가 감소하게 된다. 그런데 황산염, 질산염 등의 대기오염물질 농도가 높은 상태에서 습도까지 높아지면 대기오염물질이 수분을 흡수하여 2차적 미세먼지를 발생시킨다. 이 경우 가시거리는 더욱 짧아진다. 이런 날은 연무나 박무mist, 薄霧[8] 같은 기상현상이 많이 발생한다. 하늘이 뿌옇게 변하면서 기분까지 나빠지는 날씨가 되는 것이다. 이런 연무와 미세먼지 관계를 연구한 논문[9]이 있다.

전종혁 등이 연구한 대기의 연무 현상과 미세먼지(PM_{10})와의 연관관계를 보자. 통상 대기 중에 부유하는 에어로졸(미세먼지)은 대기질을 악화시키고 기상 현상과 연관되어 저시정을 초래한다. 전종혁 등은 최근 6년(2008년 1월~2013년 12월)간 10개 지점(서울, 인천, 수원, 춘천, 청주,

---

7 가시거리란 정상적인 시력을 가진 사람의 눈으로 구분할 수 있는 곳까지의 최대거리를 말한다.

8 박무는 안개보다 습도가 낮고 회색이며 입자는 더 작은 것으로, 연무와 비슷하나 습도가 더 높은 현상이다.

9 전종혁 외, "2008 2013(6년)에 관측된 연무와 박무 현상과 이와 관련된 시정, PM_{10} 농도의 통계 특성 분석", 국립기상연구소, 2014

대전, 대구, 부산, 광주, 제주)의 자료를 분석했다. 이 중 연무, 박무와 미세먼지(PM_{10})의 관계를 보면 연무와 박무의 강도가 증가하면 평균 미세먼지의 평균농도가 증가했다. 그리고 모든 강도에서 연무의 평균 미세먼지 농도가 박무에 비해 높게 나타났다. 또 서울과 수원에서 연무와 박무가 관측된 시간의 평균 미세먼지 농도와 가시거리의 관계를 조사해보았다. 같은 가시거리 값에서 연무가 박무보다 높은 평균 미세먼지 농도 값을 보였다. 따라서 연무의 강도가 증가하면 평균 미세먼지 농도가 높아지고 가시거리도 짧아진다.

연무나 박무 현상은 어느 정도 상대습도가 높을 때 발생한다. 추교황의 연구[10]에 의하면, 상대습도가 증가할수록 지상 초미세먼지($PM_{2.5}$) 농도와 미세먼지(PM_{10}) 농도가 모두 증가하는 경향을 보였다. 이는 상대습도가 높을 때 에어로졸 입자들이 흡습성장하여 초미세먼지 농도 및 미세먼지 농도가 높아지는 것이다. 또 다른 미세먼지와 습도 간의 상관관계에서도 비슷한 결과를 볼 수 있다. 초미세먼지($PM_{2.5}$), 미세먼지(PM_{10}) 입자 질량 농도와 0.2~10μm 구간의 입자의 크기 분포를 측정하여 이를 통해 습도에 따른 입자의 특성이 어떠한 경향을 보이는지를 파악했다. 그랬더니 먼지의 크기가 작을수록 습도가 증가함에 따라 더 빠른 속도로 성장하고 있었다. $PM_{2.5}$, PM_{10} 모두 강수의 영향을 제거했을 경우, 습도가 증가함에 따라 농도가 증가하는 경향을 보였다.

지상 미세먼지 농도와 행성 경계층 두께PBLD, Planetary Boundary Layer Depth, 풍속, 그리고 풍향과의 상관성은 모두 음의 상관성을 갖고 있었다. 행성 경계층이 두꺼울수록 지상 미세먼지가 확산되면서 미세먼지 농도

---

10 추교황, "MODIS센서를 활용한 서울지역에서의 미세먼지($PM_{2.5}$와 PM_{10}) 농도 추정 알고리즘 연구", 강릉원주대학교 대기환경과학과, 2015

가 낮아지고, 또 바람이 강해지면 미세먼지 농도도 낮아지는 경향을 보였다. 추교황은 서울 지역에 가장 많은 영향을 주는 바람은 서풍계열의 바람이라고 보고했다.

미세먼지와 대기오염물질과의 상관관계가 매우 높다는 연구 결과(김영표 2007)도 있다. 특히 초미세먼지($PM_{2.5}$)는 미세먼지(PM_{10})보다 대기오염물질과의 상관계수가 더 높다. 이처럼 대기오염물질 농도가 높으면 높을수록 미세먼지 농도는 증가하고, 미세먼지 농도가 높으면 가시거리는 저하될 수밖에 없다.

기상에 많은 영향을 받는 공군 및 민간 항공기에게 가시거리는 매우 중요하다. 가시거리는 비행에 있어 이착륙 시 안전성에 영향을 미치기 때문이다. 특히 항공작전기상지원과 관련하여 가시거리가 3마일 미만일 경우 비행에 제한이 있다. 1마일 미만일 경우 비행이 불가하여 공군에서는 악시정 경보를 발령한다. 따라서 가시거리가 3마일 미만으로 저하되었을 경우 가시거리가 3마일 이상으로 회복되는 시간을 파악하는 것은 매우 중요하다.

가시거리에 영향을 주는 요인은 습도, 바람 등이 있다. 가시거리 저하는 주로 습도가 높고 바람이 약한 날에 발생하는 안개로 인해 나타난다. 그러나 최근에는 중국발 미세먼지의 양이 증가함에 따라 습도가 낮음에도 불구하고 가시거리 저하가 발생하는 경우가 증가하고 있다(Zhou et al. 2013). 최근 대기오염물질에 대한 관심이 증가함에 따라 미세먼지 농도와 가시거리의 관계에 대한 연구가 활발히 진행되고 있다(Clark et al. 2008a). 특히 중국발 대기오염물질의 증가로 인해 중국에서도 상하이의 미세먼지 농도($PM_{2.5}$, PM_{10} 등)와 가시거리의 상관관계를 구하고 예측하는 수치 모델을 연구한 바 있다(Zhou et al. 2013).

우리나라에서는 미세먼지와 가시거리와의 관계를 손일권 등이 공군 수원비행장에서의 연구를 수행했다.[11] 결과를 보자. 미세먼지(PM_{10}) 농도가 100~150㎍/㎥를 기록한 일수는 109일이었고, 이 중 가시거리가 3마일 미만 일수는 82일(75%)이었다. 미세먼지 농도가 151㎍/㎥ 이상인 날 중 가시거리가 3마일 미만인 일수는 22일(100%)이었다. 가시거리를 기준으로 분류했을 경우, 미세먼지 농도가 100~200㎍/㎥인 날에는 1마일 이상 3마일 미만의 가시거리를 보였다. 미세먼지 농도가 201㎍/㎥인 날에는 가시거리가 1마일 미만으로 저하되었다. 연구 기간 동안 00~09시 평균 미세먼지 농도가 100㎍/㎥ 이상인 131일 중 가시거리가 3마일 미만인 일수는 104일이었다. 미세먼지 농도가 높아질수록 시정이 악화됨을 알 수 있는 좋은 연구다.

계절별 미세먼지 농도 변화

미세먼지는 계절별로 큰 차이를 보인다. 우선 봄에는 이동성 저기압의 영향으로 대기가 안정한 날이 많아지면서 고농도 미세먼지가 발생할 가능성이 높다. 여기에 중국에서 발원한 황사의 영향도 있다. 그러나 여름철에 접어들면 대기가 불안정해지면서 미세먼지가 상공으로 확산된다. 또 소나기나 비가 내리면서 세정효과가 더해지면 농도는 급격히 낮아진다. 가을은 공기가 맑고 하늘이 높아 청명한 계절이다. 가을에는 미세먼지가 상대적으로 적은데, 이는 다른 계절에 비해 기압계의 흐름이 빠르고 지역적인 대기 순환이 원활하기 때문이다. 그러나 겨울이 시작되면 다시 미세먼지 농도는 높아진다. 난방 등 연료 사용이 증가하기

---

11 손일권 외, "수원 미세먼지 농도(PM_{10})와 시정의 상관관계", 공군 10전투비행단 기상대대, 2015

때문이다. 환경부에서 발표한 자료를 보면 서울의 경우 2012~2014년 기준 계절별 미세먼지(PM10) 농도는 30~60㎍/㎥로 겨울과 봄에 미세먼지 농도가 높았고 여름과 가을에는 상대적으로 낮았다.

손일권 등이 수원비행장에서 행한 연구도 비슷한 결과를 보인다. 2009~2014년 동안 월별 발생일 분포를 보면 평균 미세먼지(PM10) 농도가 가장 높았던 시기는 1~5월과 11~12월이었다. 북태평양 고기압 및 오호츠크해 고기압의 영향과 장마 및 태풍이 활성화되는 6~10월에는 평균 미세먼지 농도가 100㎍/㎥ 이상인 일수가 급격히 감소했다.

케이웨더 공기지능센터에서 분석한 것도 이와 비슷하다. 〈표 2〉는 전국 모든 관측소의 월별 미세먼지 평균농도를 정리한 것이다. 〈표 2〉를 보면 5월이 62㎍/㎥로 미세먼지 농도가 가장 높다. 미세먼지 농도가 가장 낮은 달은 32㎍/㎥을 기록한 8월과 9월이다. 연평균 47㎍/㎥보다 미세먼지 농도가 낮은 달은 6~10월이다. 이를 통해 여름과 가을 중반까지 미세먼지 농도가 낮음을 알 수 있다. 10월 이후 다시 미세먼지 농도가 증가하다가 5월에 극대치를 보인 후 급격히 감소한다.

〈표 2〉 전국의 월별 평균 미세먼지 농도

(단위: ㎍/㎥)

	1월	2월	3월	4월	5월	6월	7월	8월	9월	10월	11월	12월	평균
월별 평균	54	53	59	53	62	44	34	32	32	40	50	48	47

미세먼지와 바람의 영향을 살펴보자. 지상 바람은 가변적이므로 미세먼지 이동을 돕는 상층 풍향을 고려했을 때, 우리나라는 주로 서풍 계열 바람의 영향을 많이 받았다(50%). 그 다음으로는 북풍(24.5%), 남풍(14.5%), 동풍(11%)의 비율로 나타났다. 상층 풍속에 따라 분류했을

때는 5m/s 이상으로 강한 풍속을 나타내는 경우가 전체의 75.7%이었다. 5m/s 이하의 약한 풍속을 나타내는 경우보다 약 3배 정도로 빈도가 높았다.

이외에도 미세먼지 농도와 다른 기상 요소와의 상관관계를 분석한 연구[12]가 있다. 지금까지 기상 요소와 미세먼지 농도의 상관성 연구는 파워스펙트럼 분석법을 사용한 주기 분석이나 피어슨Pearson 상관계수를 이용한 상관 분석이 주를 이루고 있다. 이 연구에서 강덕두 등은 앞의 방법을 보완하기 위해 기상요소인 온도, 습도, 풍속과 미세먼지 농도 간의 시간 범위에 따른 상호관련성Cross-Correlation을 연구했다. 이런 연구들은 앞으로 미세먼지와 날씨와의 관계성을 더욱 정확하게 보여줄 것으로 기대된다.

3. 미세먼지와 기후변화

미세먼지 농도와 기후변화

"우리나라가 악성 스모그 국가가 된 것은 기후변화 때문이다." 2017년 2월 중국기상국 아이완슈艾婉秀 국가기후센터 연구원의 주장이다. 그는 "따뜻한 기후가 북부와 남부 간 기온 차를 좁히는 바람에 찬 공기가 남쪽으로 이동하기 어려워졌다. 그래서 대기오염물질을 날려 보낼 바람이 약해졌다"고 주장했다. 아이완슈 연구원은 중국의 수도권 지역을 통과하는 바람의 속도가 1961년보다 37% 약해졌다고 주장한다. 그런

---

12 강덕두 외, "미세먼지 농도와 기상 요소와의 시계열역학 분석", 부경대학교, 2016

데 이런 경향이 2016년 말부터 2017년 초까지 유독 뚜렷하다 보니 베이징北京 지역 풍속이 전년 동기보다 20~27% 감소했다는 것이다. 또 대기가 오염 화학물질을 덜 해로운 물질로 산화시키는 능력도 감소했다고 말한다. 그는 "베이징 지역의 겨울철 스모그가 앞으로 더 심해지고 빈도가 높아질 것"이라고 전망했다.

아이완슈 연구원의 주장에 중국기상과학연구원 류훙리劉洪利 부연구원도 동의했다. "공장이 배출하는 오염물질이 대기오염의 주원인이지만 기후변화가 이를 더 악화시킬 수 있다"는 것이다. 류훙리 부연구원은 "대기로 방출되는 오염물질이 오염 정도를 결정하지만, 스모그 형성은 주로 기후에 달려 있다"고 말한다. 이들의 발표 후 네티즌들은 이들을 맹공격했다. 스모그 퇴치 노력이 결실을 거두지 못하자 책임을 회피하기 위한 꼼수라는 것이다.

그러나 기상학적으로 보면 이들의 주장은 타당하다. 미세먼지의 경우 바람이 약할수록 농도가 높아진다. 공장이나 자동차, 난방, 석탄화력발전소에서 미세먼지가 배출되어도 바람이 강하게 불면 확산되기에 짙은 고농도는 나타나지 않는다. 이처럼 기후변화는 중국의 미세먼지 문제를 해결하기 어렵게 만드는 요인이다.

이들의 연구는 우리나라 환경부 국립환경과학원의 주장과 일치한다. 2017년 1/4분기에 우리나라는 극심한 미세먼지에 시달렸다. 그런데 2017년에 미세먼지 농도가 높은 날이 부쩍 늘어난 것[13]은 기상 때

---

13 대기질통합예보센터 분석 결과, 초미세먼지($PM_{2.5}$)의 2017년 1~3월 전국 평균농도는 32㎍/㎥으로 2015~2016년 평균 30㎍/㎥에 비해 2㎍/㎥ 증가해 최근 3년 중 가장 나빴고, 서울은 6㎍/㎥ 증가한 것으로 나타났다. 전국의 일평균농도가 51㎍/㎥를 넘은 '나쁨' 일수는 8일로 2015년과 같았으나, 2016년(4일)에 비해서 2배 증가했다. 특히 서울의 나쁨 일수는 14일로 2015년보다 9일, 2016년보다는 12일이나 급증했다.

문이라고 환경부 국립환경과학원이 밝힌 것이다. 장임석 국립환경과학원 대기질통합예보센터장은 4월 7일 열린 토론회[14]에서 이런 분석 결과를 발표했다. 내용을 보자. 국내 미세먼지에 큰 영향을 끼치는 중국의 2017년 미세먼지 농도는 76㎍/㎥으로 2015년(86㎍/㎥)보다 낮았다. 그러나 나쁨 일수[15]를 기준으로 한 국내 미세먼지의 국외 요인 기여율은 76.3%로 2015년(72.7%)에 비해 3.6% 포인트 증가한 것으로 나타났다. 이 이야기는 국내 배출량이 줄었지만 중국의 미세먼지 영향이 더 많았다는 것을 뜻한다. 그러다 보니 고농도 미세먼지가 자주 발생했다는 것이다. 이의 원인으로 기상을 지목한 장임석 국립환경과학원 대기질통합예보센터장은 2017년 1~3월 미세먼지 국외 요인에 영향을 주는 서풍계열의 바람이 분 일수가 75일로, 2015~2016년에 비해 각각 8일, 56일 증가해 미세먼지 농도가 높아지게 만들었다고 말한다. 특히 대기 정체를 일으키는 초속 2m 미만의 미풍이 분 날이 29일로, 2015~2016년에 비해 각각 16일과 13일 더 많았다는 것도 작용했다고 본다. 여기에 미세먼지를 씻어내리는 비의 양(강수량)이 최근 3년 중 가장 적었던 점도 미세먼지 농도를 짙게 만든 주요인이었다는 것이다. 실제로 장임석 국립환경과학원 대기질통합예보센터장의 설명이 타당한 것은 아무리 중국에서 많은 미세먼지가 만들어져도 우리나라로 날아오는 기압 배치가 만들어지지 않으면 우리나라의 미세먼지 농도는 급격히 높아지지 않는다. 또 대기가 불안정하거나 바람이 강하거나 비가 많이 내리면 미세먼지 농도는 뚝 떨어진다. 따라서 미세먼지의 농

14 "고농도 미세먼지 대응을 위한 토론회", 서울 세종대학교 컨벤션센터, 한국대기환경학회 주최, 2017년 4월 7일

15 미세먼지(PM_{10}) 농도가 81㎍/㎥ 이상인 일수

도에 가장 큰 영향을 주는 것은 배출량이지만 기상조건이나 기후변화에 더 큰 영향을 받게 된다는 것이다.

미세먼지가 지구의 기온을 떨어뜨린다?

미세먼지가 심각한 중국의 하늘은 뿌옇다. 2015년 12월 중국 북부 지역의 초미세먼지 농도가 1,400㎍/㎥를 기록했다. 이때 미세먼지 적색경보가 발령되면서 이 지역의 고속도로가 폐쇄되고, 공항에서는 항공기가 이착륙을 할 수 없어 수백 편이 결항되기도 했다. 해가 떠 있어도 스모그 때문에 일사량이 줄어들면서 대낮에도 세상이 컴컴했다.

이것은 미세먼지 등의 스모그가 햇빛을 다시 우주로 반사시키거나 흡수해서 태양빛이 지표면에 도달하지 못하게 만들기 때문이다. 지표면에 도달하는 태양 빛의 양이 줄어들면 지구 기온은 낮아진다. 태양빛을 이용해 광합성을 하는 식물들에게도 문제가 된다. 중국 스모그의 주성분은 석탄 등의 화석연료를 태우면서 발생하는 황산염과 검댕 등이다. 이런 물질은 화산 폭발 시 배출되는 화산재와 비슷하다. 햇빛을 차단해 지구 기온을 떨어뜨리는 이치와 비슷하다.

1815년 인도네시아의 탐보라Tambora 화산이 폭발하면서 다량의 황산물질이 성층권까지 올라갔다. 이 물질은 지구의 상공에서 몇 년간 머물면서 지구의 기온을 떨어뜨렸다. 이로 인해 여름이 없는 해, 식량감산과 기근, 세계 최초의 금융공황, 발진티푸스 등 전염병의 창궐 등이 잇따랐다.

과학자들은 이와 비슷한 현상을 핵겨울Nuclear winter이라고도 말한다. 냉전시대에 나왔던 말로 극한 대립을 벌이던 소련과 서방 간에 핵전쟁 발발 시 나타날 것으로 예상된 현상이다. 세계 곳곳에서 동시다발로 핵무기가 폭발하면서 발생하는 먼지와 화재로 인한 연기가 햇빛을 차단

한다. 그렇게 되면 지구는 냉각되면서 핵겨울이 찾아올 것이라는 거다.

그러나 일부 과학자들은 이젠 핵무기로 인한 핵겨울보다는 스모그가 지구 기온을 떨어뜨리는 것을 우려해야 한다고 주장한다. 특히 인구가 가장 많고 국가 면적이 넓은 중국과 인도의 심각한 스모그는 전 지구의 기온에 변화를 줄 수 있다고 주장한다. 대기오염이 심각한 멕시 중국 스모그의 주성분은 석탄 등의 화석연료를 태우면서 발생하는 황산염과 검댕 등이다. 이런 물질은 화산 폭발 시 배출되는 화산재와 비슷하게 햇빛을 차단해 지구 기온을 떨어뜨린다. 미세먼지로 인한 스모그는 햇빛을 다시 우주로 반사시키거나 흡수해서 태양빛이 지표면에 도달하지 못하게 만든다. 지표면에 도달하는 태양 빛의 양이 줄어들면 지구 기온은 낮아진다. 일부 과학자들은 특히 인구가 가장 많고 국가 면적이 넓은 중국과 인도의 심각한 스모그는 전 지구의 기온에 변화를 줄 수 있다고 주장한다.

코, 칠레 등 국토가 넓은 다른 국가들의 영향도 무시하지 못한다.

만약 전 세계 곳곳에서 스모그가 하늘을 덮고 있다면 어떤 일이 발생할까? 하늘을 덮은 스모그는 어느 정도 햇빛을 차단할까? 이로 인한 지구기온의 하강은 어느 정도일까? 미국 항공우주국NASA 연구팀이 온실가스뿐 아니라 인간 활동으로 인해 배출되는 에어로졸, 오존, 화산활동, 산림훼손으로 인한 지표 변화 등 각각의 요소가 산업혁명 이전인 1850년부터 지금까지 지구 평균 기온에 어떤 영향을 미쳤는지 산출하는 실험[16]을 했다. 인간 활동으로 배출되는 대표적인 물질인 에어로졸은 황산염이나 검댕처럼 주로 석탄이 탈 때 배출된다. 실험을 해보니 온실가스와 오존은 지구의 기온을 상승시켰다. 그러나 스모그 같은 에어로졸이나 화산폭발 등은 지구의 기온을 낮추고 있었다. 여기에 대형 산불이나 삼림 벌목으로 드러나는 맨땅도 지구 온도를 낮추는 효과가 있었다. 그러니까 최근 문제가 되는 지구온난화의 주범인 온실가스는 지구의 기온을 상승시키고, 반대로 스모그의 대명사인 미세먼지는 지구의 기온을 낮춘다는 거다. 미 항공우주국의 연구 결과를 보면 미세먼지가 지구를 냉각시키는 정도는 온실가스가 지구를 뜨겁게 하는 양의 30% 정도를 상쇄하는 수준이었다.

이와 비슷한 연구 결과가 미국, 영국, 중국의 과학자들의 공동 연구 형태로 과학저널 《네이처 지오사이언스Nature Geoscience》에 실렸다. 2016년 9월 9일 연합뉴스는 중국의 극심한 대기오염이 동아시아 기후변화의 주요 원인이라고 보도했다[17]. 중국에서 석탄과 석유 등 화석연료를 태우는 과정에서 발생하는 미세먼지들이 대기 중에 머물면서 동아시아 기온과 강우 패턴의 변화를 부른다는 것이다. 이 연구팀은 미세먼지 등의 에어로졸은 온실가스보다 배출 지역의 기후에 미치는 영향이 더 크다고 주장했다. 중국에서 배출된 미세먼지가 동아시아 상공에 머물면서 햇볕을 차단해 냉각 효과가 있다는 것이다.

---

16 Marvel et al., "Earth temp decendent of Aerosol Effect", NASA, 2015

17 http://www.yonhapnews.co.kr/bulletin/2016/09/09/0200000000AKR20160909066300009.HTML?input=1195m

최근 문제가 되고 있는 온실가스에 의한 지구온난화와는 어떤 차이가 있을까? 미세먼지에 의한 기온하강 효과는 국지적으로는 분명히 있다. 그러나 이산화탄소 등의 온실가스의 영향력이 더 크기 때문에 전 지구 기온이 상승하고 있는 것이다.

미세먼지가 기후변화에 미치는 영향

소지현 등의 연구[18]에서는 미세먼지 등 단기 체류 기후변화 유발물질들이 기후변화를 유발하는 중요한 요소라고 말한다. 중국을 포함한 동아시아 지역은 전 지구적으로 대기 중에 방출되는 초미세먼지(PM $_{2.5}$)의 농도가 매우 높은 지역이다. 이 지역에서 북태평양으로의 초미세먼지 유입은 구름 생성 및 대기 순환 변동성에 영향을 주는 것으로 알려져 있다(Zhang et al., 2007). 특히 에어로졸의 간접효과indirect effect는 구름의 미세 물리 과정 및 복사 과정을 변화시킨다.

겨울철 중국에서 발생한 초미세먼지 농도의 변화는 북태평양 지역의 알류산 저기압 변동성과 상관성을 가지고 있다고 한다. 또한 발달된 대류운DCC, Deep convective cloud의 양이 북태평양에서 전반적으로 높게 나타난다. DCC가 증가한 영역에서 강수량 역시 증가했음을 알 수 있다. 이는 초미세먼지의 농도 증가에 의한 간접효과라고 할 수 있다. 구름의 응결핵으로 작용할 수 있는 에어로졸이 증가하면 구름의 입자가 작아진다. 그러면 구름 내부에서 상승 기류에 의한 이동이 용이해지고 이로 인한 잠열 방출이 증가한다. 따라서 DCC에 기인한 강수량이 증가한 것으로 생각할 수 있다는 것이다.

---

18 소지현 외, "겨울철 동아시아의 PM $_{2.5}$ 변동과 관련된 북태평양 기후변동성 분석", 한양대학교 해양융합화학과, 2014

초미세먼지는 강수량 증가에 영향을 준다. 채상희 등은 인공강우 시 에어러졸($PM_{2.5}$) 효과를 분석했다[19]. 이들은 모의가 가능한 중규모 기상 모형인 WRF-CHEM[20]를 이용하여 특정 사례일에 초미세먼지가 강수에 어떤 영향을 주었는지 연구했다. 그랬더니 초미세먼지가 강수 증가에 영향을 주더라는 것이다. 비보다는 눈이나 싸락눈에 더 많은 영향을 주는 것으로 관측되었다. 이것은 배출된 초미세먼지가 빙정핵으로 작용하여 구름 속에 있는 물이 빙정핵 주변으로 이동해 구름 속 물cloud water이 감소하면서 빙정을 더 많이 생성했기 때문이다. 이러한 빙정들이 모여서 대기 중의 얼음과 눈 또는 싸락눈을 더 많이 형성했기 때문에 눈과 얼음 그리고 싸락눈이 더 증가했다는 것이다.

중국과 프랑스 공동 연구팀은 2010년 기준으로 중국에서 배출된 온실가스와 스모그 등이 기후변화에 어느 정도 영향을 미치는지 연구했다(Li et al., 2016). 중국에서 사용하는 화석연료 연소와 시멘트 생산 과정에서 발생하는 이산화탄소로 인해 단위시간(1초)당 단위면적(m^2)의 지구가 추가로 받는 에너지는 0.16W/m^2이었다. 또 중국이 배출하는 메탄으로 인해 지구는 0.13W/m^2의 열을 더 받고 검댕으로 인해 0.09W/m^2의 열을 더 받는 것으로 조사되었다. 지구를 점점 뜨겁게 하는 온실가스나 검댕과는 달리 스모그는 햇빛을 차단하기에 지구 기온을 낮춘다. 중국에서 발생한 스모그 성분 가운데 황산염의 양만 고려해도 0.11W/m^2의 냉각효과가 있고 질산염은 0.03W/m^2의 냉각효과가 있는 것으로 나타났다. 스모그의 대표적인 성분인 황산염과 질산염 두

---

19 채상희 외, "$PM_{2.5}$ 배출 시나리오를 고려한 WRF-CHEM 수치모의에서의 구름 및 강수 변동 분석", 국립기상연구소, 2010

20 The Weather Research and Forecasting model coupled with Chemistry

가지의 양만 고려하더라도 온실가스와 검댕으로 인한 지구가열효과를 스모그가 3분의 1 정도는 상쇄하는 것으로 나타났는데, 이는 미 항공우주국의 결과와 상당히 유사하다. 이 논문에서는 지구온난화의 10%가 중국의 책임이라고 결론짓고 있다.[21]

2014년 기준으로 전 세계에서 배출하는 이산화탄소의 30%가 중국에서 배출된다. 그럼에도 책임이 10%인 것은 왜 그럴까? 스모그 성분은 이산화탄소에 비해 대기 중에 머무는 기간이 수일에서 수개월 정도로 짧다. 따라서 현재의 스모그 냉각효과는 수십 년 전 선진국에서 배출한 스모그가 아니라 중국에서 실시간으로 배출되는 오염물질이다. 반대로 온실가스의 경우 선진국에서 오래전에 배출한 온실가스가 아직 대기 중에 남아 있어서 지속적인 영향을 주고 있는 것이다. 이런 여러 가지를 종합해보면 앞으로 중국이 지구온난화에 책임 있는 비율은 계속 높아갈 것이다. 온실가스를 줄이는 것이 지구온난화나 미세먼지 해결을 위한 최선의 방법이라고 할 수 있다.

4. 미세먼지와 닮은 듯 틀린 황사

미세먼지와 황사

"황사와 미세먼지, 그게 그것인 것 같은데요. 차이가 무엇인가요?"

어떤 포털에 올라온 초등학생의 질문이다. 답변이 상당히 간결하게 잘

---

21 중국에서 배출하는 온실가스에 의한 가열효과와 중국에서 발생하는 스모그에 의한 냉각효과 등을 고려할 때 중국은 지구 전체에 0.3W/㎡의 가열효과를 준다는 것이다. 지구 전체적으로 볼 때 온실가스와 스모그 등으로 지구가 받게 되는 가열효과가 2.88W/㎡이다. 따라서 중국 한 나라가 지구온난화에 기여하는 정도가 전체의 10% 정도 된다는 것이다.

만들어져 소개해본다.

"결론적으로 황사는 미세먼지와 다른 것입니다. 황사는 중국 내륙의 위치한 내몽골 사막에서 강한 바람으로 인해 자연적으로 만들어진 모래와 흙먼지로서, 칼륨, 철분 등 토양 성분으로 이루어져 있고, 인위적인 오염물질에 오염된 적이 없다면 그다지 유해성을 걱정할 것은 없다 할 수 있습니다. 다만 황사가 대기오염이 된 지역을 거친 경우라면 유해성이 증가할 수 있습니다. 반면, 황사가 아닌 미세먼지는 산업시설, 자동차 배기가스 등 사람들의 활동 중에 발생하는 것으로 중금속, 유해 화학물질 등이 들어 있어 호흡기에 영향을 줍니다. 이처럼 황사와 미세먼지는 발생원과 건강에 미치는 영향 등에서 차이가 있지만, 둘 다 건강에 좋지 않은 영향을 줄 수 있으므로 주의해야 합니다."

이 설명처럼 만들어지는 원인이나 영향은 차이가 있지만 둘 다 아주 작은 미세먼지라는 점은 같다. 우리나라에서 황사를 측정할 때 10㎛ 이하의 입자를 측정한다. 마찬가지로 환경부에서 측정하는 미세먼지도 10㎛ 이하의 입자다. 다만 초미세먼지의 경우 2.5㎛ 이하의 입자를 측정한다.

황사의 발생 조건 및 발생 지역

황사란 주로 중국 북부나 사막지대와 황토고원(총 262만㎢, 한반도의 약 12배)에서 강력한 회오리 바람이 발생하는 경우 휩쓸려 올라간 미세한 흙먼지가 장거리를 이동하여 우리나라의 지상으로 내려옴으로써 발생한다. 우리나라에 영향을 주는 황사는 3~5월경에 많이 발생한다. 그러나 최근에는 지구온난화의 영향으로 11월부터 2월 사이에도 발생한다. 황사는 강한 서풍을 타고 우리나라를 거쳐 일본, 태평양, 북아메리카까지 날아가기도 한다.

먼저 발생지에서 황사가 발생하는 조건을 살펴보자. 발원지에서 황사가 발생하기 위해서는 먼저 다량의 작은 모래먼지와 강풍이 필요하다. 부력浮力하기 쉬운 20㎛ 이하의 모래먼지가 많아야 하는데, 이러한 크기의 모래먼지는 건조하고 식물이 뿌리를 내리지 않아 부슬부슬한 토양에서 발생한다. 그리고 이런 모래먼지를 부유시키기 위해서는 강한 바람이 있어야만 한다.[22] 기상학적으로는 강한 한랭전선을 동반한 저기압이 발생할 때, 그 전선 후면의 차가운 공기가 지표의 복사열로 따뜻해진 공기를 상승시키게 되므로 강한 상승기류가 생겨 황사를 발생시킨다.[23]

우리나라에 영향을 미치는 황사는 주로 중국 서북부와 몽골의 사막지역, 내몽골 고원의 건조지역, 베이징 북부의 황토고원지대, 만주의 사막지역 등에서 발원한다. 이들 지역은 모두 강수량이 적어 지표의 토양이 건조하고, 강한 바람이 불며, 강한 햇볕으로 대기가 불안정해 황사 발원 조건을 충족시키는 곳이다. 또한 유라시아 대륙의 중심부에 자리하고 있는 중국의 서북 건조지역은 해양과 멀리 떨어져 있어 건조하고 강수량이 적다. 타클라마칸 사막, 고비 사막 등 중국의 사막 대부분이 위치한 곳이다.

몽골과 중국에 걸쳐 있는 고비 사막은 면적이 30만㎢에 육박하며, 고비는 '풀이 자라지 않는 거친 땅'이라는 뜻의 몽골어에서 유래할 만

---

22 모래먼지의 부유 상태를 유지하기 위해 강한 햇볕이 야기하는 열대류熱對流 현상의 부력浮力을 이용하는데, 햇볕으로 지표면이 강하게 가열되면 그 지열로 지표면 가까이에 있는 공기가 가열·상승되는 열대류 현상이 나타나 부력이 발생하는 것이다. 이는 화로의 불이 꺼져 있을 때보다 타고 있을 때 바람에 의해 재가 더 잘 부유하는 것과 같은 원리다.

23 이동규, "북동아시아의 봄철 일기 유형 및 황사현상과의 관계"(서울: 한국기상학회지, 1997)

큼 척박한 곳이다. 또한 몽골고원의 남쪽을 지칭하는 내몽고內蒙古 일대는 원래 초원지대였다. 최근 사막화 현상이[24] 급속도로 진행되면서 황사 발생구역이 되고 있다. 특히 내몽고는 해발 1,000m의 고원지대이기 때문에 이 지역에서 발원한 황사는 고도가 낮은 베이징 등 중국의 동부지역보다 바람이 산지에 막히는 우리나라에 더 큰 영향을 주고 있다. 이외에도 랴오닝 성遼寧省, 지린 성吉林省, 헤이룽장 성黑龍江省 등 중국 동북東北 3성에 해당하는 만주지역의 커얼친科爾沁 사막에서도 최근 황사가 발생해 우리나라에 영향을 주고 있다. 남한의 절반 정도 크기인 커얼친 사막은 1950년대까지는 초원지대였으나, 이후 중국 정부의 대규모 개간사업으로 사막화가 진행 중인 대표적인 지역이다.

황사가 영향을 줄 수 있는 기상조건과 빈도

발원지에서 발생한 황사가 우리나라에 유입되기 위해서는 적절한 기상조건이 필요하다. 첫째, 황사 발원지로부터 고도 5~7km에서 강한 편서풍 기류가 우리나라를 통과해야 한다. 또한 부유 중인 황사가 지표면에 떨어질 수 있도록 우리나라가 저기압 후면 또는 고기압의 영향을 받아 하강기류가 발생해야 한다. 황사가 발원지에서 우리나라까지 이동하는 데는 짧게는 하루 이내, 길게는 8일이 소요된다. 황사가 우리나라로 이동하는 데 소요되는 시간은 발원지까지의 거리와 상층 바람의 속도에 의존한다. 우리나라에서 약 2,000km 떨어져 있는 고비 사막에서 발원한 황사는 3~5일, 약 5,000km 떨어져 있는 타클라마칸 사막의 황사는 4~8일 만에 통상 우리나라에 영향을 준다. 그러나 만주지역

24 최병철, "최근 10년간 황사발원지의 사막화"(서울: 기상연구소, 2003)

에서 발원한 황사가 우리나라에 영향을 미치는 데는 1~3일 정도 소요된다.[25] 한 예로 신의주에서 북서쪽으로 약 500km 지점에 있는 커얼친 사막에서 2000년 3월 7일 발원한 황사는 북풍에 가까운 북서풍을 타고 18시간 만에 서울에서 관측되었다. 김인수 등은 황사와 미세먼지의 예방 및 권고지침에서 황사의 발생에 관해 설명하고 있다.[26]

기상청의 발표에 따르면, 국내 대기질에 영향을 준 황사는 2002년부터 2015년까지 총 126회이었다. 황사를 가장 많이 일으키는 발원지로는 고비사막과 내몽골 지역이 전체의 60% 정도를 차지해 1위였고, 그 다음으로 베이징 북쪽의 황토고원지대, 만주 지역의 순이었다.

최근 황사 발생 빈도가 증가하는 것은 인위적인 사막화 때문이다. 히말라야 산맥 등의 융기로 시작된 중국의 사막화는 북부의 심화된 건조기후에 이상난동이 겹쳐 급속하게 진전되고 있다. 중국의 사막화는 인도대륙판板이 아시아대륙판에 충돌해 히말라야 산맥과 티베트 고원이 치솟아 인도양과 태평양으로부터 수분 공급이 차단되면서 시작되었다. 1950년대 이후 발생하고 있는 중국 북부 지역의 심화된 건조기후와 이상난동이 사막화를 진전시키고 있는 것이다.

여기에다가 인간의 다섯 가지 남용도 중국의 사막화를 급속히 증가시키고 있다.[27] 첫째는 무차별적인 초지와 삼림의 과도한 개간을 들 수 있다. 무계획적이고 무절제한 방식으로 많은 지역의 초지와 심림을 훼손하며 개간된 토지의 많은 부분이 종합적인 연관시설의 부족, 부족한 관개조건 하에서 이루어지는 농지관리 등으로 2~3년 후에 황무지로

---

25 정관영, "한반도에 황사 출현시의 종관기상 특성"(서울 : 한국기상학회지, 1995)

26 김인수 외, "미세먼지/황사 건강피해에 대한 예방 및 권고지침: 호흡기질환", 연세대학교, 2015

27 http://www.unep.org

방치되어 사막화되고 있다. 둘째는 무분별한 방목에 있다. 중국 정부의 가축을 중시하는 축산정책으로 대부분의 초지가 실제 부하 능력을 훨씬 초과하는 수의 가축이 방목되어 사막화가 진행되고 있다. 셋째는 약초 등 식용식물의 무차별적인 재취에 있다. 넷째는 수자원 낭비를 들 수 있다. 중국의 서북부 지역은 중국에서 수자원 부족 현상이 가장 심각한 지역으로 단위면적당 수자원량이 전국 평균 4분의 1에 불과한데도 통일적이고 효과적인 수자원 관리가 이루어지고 있지 않아 수자원 낭비가 심각하다. 마지막으로 중국의 급속한 산업화와 도시화 과정에서 공장, 광산, 교통시설 등의 건설 공정에서도 삼림 식피가 파괴되어 토지 사막화가 초래되고 있다. 이런 것들이 합쳐져 중국의 사막화가 급속하게 진행되고 있고, 우리나라는 갈수록 황사의 영향을 더 많이 받게 되는 것이다.

황사와 미세먼지와 초미세먼지

강한 편서풍에 실려서 우리나라로 날아오는 황사는 먼지 입자 중 큰 먼지 입자의 비율이 높다. 우리나라의 경우 평상시 공기 중에는 큰 먼지 입자가 60%, 작은 먼지 입자가 40%를 차지한다. 그러나 황사가 날아올 때는 큰 먼지 입자 75%, 작은 먼지 입자 25%의 비율로 큰 입자가 많아진다. 우리나라에서 관측되는 황사 입자 크기는 황사의 발원지에 따라 약간씩 차이가 나지만, 대부분 지름 1~10㎛ 범위다. 그중 3㎛ 내외의 입자가 가장 많은 증가를 보임을 알 수 있다.[28] 그러니까 황사가 영향을 줄 때는 초미세먼지($PM_{2.5}$)의 농도가 평상시보다 적고 미세먼지

---

28 정관영, "황사의 크기 및 침착량에 대한 수치 모의"(서울 : 한국대기보전학회지, 1998)

(PM_{10})의 양이 증가한다.

황사 먼지의 크기는 다양한 분포를 이루지만 3~10㎛ 사이의 크기가 가장 많다. 황사는 주로 토양에서 기원하기 때문에 대개 큰 입자로 구성되어 있다. 그러나 황사가 이동하는 경로에 따라 초미세먼지의 비율이 높아지기도 한다. 이럴 경우 초미세먼지의 위해성이 더 증가할 수 있다. 황사의 위해성은 날이 갈수록 증가하고 있다. 중국의 급격한 산업화와 경제성장과 더불어 중국 내 대기오염물질의 배출이 증가하기 때문이다. 황사 먼지의 화학적 성분 또한 중요한 요소다. 보통 토양에서 발생하는 성분보다는 인위적인 자동차 배출가스 또는 화석연료를 연소하면서 발생하는 성분들이 인체에 더 위해하다.

2002년에 황사 기간과 비황사 기간에 미세먼지를 채취하여 이온 성분 농도를 분석한 결과를 보자. 대표적인 인위적 대기오염물질인 암모늄이온(NH_4^+), 질산이온(NO_3^-)은 감소하고 있다. 반면에 황산이온(SO_4^{-2})은 증가하는 양상을 보였다. 그리고 국내 대기오염물질 중 황산이온(SO_4^{-2})의 약 30%, 질산이온(NO_3^-)의 약 40%가 중국에서 기원하는 것으로 추정되고 있다.

다른 한편으로 황사의 유입과 함께 미생물의 유입이 동반될 수 있다는 우려 또한 크다. 2007년부터 2008년까지 서울 지역에서 수집된 먼지를 이용하여 황사 시기와 비황사 시기에 따른 미생물의 분포를 분석한 연구가 있었다. 이때 황사 시기의 미생물 분포가 비황사 시기와 확연히 구분됨에 따라 미생물에 의한 건강 피해 가능성이 있다는 보고도 있었다. 제3장 미세먼지의 예보에서 다시 언급하겠지만, 국내 미세먼지 농도가 증가하는 데에는 황사의 역할이 매우 큰 영향을 준다. 결론적으로 황사 시기의 초미세먼지 농도는 미세먼지 농도에 비해 상대적으로 낮은 특성을 보인다.

황사 시 행동 요령

기상청에서 운영하는 황사특보는 황사경보밖에 없다.[29] 황사경보는 황사로 인해 1시간 평균 미세먼지(PM10) 농도가 800㎍/㎥ 이상이 2시간 이상 지속될 것으로 예상될 때 발령한다. 그러나 황사경보가 발령되지 않더라도 황사가 발생했다는 방송을 들으면 미리 대비하는 것이 좋다.

기상청에서 만든 국민행동 요령을 보자. 황사가 발생하면 개인들은 가정에서 황사가 실내로 들어오지 못하도록 출입문과 창문을 닫는다. 외출한 다음에는 손을 씻고 양치질한다. 황사에 노출된 채소, 과일 등 농수산물은 충분히 세척한 후에 섭취해야 한다. 식품 가공, 조리 시에는 깨끗하게 손을 씻는 등 철저한 위생 관리로 2차 오염을 방지해야 한다. 노약자나 호흡기질환자의 경우 실외활동을 금지한다. 학교 등 교육기관에서는 유치원과 초등학교의 실외활동을 금지하거나 수업 단축 또는 휴업을 실시한다. 축산·시설원 등 농가에서 방목장의 가축은 축사 안으로 신속히 대피시켜 황사 노출을 방지한다. 비닐하우스 온실 및 축사의 출입문과 창문을 닫고 외부 공기와의 접촉을 가능한 한 적게 한다. 노지에 방치·야적된 사료용 건초, 볏짚 등을 비닐, 천막 등으로 덮어주어야 한다. 황사가 끝난 뒤에는 실내공기를 환기시키고 황사에 노출된 물품 등을 세척한 다음에 사용한다.

박태균 식품의약전문기자가 작성한 황사철 대비 요령을 소개한다. 일반적으로 황사특보가 내려지면 호흡기나 알레르기 환자는 물론 노

29 2016년까지 있었던 '황사주의보'는 2017년 1월 13일부터 '미세먼지 경보'로 대체되었다.

약자도 외출을 삼가고 가급적 실내에서 지내는 게 좋다. 걷기, 조깅, 사이클링 등 실외 운동은 황사가 끝난 뒤로 미루는 것이 좋다. 외출이 불가피하다면 황사방지용 마스크를 착용한다. 또 천식 환자는 흡입용 기관지 확장제, 알레르기성 비염 환자는 항抗히스타민제를 필히 챙겨야 한다. 황사용 마스크는 입자 지름이 10㎛ 이하인 미세먼지(PM10)는 물론 초미세먼지(PM2.5)도 걸러준다. 마스크 구매 시에는 식품의약품안전처 허가를 받은 것인지, 또 마스크의 성능규격을 표시한 'KF지수'(KF80)와 '황사용' 표기가 있는지 확인한다. 황사가 있더라도 실내 환기는 필요하다. 황사 농도가 낮은 시간대에 창문을 잠깐 열어놓으면 된다. 환기 후에는 스프레이를 뿌려 황사 입자가 바닥에 떨어지게 한다. 그 다음에 바닥에 쌓인 먼지를 물걸레로 닦아 제거한다.

황사철에는 물을 충분히 마시는 것이 중요하다. 하루 8~10잔을 마시는 것이 이상적이다. 물 마시기를 소홀히 하면 황사에 든 유해물질의 체내 침투와 축적이 용이해진다. 물을 충분히 마시면 체내에 들어온 황사가 몸 밖으로 빠져나간다. 물을 많이 마시기 부담스럽다면 오미자차나 구기자차, 모과차, 옥수수차를 수시로 마시는 것도 방법이다. 된장을 풀어 심심하게 끓인 냉이된장국, 콩나물 뿌리를 제거하지 않고 끓인 콩나물국, 북어국 등은 황사철에 추천할 만한 음식이다.

돼지고기 삼겹살의 효과는 제한적이다. 그러나 녹차, 양파, 마늘, 미역, 굴, 전복 등 해독 식품을 황사철에 즐겨 먹는 것은 괜찮다. 전문가들은 황사철에는 동물성 식품이나 간식을 통해 열량을 평소보다 100~200㎉ 가량 늘려 섭취할 것을 권한다. 감정 조절에 신경 쓰는 것도 도움이 된다. 감정 관리가 안 돼 스트레스를 받으면 호흡이 빨라지게 되어 황사에 든 미세먼지 등 유해물질의 체내 유입을 증가시킨다.

눈도 황사에 취약한 부위다. 황사로 인한 가장 흔한 눈질환은 자극성 결막염과 알레르기성 결막염이다. 예방하려면 외출 시 보호 안경이나 선글라스를 끼고 귀가 후에는 미지근한 물로 눈을 깨끗이 씻어낸다. 황사철에는 콘택트렌즈 대신 안경을 쓰는 것이 좋다.

봄볕에 피부가 가뜩이나 약해진 상태에서 황사가 모공을 틀어막으면 피부 트러블이 생기기 쉬워진다. 얼굴 등 피부에 자외선 차단 크림을 발라 황사가 직접 피부에 닿는 것을 피한다. 귀가한 뒤에는 이를 깨끗이 씻어낸다. 황사가 두피를 자극해 탈모 증상을 악화시킬 수도 있다. 황사먼지는 일반 먼지보다 입자가 훨씬 작아 두피의 모공이나 모낭까지 닿기 쉽기 때문이다. 따라서 황사 발생 때에는 모자를 쓰는 것도 권한다. 이대로만 해도 90% 이상 황사 피해를 예방할 수 있다.

5. 미세먼지가 산업에 미치는 영향

산성비를 내리는 미세먼지

리들리 스콧Ridley Scott 감독의 영화 〈블레이드 러너Blade Runner〉를 보면 환경파괴로 인한 지구의 미래가 매우 암울하다는 것을 느끼게 된다. 비가 내리는 서기 2019년의 LA는 황량하다. 그런데 이를 표현해주는 것이 강력한 산성비다. 영화 속에서는 어둠을 배경으로 끊임없이 산성비가 내린다. 결국 환경오염과 인구 증가로 지구는 다른 행성에 식민지화 이주정책을 펼 수밖에 없다. 이 영화에서 산성비와 파괴된 오존층을 상징하는 도구가 등장한다. 바로 우산이다. 미래 세계의 도심은 화려하다. 멋진 우주선이 떠다니며 우주 식민지에서 누리게 될 새로운 삶에 대한 광고가 도시를 도배한다. 초현대적 고층 건물 숲과는 대조적으로 땅에서 비를 피해 우산을 쓰고 다니는 사람들의 모습은 너무 초라하다. 유토피아가 아닌 디스토피아의 낙후된 슬럼가 그 이상 그 이하도 아니다. 영화에서 그나마 배경이 미래 세계라는 것을 증명할 수 있는 것은 사람들이 쓰고 다니는 형광등처럼 빛이 들어오는 우산이다.

그런데 산성비를 만드는 주범이 바로 미세먼지다. 미세먼지를 구성하는 물질 중에는 질소산화물과 황산화물이 있다. 이것들이 대기 중에서 수증기와 만나면 황산이나 질산으로 변한다. 이처럼 매우 강한 산성을 띤 물질이 비에 흡수되어 내리는 것을 산성비라 한다. 우리나라에서는 수소이온농도(pH) 5.6 미만의 산성을 띠는 비를 산성비로 부른다. 산성비를 만드는 물질은 두 가지 경로로 배출된다. 하나는 화산폭발, 산불, 해염입자海鹽粒子와 같은 자연적인 배출원을 통해 만들어지며, 다른 하나는 발전소, 공장, 자동차, 주택 등에서 인위적으로 배출되는 화학물질로 만들어진다. 산성비의 가장 큰 원인은 인위적인 배출이다. 황산화물이나 질소산화물은 대기로 배출된 후 장거리 이동이 가능하다. 산성화에 가장 큰 영향을 미치는 오염원은 황산이온물질이다. 그 다음이 질산이온이고 염산이온의 영향이 가장 작다.

강산성이 된 물은 생태계에 다양한 형태로 악영향을 미친다. 먼저 인체에 피해를 준다. 직접적으로 눈이나 피부를 자극하여 불쾌감이나 통증을 일으키고 아토피 피부염이나 천식 등을 악화시키기도 한다. 산성비 속의 질산이온은 몸속에서 발암성 물질인 니트로소 화합물로 변한다. 이로 인해 위암 발생 가능성이 높아진다. 둘째, 수중생태계에 피해를 입힌다. 수중 미생물의 활성이 낮아져 유기물이 분해되지 않아 물의 빈貧영양화가 일어난다. 토양에서 용출된 알루미늄이 호수로 유입되어

생물종에게 큰 위협이 되기도 한다. pH가 5 이하로 낮아지면 대부분의 물고기가 알을 부화하지 못한다. 셋째, 토양 피해가 심각해진다. 산성비로 인해 토양이 강한 산성이 되기 때문이다. 염기성 양이온이 부족해지면 식물이 정상적으로 생장하지 못한다. pH 5 이하가 되면 쌀과 밀, 보리의 광합성이 저하된다. pH 4 이하에서는 식량 생산이 줄어들고 무, 당근 등의 채소 수확도 감소된다. 넷째, 삼림에도 피해를 입힌다. 식물에 필수적인 영양소인 칼슘, 마그네슘, 칼륨 등의 금속 성분 이온들이 상실된다. 또한 산성비는 광합성작용을 하는 엽록소를 제거한다. 오염된 토양층으로부터 독성 물질이 배출되기도 한다. 결국 이런 것들이 삼림을 황폐하게 만드는 원인이 된다. 다섯째, 가치가 있는 역사유적의 부식을 일으킨다. 강산성의 비는 석회암과 대리석으로 된 유적들을 심각하게 부식시킨다. 건물과 금속, 자동차, 고무, 가죽제품 등의 부식으로 경제적 손실을 가져오기도 한다.

반도체는 미세먼지에 취약하다

미세먼지는 산업활동에도 적지 않은 악영향을 미친다. 반도체와 디스플레이 산업은 가로·세로 높이 30㎝ 공간에 0.1㎍의 먼지입자 1개만 허용될 정도로 먼지에 민감한 분야다. 미세먼지에 노출될 경우 불량률이 증가하기 때문이다. 평소에도 먼지와의 전쟁을 벌이고 있는 반도체 산업은 미세먼지로 인한 제품불량률을 줄이기 위해 공기정화시설을 강화해야 하기 때문에 생산원가가 상승한다. 특히 액체상태인 유리물을 컴퓨터 모니터나 TV 브라운관용 유리로 만드는 성형공정에 미세먼지가 날아들어 화면에 흠집이나 굴곡을 만드는 등 불량률이 상승하기도 한다. 미세먼지는 마그네틱 드럼 테이프, 섀도우 마스크, 고신뢰관 등의 전자기기와 로켓용 부품, 시계, 광학기계 등의 정밀기계의 불량률도 상승시킨다.

미세먼지는 조선업, 자동차산업 등의 작업도 방해한다. 조선업계는 미세먼지 농도가 높을 때는 도장작업을 중단해야 한다. 미세먼지로 인한 조업일수 증가와 도장비용 증가로 생산원가가 상승하는 것이다. 미세먼지는 항공업, 유통업, 레저산업 등의 매출액을 감소시킨다. 미세먼지가 시정을 악화시켜 항공기 운항에 영향을 미치면 운항 지연이나 결항이 발생할 수 있다. 미세먼지 농도가 높아지면 소비자들의 외출 자제로 유통업, 레저산업 등의 매출이 줄어든다.

미세먼지는 가축, 농작물의 생장을 저하시킨다. 미세먼지 속 유해물질은 가축의 건강에 나쁜 영향을 미친다. 또한 미세먼지는 햇빛을 차단해 일조량을 감소시키고 식물의 기공을 막아 광합성을 방해함으로써 농작물의 생육에 장애를 가져온다. 미세먼지가 비닐하우스 피복재에 흡착해 시설 내의 투광률을 감소시켜 재배작물의 광합성을 억제하고, 시설 내의 온도 상승을 지연시키는 효과도 있다. 또한 미세먼지는 의복, 음식물, 자동차, 건물 등에 침강해 이에 대한 세척비용이 들게 만들고, 자동차의 공기청정기를 오염시켜 추가적인 연료 소모를 유발한다. 엔진 연소실로 유입되는 공기를 걸러주는 역할을 하는 공기청정기에 먼지 입자가 끼면 공기흡입이 원활하지 못해 엔진 출력이 저하되고 연료 소비가 증가하기 때문이다.

미세먼지에 노출되는 산업근로자

일반 시민들에 비해 산업근로자들은 미세먼지에 더 많이 노출된다. 특히 옥외 작업장에서 근무하는 노동자들은 미세먼지에 하루 종일 노출된다. 김승원 등은 옥외 작업장에서 미세먼지에 노출되는 실태를 연구했다.[30] 옥외 작업장은 옥내 작업장을 제외한 곳을 말하며, 여기서 옥내 작업장은 천장과 2면 이상의 벽면을 갖추고 자연통풍을 저해할 정도의 밀폐된 작업장을 말한다. 옥내 작업장은 갱내, 터널 등을 포함한다. 국내 근로자들을 업종별 대분류로 구분해보면 제조업, 도소매업, 숙박음식점 등의 순으로 근로자가 많으며, 모든 업종의 총인원은 2014년 기준 약 1,990만 명으로 조사되었다(KOSTAT, 2015). 이들 중 옥외 작업이 많을 것이라고 예상되는 업종으로는 건설업, 농림어업, 광업, 유틸리티 사업, 하수폐기물처리업, 운수업 등을 들 수 있다. 대표적인 옥외 작업장이 많은 업종은 건설업을 들 수 있으며, 근로자 수는 2014년 기준 약 110만 명으로 집계되었다. 그 외에도 운송업, 농림어업, 광업, 유틸리티 사업, 하수폐기물처리 등의 업종에서 옥외 작업이 많을 것으로 예상되며 근로자 수는 각 업종을 합하여 약 2014년 기준 125만 명으로 집계되었다(KOSTAT, 2015). 건설업과 비건설업 근로자 수를 합하면 235만 명이 옥외 작업장에서 미세먼지에 영향을 받을 수 있는 상황에 놓여 있다.

건설업 직종 중 설비내관 근로자가 기하평균 미세먼지 농도 201.10㎍/㎥으로 가장 높은 미세먼지 농도 수준에 노출되었다. 그 다음으로 직영목수 근로자 168.78㎍/㎥, 현장관리·신호수 근로자 116.90㎍/㎥, 방수공종 근로자 132.90㎍/㎥, 골조·철근·형틀공종 근로자 116.12㎍/㎥ 순이었다. 직종별로 노출된 평균 미세먼지 농도를 비교한 결과, 설비내관 근로자와 직영목수 근로자가 다른 노동자에 비해 노출된 평균

30 김승원 외, "건설업 옥외작업장 근로자의 미세먼지 노출 실태 조사", 계명대학교 등, 2016

미세먼지 농도가 높았다. 그중 가장 높은 농도의 호흡성 분진에 노출되는 공종은 항상 옥외 작업을 한다고 볼 수 있는 벽돌미장공과 내벽건설공 순이었다.

디젤엔진 장비를 사용하는 근로자도 미세먼지에 취약하다. 차량 엔진 배출물DEE, Diesel Engine Exhaust[31] 중 입자상 물질의 대부분이 초미세먼지($PM_{2.5}$)의 형태로, 평균 공기역학적 지름이 약 0.2㎛이다.[32] 광업, 건설업 등에서는 비도로용 디젤엔진 장비가 주로 사용된다. 반면 일반도로 및 운송업에서는 도로용 디젤엔진 차량이 사용되고 있다. 도로용 디젤엔진 차량 및 비도로용 디젤엔진 장비는 미세먼지의 발생원이라고 미 환경청에서 밝힌 바 있다. 그러다 보니 디젤엔진 장비를 사용하는 근로자는 일반인보다 미세먼지에 더 많이 노출될 수밖에 없다. 그리고 제품운송, 주차 등의 과정에서 인근 근로자들도 미세먼지에 노출될 가능성이 있다. 통상 차량 엔진 배출물의 노출 수준은 도심지가 도심외곽지역보다 더 높다. 또 그 미세먼지 농도는 디젤엔진 장비의 유형 및 수에 따라 다르다.

국내 자동차 타이어 공장의 디젤 지게차 배출 물질에 노출되어 폐암에 걸린 근로자가 처음으로 산업재해 승인을 받은 적이 있다. 그 후로 차량 엔진 배출물은 덤프트럭 운전기사와 굴삭기 운전기사의 폐암, 도심지 디젤 차량 운전자의 방광암을 유발하는 주요 원인으로 산업재해를 인정받았다.

이가현 등은 환경미화원 및 쓰레기차량 운전기사를 대상으로 근무

31 차량 엔진 배출물은 디젤 연료와 윤활유 등에서 완전히 연소되지 않은 수백 종의 가스상 물질과 입자상 물질(DPM, Diesel Particulate Matter)의 혼합물이다.

32 이가현 외, "GPS를 이용한 택배서비스업 근로자의 미세먼지 노출 평가", 계명대학교, 2015

시간 동안 측정한 입자상 물질(미세먼지)의 노출을 측정했다. 또 다른 연구로 생활폐기물 수거원 및 운전기사에 대한 초미세먼지의 노출을 측정했다. 초미세먼지 노출 수준은 수거원 64.99±24.67㎍/㎥, 운전기사 63.88±29.95㎍/㎥로 유사했다. 이 정도의 수치는 나쁨 수준으로 건강에 심각한 위해를 끼칠 수 있다. 다만 택배원은 차량운전 및 배송 업무를 동시에 수행하므로, 생활폐기물 수거원과 운전기사보다 노출되는 농도가 낮았다. 택배원은 생활폐기물 수거원보다 1.4배 정도 낮은 초미세먼지에 노출되었다. 이처럼 미세먼지는 산업현장뿐만 아니라 근로자들에게도 많은 영향을 미친다. 미세먼지를 시급히 줄여야 하는 이유는 바로 이 때문이다.

Tip 1
미세먼지 마케팅

애견용 미세먼지 마스크도 나왔다

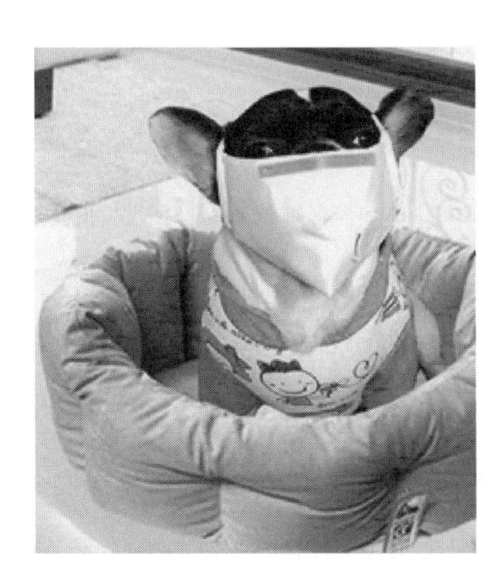

"애완견에게 미세먼지 마스크를 씌운다?" 미세먼지 마스크의 가격이 부담스러워 우리나라 사람들도 착용을 망설인다. 그런데 중국의 베이징에서는 미세먼지 마스크를 착용한 견공이 나타났다. 인터넷에 소개된 이야기다. 퉈퉈라고 불리는 프렌치 불독이 2016년 겨울을 매우 힘들게 보냈다고 한다. 폐렴으로 베이징 병원에서 1주일간 입원했던 것이다. 동물병원 의사는 "개의 폐렴 원인이 악성 미세먼지 때문일 수 있다면서 야외 활동을 줄여야 한다"고 조언했다. 이에 견주는 베이징의 악명 높은 미세먼지로부터 퉈퉈를 보호하기 위해 미세먼지 마스크를 제작하여 착용시켰다.

견주들의 애로를 눈치 챈 발 빠른 장사꾼들이 애견용 미세먼지 마스크를 온라인에 론칭했다. 중국의 온라인 쇼핑몰 타오바오에는 30~200위안짜리 애견용 미세먼지 마스크가 종류별로 구비되어 있다. 조그만 개를 위한 마스크부터 불독처럼 큰 개를 위한 마스크가지 종류가 다양하다. 애견용 미세먼지 마스크는 산책 중인 개가 호흡에 이상을 느낄 경우 빠르게 벗길 수 있는 편리함까지 갖추었다. 중국 베이징에서는 개를 반려동물을 키우고 있는 견주들이 애견용 미세먼지 마스크뿐만 아니라 미세먼지 저항력을 높이는 고가의 사료를 구매하고 있다고 한다. 미세먼지 농도가 점점 더 높아지고 있는 우리나라도 얼마 가지 않아 애견용 미세먼지 마스크 시장이 열리지 않을까? 애견용 미세먼지 용품 시장은 미세먼지가 만든 새로운 비즈니스 시장이다. "사람 팔자보다 개 팔자가 더 좋은 세상이다!"

Chapter 2
미세먼지와 건강

"최근에 언론에서 가장 많이 보도하는 뉴스는?" 2016년 후반기 언론의 최대 뉴스는 최순실 관련 이야기였으며, 2017년 3월 말에는 미세먼지였다. 뉴스 빈도는 그 시대 사람들의 관심사를 반영한다.

1990년 1월부터 2017년 4월 사이에 일부 언론(13개 신문, 3개 방송)에서 미세먼지라는 키워드가 다루어진 것은 4만 6,000여 건이었다는 《중앙일보》의 보도가 있었다. 미세먼지가 언론에 보도된 건수는 1990년대 초반에는 연평균 6.4건, 1990년대 후반에는 79건에 그쳤다. 그러다가 2000년대 초반 연평균 360건으로 늘더니, 2010~2016년에는 5,000건으로 치솟았다. 2016년과 1990년(2건)을 단순 비교하면 기사 건수가 6,600배 늘었다는 것이다. 그렇다면 우리나라의 신문, 인터넷, TV, 통신 등의 4,600여 개 매체가 미세먼지를 다룬 양은 상상을 초월할 것이다.

그럼 왜 최근에 와서 미세먼지가 사람들의 관심을 끌고 있는 것일까? 우선 우리나라의 급속한 산업화 및 자동차보유대수 증가, 그리고 냉난방 증가 등으로 인해 미세먼지 농도가 높아진 것이 그 원인이다. 여기에 최근 들어 중국발 미세먼지까지 우리나라에 큰 영향을 미쳐 미세먼지 문제가 더욱 심각해지고 있다. 그리고 사람들의 삶의 수준이 향상되면서 건강에 대한 관심이 높아진 것도 한몫하고 있다. 특히 언론에서 미세먼지를 자주 다루는 것은 미세먼지가 건강에 매우 나쁘기 때문이다. 엄마들은 학교에 가는 아이 걱정, 직장에서 미세먼지에 노출된 남편 걱정에 마음이 편치 않다. 이런 사람들의 마음을 파고 들어간 곳이 언론사다. 시청률이나 구독률이 생명인 언론사 입장에서는 사람들이 가장 많은 관심을 갖는 곳에 집중하기 마련이다.

1. '조용한 살인자' 미세먼지가 건강을 위협한다

미세먼지는 우리 건강에 얼마나 해로운가

더럽고 오염된 공기가 건강에 매우 해롭다고 하는데, 도대체 미세먼지는 우리 건강에 얼마나 해로운가? 입자의 크기가 큰 먼지 대부분은 코털이나 기관지 점막에서 걸러져 배출된다. 그러나 입자가 매우 작은 미세먼지는 코나 구강, 기관지에서 걸러지지 않고 우리 몸속까지 스며들어온다. 많은 연구에 의하면 미세먼지의 농도와 성분이 동일하다면 입자 크기가 더 작을수록 건강에 해롭다고 한다. 같은 농도인 경우 초미세먼지는 미세먼지에 비해 더 넓은 표면적을 갖는다. 그러기에 다른 유해물질들이 더 많이 흡착된다. 그리고 정말 중요한 것은 입자 크기가 더 작아서 기관지에서 다른 인체 기관, 혈관이나 세포로 이동할 가능성도 높다는 것이다.

명준표 등의 연구에 의하면 미세먼지가 건강에 미치는 영향은 다음과 같다.[1]

"미세먼지를 포함한 입자상 물질(PM)은 그 크기에 따라 침착 또는 흡수되는 부위와 건강 영향이 다르다. 충돌impaction, 중력침강gravitational settling, 확산diffusion, 정전기적 흡착electrostatic attraction 등의 기전에 따라 기도 내의 부위별로 분진이 침착된다. 예를 들자면, 미세먼지는 기류의 흐름에 따라 기도를 지난다. 이때 주로 기관지 또는 기관 분지에 직접적인 충돌로 인해 미세먼지가 침착되기 쉽다. 이외에도 미세먼지의 입자 크기와 무게에 따른 중력침강 현상으로 인해 입자가 기도 내에 침착되기도 한

---

1 명준표, "미세먼지와 건강 장애", 가톨릭대학교 의과대학, 2015

다. 만약 정전기적인 성질을 띠거나 수용성 물질의 경우, 기도 점액이 분포하는 상기도에서 걸러진다. 그러나 반대일 경우에는 기도 깊숙이 들어와 침착하기도 한다. 이외에도 미세먼지에 대한 호흡 및 공기 역학적인 기전 등을 고려해볼 때, 호흡 유속, 성별 및 연령별 호흡 특성 등에 따라 분진이 유입되는 장소, 누적 분진의 양 등이 달라진다. 호흡 유속이 빠를 경우 상기도에 입자가 큰 분진의 침착이 입자가 작은 분진에 비해서 많다. 남성이 여성에 비해 더 깊은 곳까지 분진이 침착되며, 연령이 낮을수록 세기관지에 침착되는 분진의 분획이 많다. 다양한 기전에 의해 침착되는 부위가 다른 것은, 이를 제거하는 기전에도 절대적인 영향을 미친다."

앞의 논문처럼 호흡 유속이 빠를 경우 인체에 침착되는 미세먼지의 양은 늘어난다. 한 언론사의 View&(뷰엔)팀이 국민대 체육학과 이대택 교수의 자문을 받아 미세먼지 흡입량을 산출했다. 성인 남성이 50㎍/㎥ 농도 하에서 5.5km/h(속보) 속도로 1시간 동안 걸으면 120㎍의 미세먼지를 들이마신다. 그런데 9.5km/h 속도로 달리면 240㎍의 미세먼지를 들이마신다는 것이다. 이것은 같은 시간 움직이지 않고 휴식을 취할 경우 경보 발령 수준인 300㎍/㎥ 농도 하에서 흡입하는 108㎍보다 많은 양이라고 한다. 또 운동 강도가 셀수록 호흡하는 미세먼지의 양은 빠르게 증가한다.

어쨌든 미세먼지가 우리 몸속으로 들어오면 면역을 담당하는 세포가 먼지를 제거하려는 작용을 한다. 그러면서 부작용인 염증반응이 나타난다. 기도, 폐, 심혈관, 뇌 등 우리 몸의 각 기관에서 이러한 염증반응이 발생하면 천식, 호흡기·심혈관계 질환 등이 발생하는 것이다. 특히 노인, 유아, 임신부나 심장 질환, 순환기 질환자들은 미세먼지로 인

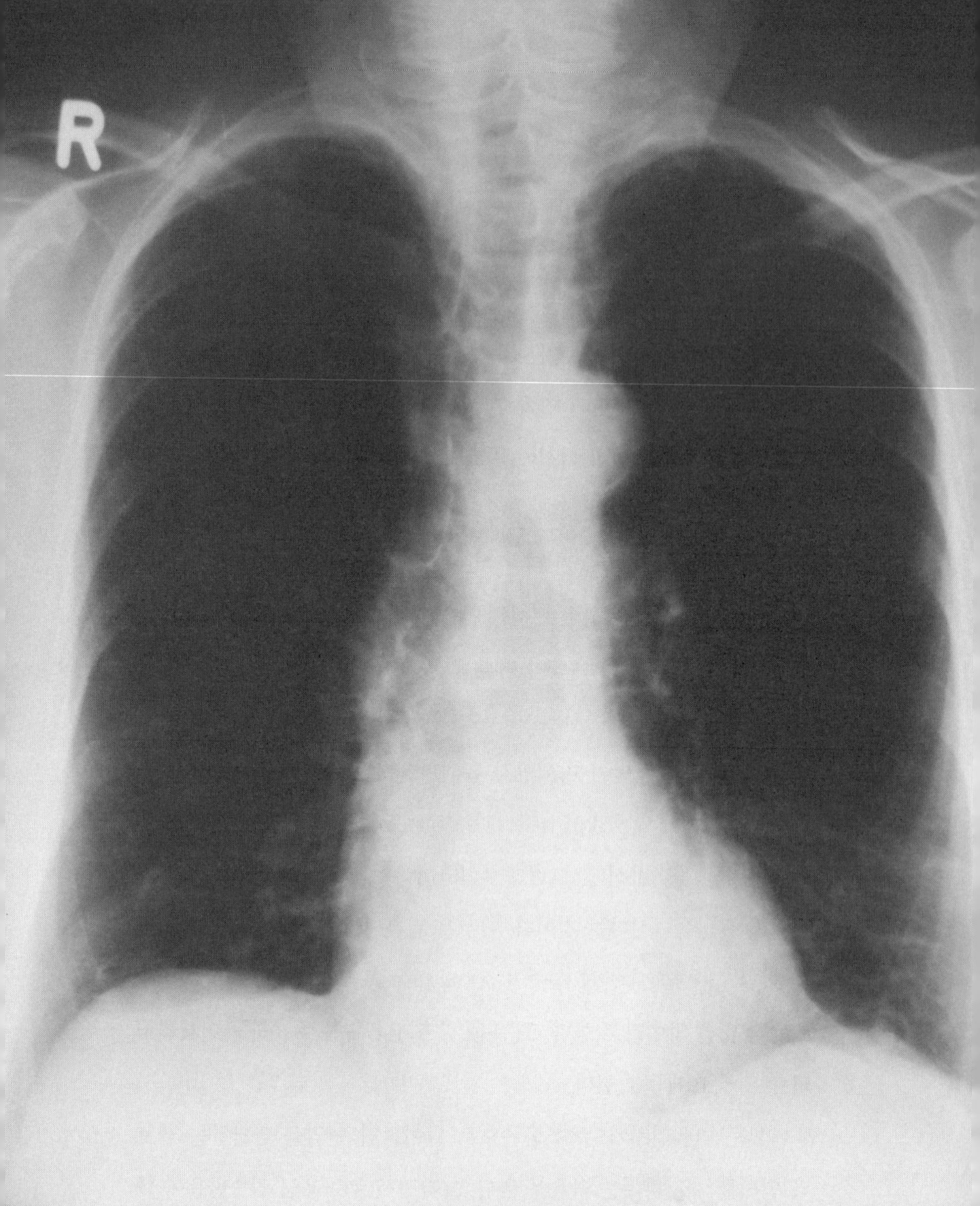

미세먼지가 우리 몸속으로 들어오면 면역을 담당하는 세포가 먼지를 제거하려는 작용을 한다. 그러면서 부작용인 염증반응이 나타난다. 기도, 폐, 심혈관, 뇌 등 우리 몸의 각 기관에서 이러한 염증반응이 발생하면 천식, 호흡기·심혈관계 질환 등이 발생하는 것이다. 특히 노인, 유아, 임산부나 심장 질환, 순환기 질환자들은 미세먼지로 인한 영향을 일반인보다 더 많이 받을 수 있으므로 주의해야 한다. 세계보건기구는 2014년 한 해에 미세먼지로 인해 기대수명보다 일찍 사망하는 사람이 700만 명에 이른다고 발표했다. 세계보건기구 산하 국제암연구소는 미세먼지를 암을 일으키는 1군 발암물질로 분류했다.

한 영향을 일반인보다 더 많이 받을 수 있으므로 주의해야 한다.

세계보건기구는 2014년 한 해에 미세먼지로 인해 기대수명보다 일찍 사망하는 사람이 700만 명에 이른다고 발표했다. 2017년 세계보건기구 산하 국제암연구소IARC, International Agency for Research on Cancer의 발표에 따르면, 미세먼지의 주범인 디젤엔진 배출물DEE은 발암추정물질Group 2A로 분류되었으며 장기 노출될 경우 눈과 기관지 자극, 기침, 호흡곤란 등을 유발하고 20년 이상 노출될 경우 폐암을 일으킬 위험이 있다는 보고도 있다. 미세먼지는 암을 일으키는 것으로 확인된 1군 발암물질로 분류되었다.

가장 살기 좋은 곳은 미세먼지 농도가 낮은 곳이다

미세먼지 농도가 높으면 사회적인 건강 취약성이 높아진다. 이원정 등이 부산 지역을 대상으로 연구한 논문의 부분을 보자.[2]

"건강 취약성이 낮게 평가된 지역(해운대구와 수영구)에 대해 각 지표의 기여도를 분석했다. 가장 낮은 건강 취약성을 보인 해운대구는 부산 지역 내에서 상대적으로 미세먼지에 대해 노출 정도(노출 지수: -0.02)가 낮은 지역에 속한다. 민감도 지수(0.35) 또한 비교적 낮으며, 적응능력(0.44)은 상대적으로 높은 지역으로, 종합적인 취약성이 -0.10으로 가장 낮게 평가되었다. 수영구의 건강 취약성 지수는 0.05로 부산 지역 내에서 두 번째로 낮게 평가되었다. 노출 지수(0.08)와 민감도 지수(0.33)는 타 지역에 비해 상대적으로 낮아 미세먼지에 대한 영향을 적게 받는 지역에 속한다.

---

2 이원정 외, "부산 지역 미세먼지에 대한 건강 취약성 평가", 부산대학교, 2014

5년 동안 건강 취약성 지수의 차이가 가장 큰 지역은 동구였다. 동구는 미세먼지 관련 질환 사망률의 증가로 민감도 지수가 0.62에서 0.74로 증가했다. 경제 요소의 감소로 적응능력 지수도 0.46에서 0.31로 낮아졌다. 미세먼지에 대한 내부적 위험도가 높아지고 이를 극복할 수 있는 지역 내 능력이 감소하여 종합적인 건강 취약성이 더욱 증가한 것이다.

건강 취약성을 행정구역별로 평가한 결과, 건강 취약 지역은 동구와 서구로 나타났다. 이 지역들은 미세먼지의 직접적인 영향에 많이 노출되었다. 높은 미세먼지 관련 사망률과 취약 인구 비율로 잠재적 영향의 위험이 높았다. 따라서 경제 요소의 적응능력이 낮은 것으로 분석되었다. 반면 해운대구와 수영구가 건강 취약성 지수가 낮은 지역으로 평가되었다. 미세먼지의 영향을 적게 받아 위험도가 낮고 타 지역에 비해 보건·경제 요소의 적응능력이 높게 분석되었다."

그러니까 종합적으로 미세먼지 노출이 높은 도심 및 공업지역을 중심으로 미세먼지에 대한 건강 취약성이 높다는 것이다. 반대로 미세먼지의 영향이 적고 보건적·경제적 인프라가 잘 갖추어진 지역은 취약성이 낮았다. 건강해지려면 미세먼지 농도가 낮은 지역에서 살아야 한다.

우리나라는 미세먼지로 인한 연간 건강피해액이 12조 4,000억 원 정도 된다. 중국은 미세먼지로 인한 연간 건강피해액이 약 20조 원이라고 발표했다. 그런데 우리나라나 중국의 경우 건강피해액을 상당히 축소하는 것이 아닌가 하는 생각을 할 때가 있다. 예를 들어보자. 우리나라나 중국보다 미세먼지 농도가 매우 낮은 프랑스의 연간 건강피해액은 무려 122조 원이다. 프랑스 상원이 프랑스의 심각한 미세먼지 정책을 개선하기 위해 발표한 자료이니 신뢰성이 높다. 우리가 알고 있는 이상으로 미세먼지는 우리의 건강에 심각한 피해를 주고 있는 것이다.

2. 심장마비를 부르는 미세먼지

미세먼지가 우리 심장을 노린다

김인수 등은 미세먼지와 황사가 심혈관질환에 어떤 영향을 미치는지, 그리고 미세먼지와 황사의 건강 피해를 어떻게 예방하는 것이 좋은지에 대해 연구했다.[3] 그 내용을 보면 장기적으로 평균 미세먼지 농도가 높은 지역에 거주할수록 심혈관질환 이환율과 사망률이 높았다고 한다. 특히 높은 농도의 초미세먼지에 노출될 때 심근경색, 뇌졸중, 부정맥, 심부전 악화 등을 유발할 수 있다고 한다. 일부 민감한 환자의 경우 수시간, 혹은 수일 정도의 단기간 노출만으로도 상기 질환이 유발되거나 악화될 수 있다.

이들은 황사 때 발생하는 미세먼지로 인해 발생한 대만의 건강 피해 사례 연구도 소개한다. 황사가 발생할 때 폐렴 관련 입원과 함께 심혈관 및 호흡기질환 관련 사망 위험률이 증가하더라는 것이다. 또한 뇌졸중에 의한 입원율 역시 증가했다. 그러니까 황사로 인한 미세먼지도 심혈관계 질환에 큰 영향을 미친다는 것이다. 그러나 황사 시기와 비황사 시기를 구분하여 대기오염이 사망에 미치는 영향을 분석한 또 다른 국내 연구에서는 대기오염(미세먼지, CO, NO_2, SO_2)의 영향이 황사 시기보다 비황사 시기에 더 크게 나타났다. 이는 같은 농도일 때 미세먼지

---

3 김인수 외, "미세먼지/황사 건강피해 예방 및 권고지침: 심혈관질환", 연세대학교, 2015

가 황사 먼지보다 독성이 더 강하다는 것을 뜻하는 것이다.

김인수 등의 논문에서는 2012년에 보고된 또 다른 국내 연구를 인용한다. 2003년부터 2006년까지 서울의 대기오염과 서울 시민의 총 사망률 및 심혈관계 사망률을 조사했더니, 황사 또는 황사와 스모그에 노출된 이후 2~3일 뒤에 총사망률 및 심혈관계 사망률 위험도가 증가하는 경향이 있었다는 것이다. 특히 75세 이상의 고령 인구에서 심혈관계 사망률 위험도가 의미 있게 증가했다고 한다.

미세먼지 노출의 영향

그렇다면 미세먼지에 장기간 노출될 때 심혈관계는 어떤 영향을 받을까? 최근 미세먼지 농도가 높은 지역에서 장기간 거주하는 것이 단기간 거주할 때보다 심혈관질환 상대 위험도가 높다는 코호트 연구Cohort study[4]가 보고되었다. 세계보건기구에 따르면, 초미세먼지에 의해 매년 80만 명 정도의 수명이 단축된다고 한다. 미세먼지가 전 세계 사망 원인의 13번째를 차지하는 것으로 보고되고 있다. 오래 살고 싶으면 미세먼지 농도가 낮은 지역에 사는 것이 좋다는 이야기다.

그렇다면 단기간의 미세먼지 노출이 심혈관질환에 미치는 영향은 어떤 것이 있을까? 4시간 동안의 평균 초미세먼지 농도가 10$\mu g/m^3$ 증가할 때, 일별 심혈관질환 사망률의 상대위험도가 약 0.4~1.0% 가량 증가한다. 관상동맥 질환이나 구조적 심질환을 가지고 있는 노인의 경우 초미세먼지에 의해 심혈관질환이 악화될 가능성이 높다. 최근 미국

---

4 코호트 연구는 전향성 추적조사를 의미한다. 특정 요인에 노출된 집단과 노출되지 않은 집단을 추적하고 연구 대상 질병의 발생률을 비교하여 요인과 질병 발생 관계를 조사하는 연구 방법이다. 요인대조 연구(factor-control study)라고도 불린다.

204개 도시에서 65세 이상 1,150만 명을 대상으로 연구를 실시한 결과, 일별 초미세먼지 농도 변화와 심혈관질환 입원율 변화 간에 상관성이 있는 것으로 나타났다. 초미세먼지 10㎍/㎥ 증가는 뇌혈관질환에 의한 입원율을 0.81%, 말초혈관질환에 의한 입원율을 0.86%, 허혈성 심질환에 의한 입원율을 0.44%, 부정맥에 의한 입원율을 0.57%, 심부전에 의한 입원율을 1.28% 증가시켰다.

미세먼지와 심혈관계에 대한 외국 연구 사례

장안수 등은 논문에서 외국의 사례를 소개하고 있다.[5] 미세먼지와 심장질환의 유병률과 사망률과의 관계는 잘 알려져 있다고 소개하면서 미세먼지 및 초미세먼지 농도 10㎍/㎥ 감소는 미국에서 연당 1,500건의 허혈성 심장질환자의 입원을 줄인다고 한다. 또 2004년부터 2010년까지 잉글랜드와 웨일즈 지방에서 15만 4,204명의 심장질환자를 대상으로 3.7년 동안 추적 관찰한 결과, 3만 9,863명이 미세먼지로 인해 사망했다는 코호트 연구도 있다. 초미세먼지 농도 10㎍/㎥ 증가가 심장질환자의 사망률을 1.2배나 증가시켰다는 것이다. 분진의 구성, 실내 노출, 인구 구성, 노출 평가 방법, 변수 등에 다양한 영향을 받지만 초미세먼지 농도 10㎍/㎥ 증가는 전체 사망률 6%, 심장혈관계 사망률 15%의 증가를 가져왔다. 초미세먼지의 장기간 노출은 비암성 호흡기 질환에 비해 특히 허혈성 심장질환의 사망률을 3% 증가시켰다.

일본에서 7만 8,057명을 대상으로 코호트 연구를 했다. 그랬더니 미세먼지 농도가 10㎍/㎥ 증가하자 흡연자에게서 관상동맥질환이 1.39%,

---

5 장안수, "미세먼지가 건강에 미치는 영향", 순천향대학교 의과대학, 2015

심근경색이 1.52% 증가했고, 여성에게서 관상동맥질환이 1.63%, 심근경색이 1.99% 증가했으며, 전체 사망률이 1.11% 증가했다.

최근 이탈리아 롬바르디아Lombardia 지역에서 보고된 사례조절연구case control study에 따르면, 장기간 초미세먼지 농도 10$\mu g/m^3$ 증가 시 심부정맥 혈전증deep vein thrombosis이 70% 증가했다. 미세먼지가 동맥뿐만 아니라 정맥 순환에도 영향을 미쳐 혈액응고나 혈전증 위험도 증가시킨다는 것이다.

미국에서도 미세먼지로 인해 심혈관계 질환자들의 입원율이 높아지는 것으로 연구되었다. 미국 메디케어US Medicare 국가 정보 데이터를 기반으로 일별 시계열로 분석한 초미세먼지 농도와 심혈관질환에 의한 입원율과의 관계를 토대로 미세먼지와 심부전과의 관계를 분석했다. 일별 초미세먼지 농도가 10$\mu g/m^3$ 증가하면 심부전에 의한 입원율은 1.28% 증가한다. 코호트 연구에서 볼 때 단일 요인 중 가장 큰 연관성을 보이는 것이 심혈관계 질환이라는 것이다. 동일한 자료로 204개 주를 대상으로 초미세먼지 농도가 10$\mu g/m^3$ 감소할 때를 살펴보았더니 매년 심부전으로 입원하는 사람이 3,156명이나 줄었다. 미국 여성건강계획WHI, Women's Health Initiative의 코호트 연구도 있다. 초미세먼지에 지속적으로 노출될 때 초미세먼지 농도 10$\mu g/m^3$ 증가 시 비치명적인 뇌졸중과 치명적인 뇌혈관질환 발생이 모두 의미 있는 수치로 증가했다.

미세먼지에 노출되면 심장질환에 걸릴 위험이 커진다는 또 다른 연구도 있다. 2017년 4월 미국심장협회AHA, American Heart Association[6]의 연구 내용이다. 미국 워싱턴대학교 그리피스 벨Griffith Bell 박사 팀은 미세먼지가

---

6 미국심장협회(AHA), 《동맥경화증, 혈전증, 혈관 생물학 저널(Journal Arteriosclerosis, Thrombosis and Vascular Biolog)》, 2017

좋은 콜레스테롤이라고 알려진 고밀도콜레스테롤HDL을 줄이기 때문에 심장질환을 유발한다고 말한다. 이 연구팀이 중년 이상 주민 6,654명을 대상으로 조사한 결과, 탄소 노출도가 높을수록 혈액 속 고밀콜레스테롤 농도가 더 낮았다. 동맥경화증이나 심부전, 뇌졸중 등 심혈관질환에는 총콜레스테롤 수치보다는 고밀도콜레스테롤의 비중이 얼마나 많으냐, 저밀도콜레스테롤LDL이 적으냐가 중요한 영향을 미친다는 것이다. 미세먼지 노출에 따른 고밀도콜레스테롤 저하 규모는 여성이 남성에 비해 더 컸기 때문에 여성이 남성보다 미세먼지에 더 취약하다는 것이 밝혀졌다.

미세먼지와 심혈관계에 대한 국내 연구 사례

김인수 등의 보고서에서는 2012년 보고된 국내 연구를 인용한다. 2003년부터 2006년까지 서울의 대기오염과 서울 시민의 총사망률 및 심혈관계 질환 사망률을 조사했다. 그랬더니 황사 또는 황사와 미세먼지에 노출된 이후 2~3일 뒤에 총사망률 및 심혈관계 질환 사망률 위험도가 증가하는 경향이 있더라는 것이다. 특히 75세 이상의 고령 인구에서 심혈관계 사망률 위험도가 의미 있게 증가했다고 한다. 서울 시민의 뇌졸중 사망률에 관한 연구에 따르면, 미세먼지를 비롯한 대기오염이 뇌졸중 사망률을 증가시킨다. 뇌졸중 유형에 따라 독립적으로 분석했을 때, 미세먼지는 출혈성이 아닌 허혈성 뇌졸중과 연관이 있다.

정성환 등의 연구[7]에서도 미세먼지가 심혈관계 질환에 영향을 미친다는 것을 잘 보여준다. 초미세먼지 농도 10$\mu g/m^3$ 증가 시 1주일 이하

7 정성환 외, "미세먼지의 건강 영향", 가천대학교 의과대학, 2016

단기간 노출되면 혈압이 1~2mmHg 상승할 수 있고, 30일에서 1년간 장기간 노출되면 혈압이 5~10mmHg 상승할 수 있다. 그렇기 때문에 장기간의 초미세먼지 노출은 고혈압 환자들의 뇌졸중 발생비율을 증가시키는 요소가 될 수 있다. 초미세먼지의 증가는 경동맥과 관상동맥을 포함한 혈관의 벽을 두껍게 하고 죽상경화증[8]을 증가시키고 혈전의 발생빈도를 증가시킨다. 이로 인해 혈관의 기능과 혈류의 흐름이 저하되어 심근경색증과 뇌졸중의 발생이 증가한다.

질병관리본부는 초미세먼지에 장기간 노출될 경우 심근경색과 같은 허혈성 심질환의 사망률은 30~80% 증가한다고 한다. 미세먼지는 크기가 매우 작아 폐포를 통해 혈관에 침투해 염증을 일으킨다. 이 과정에서 혈관에 손상을 주어 협심증, 뇌졸중으로 이어질 수 있다는 것이다. 특히, 심혈관 질환을 앓고 있는 노인은 미세먼지가 쌓이면 산소 교환이 원활하지 못해 병이 악화될 수 있다.

3. 호흡기에 최악인 미세먼지

미세먼지가 호흡기를 약하게 만드는 이유

폐 기능은 호흡기 건강의 지표라고 할 수 있다. 출생 후 성인이 될 때까지는 호흡기 기능이 증가하다가 나이가 들면서 점차 감소한다. 그런데 폐 기능 감소와 가장 관련 있는 것이 대기오염, 그중에서도 미세먼지다.

---

8 죽상경화증은 오래된 수도관이 녹이 슬고 이물질이 침착하여 지름이 좁아지게 되는 것처럼, 주로 혈관의 가장 안쪽을 덮고 있는 내막(endothelium)에 콜레스테롤이 침착하고 내피세포의 증식이 일어난 결과 '죽종(atheroma)'이 형성되는 혈관 질환을 말한다.

장안수의 연구[9]에 따르면, 미세먼지가 호흡기에 영향을 미치는 기전이 잘 나와 있다. 미세먼지에 노출되면 탐식세포migration-inhibitory factor 인자가 상피세포에서 발현이 증가한다. 그러면서 기도와 폐포에 염증이 발생한다. 미세먼지 노출로 산화스트레스가 증가하여 방어기전, 세포활성화, 세포 구조와 연관된 단백질이 증가한다. 미세먼지는 기도 염증과 염증매개인자를 증가시켜 폐질환을 악화시킨다. 더 나아가 폐감염을 증가시키고, 급성 및 만성 폐염증을 일으킨다. 이런 이유로 해서 미세먼지에 단기간 노출되어도 호흡기질환 증상이 증가하고 폐기능이 감소하는 것이다. 장기간 노출되면 만성기침, 천식, 만성기도질환의 발생율이 3배 이상 증가한다.

장안수의 연구에서 미세먼지의 어린이에 대한 영향은 매우 흥미롭다. 어린이를 대상으로 한 연구에서 실내 초미세먼지 노출과 폐 기능 저하는 밀접한 관계가 있는 것으로 나타났다. 미세먼지는 활동량이 많아 호흡량이 많은 어린이의 폐 성장에 악영향을 미치고 폐를 손상시키기 때문에 미세먼지에 장기간 노출된 어린이는 폐 기능이 저하되거나 호흡기질환에 걸릴 확률이 높다. 심지어 중국에서는 미세먼지로 인해 폐암에 걸린 어린이의 사례까지 보도된 적이 있다.

예를 들어보자. 도로 위 자동차에서 발생하는 디젤 분진은 심각한 미세먼지다. 이 디젤 분진에 많이 노출되면 도로 주변에 사는 어린이들은 폐 기능이 저하된다. 일정 농도 이상의 디젤 분진에 노출되면 두통, 폐 기능 저하, 구역 등의 증상이 나타난다. 만성노출 시에는 기침, 객담, 폐 기능 저하가 발생한다. 날씨, 계절, 시간, 나이, 병원 조건 등 다양한 요

---

9 장안수, "미세먼지가 건강에 미치는 영향", 순천향대학교 의과대학, 2015

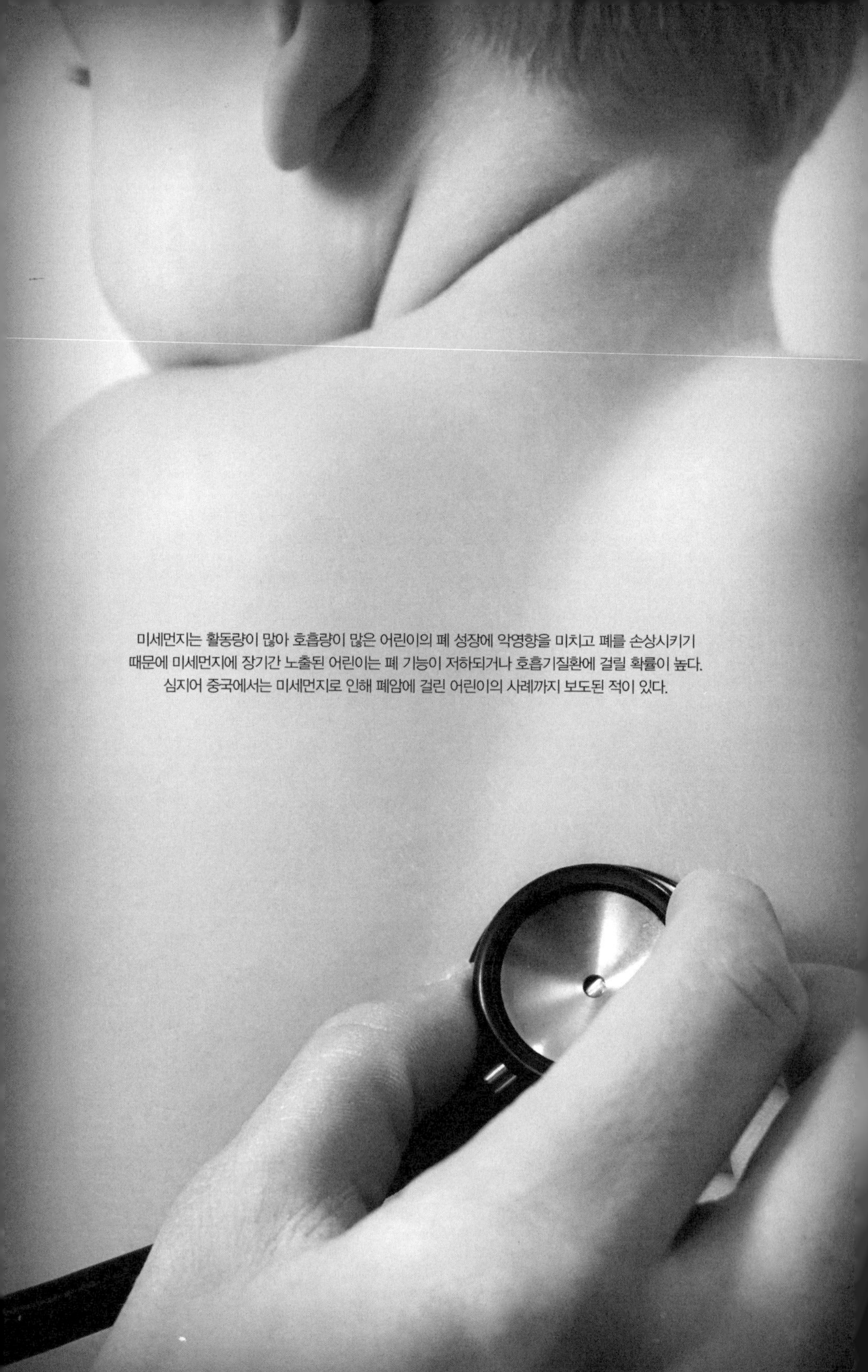

미세먼지는 활동량이 많아 호흡량이 많은 어린이의 폐 성장에 악영향을 미치고 폐를 손상시키기 때문에 미세먼지에 장기간 노출된 어린이는 폐 기능이 저하되거나 호흡기질환에 걸릴 확률이 높다. 심지어 중국에서는 미세먼지로 인해 폐암에 걸린 어린이의 사례까지 보도된 적이 있다.

소를 감안해도 미세먼지와 응급실 방문은 유의미한 상관관계가 있다는 것이다.

경선영 등도 미세먼지가 호흡기에 미치는 영향에 관해 연구했다.[10] 미세먼지는 흡입이 가능한 크기로 하부 기관지 및 폐 실질까지 침착하여 호흡기계에 손상을 일으킬 수 있다. 따라서 대기 중의 미세먼지 농도가 높을수록 호흡기계의 증상 악화를 초래한다. 심할 경우 사망률을 증가시킬 수 있다. 미세먼지 농도가 증가할수록 만성폐쇄성폐질환을 앓고 있는 환자의 입원이 증가했다. 미세먼지 농도 10㎍/㎥ 증가 시 입원이 2.7% 증가한 것이다. 이때 만성폐쇄성폐질환 환자들의 사망률은 1.1% 증가했다.

미세먼지가 호흡기에 미치는 영향을 연구한 사례

미세먼지는 성인의 폐 기능 저하 속도를 가속화한다. 미세먼지가 폐 기능에 미치는 영향을 알아보기 위해 대규모 코호트 연구들이 실시되었다. 스위스 내 8개 지역의 18~60세 성인 9,651명을 11년간 추적, 관찰한 코호트 연구인 SAPALDIA^Swiss Study on Air Pollution and Lung Disease in Adults^를 살펴보자. 미세먼지(PM_{10}) 연간 평균농도가 10㎍/㎥ 증가하면 노력성 폐활량^Forced Vital Capacity, FVC^은 3.4%, 1초간 노력성 호기량^Forced Expiratory Volume at one second, FEV1^은 1.6% 감소했다. 그러나 미세먼지 농도가 낮아지자 폐기능 저하 속도가 늦어졌다. 미세먼지 농도가 낮아지면 성인의 폐기능 저하 속도가 감소한다는 것을 잘 보여준 연구였다.

---

10 경선영 외, "미세먼지/황사 건강피해 예방 및 권고지침: 호흡기질환", 연세대학교의과대학 외, 2015

7개 지역의 독일인을 대상으로 수행한 연구[11]도 있다. 미세먼지 농도가 10㎍/㎥ 증가할 때 노력성 폐활량이 4.7%, 1초간 노력성 호기량은 3.4% 감소했다. 이 연구 역시 스위스 연구처럼 장시간의 미세먼지 노출이 폐 기능을 저하시킨다는 것과, 미세먼지 노출을 줄이면 폐 기능 저하 속도를 상당히 줄일 수 있음을 보여준다.

세계보건기구는 미세먼지 노출에 의한 단기 및 장기 건강 영향을 발표했다. 미세먼지가 호흡기질환을 악화시키는 기전은 활성산소 생성 증가를 통한 염증반응의 유발이 가장 대표적이다. 그리고 미세먼지에 의한 염증성 사이토카인cytokine[12]의 증가가 있다. 이러한 염증반응은 미세먼지의 크기가 작을수록, 중금속이나 내독소가 포함되어 있으면 더 심하게 나타난다. 단기적으로는 폐 염증반응 및 호흡기증상의 증가와 약 사용 증가, 심혈관계 부정적 영향, 병원 입원 및 사망률 증가를 초래할 수 있다고 한다. 장기적으로는 미세먼지 노출 시 하기도 증상 증가, 어린이 폐 기능 저하, 만성폐쇄성폐질환 환자 증가, 성인 폐 기능 저하 속도의 증가, 폐암 발생 증가가 있을 수 있다고 보고되었다.

이형숙 등의 연구[13]도 좋은 사례라 할 수 있다. 월 평균 미세먼지의 농도가 10㎍/㎥ 증가할 때 폐렴의 외래환자 1.021배, 폐렴의 입원환자 1.034배, 급성 세기관지염의 외래환자 1.049배, 급성 세기관지염의 입원환자 1.020배 증가한다. 이외에 코 및 부비동의 기타 장애·편도

---

11 Air Pollution on Lung Function, Inflammation and Aging

12 사이토카인은 면역세포가 분비하는 단백질을 통틀어 일컫는 말이다. 사이토카인은 세포로부터 분비된 후 다른 세포나 분비한 세포 자신에게 영향을 줄 수 있다. 즉, 대식세포의 증식을 유도하거나 분비 세포 자신의 분화를 촉진하기도 한다.

13 이형숙, "서울 지역 미세먼지 농도가 호흡기계 및 심혈관계의 외래 방문 및 입원과 진료비에 미치는 영향", 서울여자간호대학교, 2016

및 아데노이드의 만성 질환·기관지염·기타 만성폐쇄성폐질환·천식의 입원환자 수와 외래환자 수도 모두 유의미하게 증가한다. 월 평균 입원환자 수에서는 급성기관지염, 천식, 기관지염 순으로 각각 1.231배, 1.102배, 1.069배 증가한다. 월 평균 외래환자 수에서는 기타 만성폐쇄성폐질환, 만성 부비동염 순으로 각각 1.104배, 1.067배 증가한다.

우리나라 질병관리본부는 미세먼지가 호흡기질환에 나쁜 이유를 다음과 같이 설명한다. 기관지에 미세먼지가 쌓이면 가래가 생기고 기침이 잦아지며 기관지 점막이 건조해진다. 그러면 세균이 쉽게 침투할 수 있어, 만성 폐질환이 있는 사람은 폐렴과 같은 감염성 질환의 발병률이 증가하게 된다. 따라서 미세먼지(PM_{10}) 농도가 10㎍/㎥ 증가할 때마다 만성폐쇄성폐질환으로 인한 입원율은 2.7%, 사망률은 1.1% 증가한다. 그리고 초미세먼지($PM_{2.5}$) 농도가 10㎍/㎥ 증가할 때마다 폐암 발병률이 9% 증가했다고 한다.

한국환경정책·평가연구원은 초미세먼지와 호흡기질환 환자 숫자가 연관성이 있다고 발표했다. 호흡기질환 입원환자는 초미세먼지 농도가 10㎍/㎥ 증가할 때 전체적으로 1.06% 늘었다. 특히 초미세먼지에 약한 65세 이상의 노인은 8.84%나 증가했다. 미세먼지의 경우 농도가 10㎍/㎥ 증가할 때 호흡기질환 입원환자가 전체적으로 0.66%, 65세 이상에서는 1.45% 늘어났다. 모든 사례와 연구에서 보듯이 미세먼지는 호흡기질환을 악화시키는 주범이며 특히 어린이와 노인의 호흡기에 더 나쁜 영향을 미치는 물질이다.

미세먼지 농도가 높을 때 호흡기질환자들의 행동 요령

질병관리본부는 미세먼지 농도가 높을 때 호흡기질환자들이 취해야 하는 행동 요령을 알려준다. 호흡기질환자는 우선 미세먼지에 장시간 노출되지 않도록 주의하는 것이 가장 중요하다. 만성폐쇄성폐질환 환자는 미세먼지 농도가 '나쁨' 이상인 날은 외출하지 않는 것이 가장 좋다. 그러나 어쩔 수 없이 외출할 수밖에 없는 상황이라면 반드시 미세먼지 마스크를 착용하고 치료약물(속효성 기관지 확장제)을 준비하는 것이 좋다. 만성 호흡기질환자의 경우 미세먼지 마스크를 착용할 경우 공기순환이 잘 되지 않아 위험할 수 있다. 따라서 식품의약품안전처에서 인증한 보건용 마스크 착용 여부를 사전에 의사와 상의하는 것이 바람직하다. 만일 마스크 착용 후 호흡곤란, 두통 등의 증상이 생기면 마스크를 바로 벗어야 한다. 미세먼지가 건강에 미치는 영향은 최대 6주까지 지속될 수 있다. 미세먼지에 노출된 후 호흡곤란, 가래, 기침, 발열 등 호흡기 증상이 악화될 경우에는 병원에 가는 것이 좋다. 그리고 호흡기가 건조하면 질환이 악화될 수 있으므로 집 안에 있을 때는 반드시 가습기를 작동시키는 것이 좋다.

고려대 이종태 교수(환경보건학)는 "서울 지역 노인들을 대상으로 조사한 결과, 미세먼지가 증가할수록 폐 기능이 저하되었다"고 말했다. 노인들의 경우 최대로 내뿜을 수 있는 호흡량을 1분 기준으로 환산하면 보통 300리터 정도 되는데, 미세먼지 농도가 10㎍/㎥ 증가하면 호흡량이 3.56리터 줄고, 초미세먼지 농도가 10㎍/㎥ 증가하면 호흡량이 4.73리터 줄어들었다는 것이다.

이와 비슷한 연구가 있다. 미국 남캘리포니아 대학이 12개 지역의 아동 1,700명을 조사한 결과, 미세먼지 농도가 높은 지역에서 태어난 아이들은 폐활량이 떨어지는 '폐 기능 장애'를 겪을 가능성이 다른 지역 아동보다 5배 가량 큰 것으로 나타났다. 미세먼지를 줄이면 건강에는 정말 도움이 된다.

경기도의 생활환경복지지표 개발연구에 따르면, 초미세먼지($PM_{2.5}$) 농도 평균 15$\mu g/m^3$, 미세먼지(PM_{10}) 농도를 25$\mu g/m^3$ 수준으로 줄이면 초과사망자는 2만 명에서 5,000명으로 75.2%나 줄일 수 있다고 한다. 또한 호흡기질환 입원 초과건수와 만성기관지염 진단 초과건수도 각각 73%와 73.4% 감소할 것으로 추정했다. 따라서 호흡기질환자는 가급적 미세먼지에 노출되지 않는 것이 중요하다. 미세먼지 농도가 '매우 나쁨' 혹은 '나쁨'일 때뿐만 아니라 '보통'일 때에도 몸의 상태가 좋지 않다면 가급적 창문을 닫고 불필요한 외출을 삼가는 것이 좋다. 그리고 호흡기질환자들은 물을 자주 마셔주는 것이 좋다.

4. 천식을 악화시키는 미세먼지

맑은 공기를 마시면 천식은 좋아진다

동유럽 여행객들이 자주 방문하는 곳 중 폴란드의 소금광산이 있다. 이곳의 내부 온도는 항상 14℃를 유지한다. 여름에는 내부 온도가 외부 온도보다 차갑기 때문에 습기가 생기고, 겨울에는 내부 온도가 외부 온도보다 높기 때문에 내부가 건조하여 모든 습기가 증발된다. 그래서 이 광산 내부는 같은 온도의 습한 여름과 건조한 겨울만 존재한다. 이런 독특한 날씨에다가 광산 내부 공기는 소금기를 머금고 있고 미세먼지 없이 아주 깨끗하다. 폴란드가 1964년부터 5단계 지하 211m에 천식asthma[14]

---

14 천식은 호흡곤란, 기침, 거친 숨소리 등의 증상이 반복적·발작적으로 나타나는 질환

환자들을 위한 온천건강센터를 운영하고 있는 것은 바로 이 때문이다. 환자들은 매일 6시간씩 지하에 내려가서 소금 수증기를 마시고 나오는데, 치유 효과가 탁월하다고 한다.

미국의 애리조나 사막에 있는 '피닉스Phoenix'라는 도시도 천식환자들에게는 천국이다. 이곳의 공기는 매우 건조하고 미세먼지가 아주 적어 깨끗하다. 그렇다 보니 세계 각지에서 많은 천식환자가 몰려와서 산다고 한다. 사막의 맑고 깨끗하고 건조한 기후는 천식의 발병을 막고 천연 치료를 하는 데 큰 도움이 되기 때문이다.

미세먼지는 아이나 노인 천식에 치명적이다

천식은 다양한 원인에 의해 악화된다. 천식이 급격하게 악화되면 심한 발작과 함께 폐 기능이 급격하게 저하되고, 심하면 사망에 이르게 된다. 발작이 일어나는 중등도의 경우 전신 스테로이드를 사용하거나 입원이 필요하다. 미세먼지 농도의 증가는 소아와 성인 모두에게 천식을 악화시킬 수 있다는 것이 여러 역학 연구를 통해 알려졌다. 천식을 앓고 있는 소아는 미세먼지에 노출되면 천식 증상이 나타난다. 약물 사용이 증가하면서 악화되어 입원하는 경우도 많이 발생한다. 미세먼지는 천식환자들에게는 치명적이다.

양현종 등은 미세먼지가 천식에 미치는 영향에 대해 연구했다.[15] 초미세먼지는 눈과 코를 자극할 뿐만 아니라 폐에 직접 흡입되어 천식을 발생시키거나 악화시킨다. 초미세먼지는 기도 점막을 자극하고 염증을 유발해서 정상인에게도 기침, 가래 등의 호흡기 증상을 유발한다. 천식

15 양현종 외, "미세먼지/황사 건강피해 예방 및 권고지침: 천식", 순천향대학교 의과대학, 2016

과 같은 만성 알레르기 질환 환자의 경우, 단기간 미세먼지 노출에도 급성 기도염증과 기관지수축이 발생하여 천식이 악화된다. 노출량에 따라 입원 위험도가 증가한다. 단기간에 미세먼지에 다량 노출되거나 장기간 노출되었을 때에는 만성적인 기도염증 유발로 폐 기능 감소와 천식이 발생한다. 장기간 미세먼지 노출에 따른 천식 발생 위험도는 소아와 노인에게서 더 높게 나타난다.

김상헌 등도 미세먼지가 천식 발생에 어떠한 영향을 미치는지를 연구했다.[16] 천식은 만성 염증성 기도 질환으로, 이로 인한 이환과 사망은 환자와 환자 가족에게 직접적인 고통을 초래한다. 나아가서 사회·경제적으로도 심각한 문제를 일으키고 있다. 세계적인 추세에 따라 한국도 천식의 유병률이 빠르게 증가하여 현재 약 5~10%의 유병률을 보이고 있다. 영유아부터 노인에 이르기까지 모든 연령에서 문제가 되고 있다. 천식은 여러 원인에 의해 증상의 악화와 폐 기능 저하를 보이는 것이 특징적인데, 악화의 주요 원인 중 하나가 미세먼지다. 여기에서 입자가 작은 초미세먼지는 폐포까지 침착하므로 천식에 더 안 좋은 영향을 미친다. 서울 지역의 15세 이하 소아를 대상으로 대기오염과 천식 악화로 인한 입원의 연관성을 시계열적 분석으로 평가했을 때 미세먼지와 유의한 연관성이 확인되었다. 소아 천식 환자 중에서도 주로 아토피가 있는 경우 미세먼지로 인한 천식 악화 정도가 더 심했다. 성인 천식 환자의 경우도 고농도 미세먼지와 초미세먼지에 단기간 노출되어도 천식이 악화되었다는 결과가 많이 발표되고 있다.

질병관리본부는 미세먼지가 기도에 염증을 일으켜 천식을 유발하거

---

16 김상헌 외, "대기 미세먼지가 천식 발생과 조절에 미치는 영향", 한양대학교 의과대학 외, 2016

나 악화시킬 수 있다고 밝히고 있다. 미세먼지에 장기간 노출될 경우 폐 기능이 떨어지고 천식 조절이 어려우며 심한 경우에는 천식 발작으로 이어지기도 한다는 것이다. 그래서 어린이 천식 환자는 유치원이나 학교 보건실에 증상완화제를 비치해 필요한 경우 언제든 사용할 수 있도록 해야 한다고 권한다. 천식 환자는 마스크 사용이 오히려 위험할 수도 있으므로, 외출 시 식품의약품안전처에서 인증한 보건용 마스크 착용 여부를 사전에 의사와 상의하는 것이 좋다. 또한 비염과 같은 질환을 함께 앓고 있는 천식 환자가 고농도 미세먼지에 장기간 노출된 경우에는 의사와 상담하여 미세먼지로 인해 질병이 악화되었는지 확인하는 것이 안전하다.

미세먼지와 천식에 관한 외국의 연구

미국 뉴욕 지역 병원을 대상으로 초미세먼지가 천식으로 인한 입원에 미치는 영향을 분석했다. 대상을 4개의 연령군(6세 미만, 6~18세, 19~49세, 50세 이상)으로 나누어보았을 때 6~18세의 소아·청소년군에서 위험도가 가장 높게 나타났다. 홍콩에서 시행된 연구에서도 14세 미만의 연령군에서 미세먼지에 의한 천식 악화 입원 영향이 가장 크게 나타났다. 반면 한국에서 대도시 지역의 대기오염 자료와 천식으로 인한 입원의 연관성을 분석한 연구에서 미세먼지의 영향은 소아보다도 65세 이상 노인에게서 더 크게 나타났다. 젊은 연령보다도 소아와 노인 연령의 천식 환자에게서 단기간의 미세먼지 노출로 인한 천식 악화의 위험이 더 높은 경향을 보인다는 점은 주목할 만하다.

단기간의 미세먼지 농도 증가는 천식이 없는 건강한 사람의 폐 기능도 저하시킨다. 최근 미국에서 프래밍험 심장 연구Framingham Heart Study[17] 후속으로 자손 코호트Offspring Cohort, Third Generation Cohort에 속한 일반인을 대상으로 코호트 연구를 실시했다. 이 연구는 미국 환경보호청EPA, Environmental Protection Agency의 기준보다 낮은 중등도의 미세먼지 농도에 노출되어도 폐 기능이 저하되는 경향이 있음을 보여주었다. 미세먼지 농도가 기준보다 낮더라도 폐 기능 저하를 유발할 수 있다는 것이다. 특히 기도 수축을 보이는 천식 환자의 경우는 단기적인 미세먼지 농도 증가에도 폐 기능 저하 영향이 상대적으로 크게 나타났다. 사실 한국의 미세먼지 기준이 미국 환경보호청의 기준보다 높게 설정된 것을 고려하면, 미세먼지 등급이 위험 정도가 "나쁨", 또는 "매우 나쁨"이 아닌 "보통"이더라도 천식 환자에게 영향을 미칠 수 있음을 고려해야 할 것이다.

스위스에서 실시한 SAPALDIA 코호트 연구는 천식이 없는 비흡연자 성인 코호트를 1991년부터 11년간 추적했다. 그랬더니 미세먼지와 천식 발생의 유의미한 연관성을 확인했다. 이 연구 대상자들에게서 나타난 천식 진단과 천명 등 천식 증상을 전향적으로 조사했다. 이들이 살고 있는 곳의 초미세먼지와 이산화질소 농도가 높을수록 천명의 발생 위험이 증가했다. 이러한 역학 연구의 결과는 미세먼지가 소아와 성인 모두에게 천식을 유발하는 위험 인자임을 보여준다.

천식으로 진행하기 전에 나타나는 비염의 경우도 미세먼지의 영향을 받는 것으로 나타났다. 몇몇 역학 연구는 장기간의 미세먼지 노출이 비염을 유발한다고 보고하고 있다. 또한 베이징에서 시행된 연구에서

---

17 프래밍험 심장 연구는 생활습관과 질병의 인과관계를 밝히기 위해 미국 매사추세츠 주의 작은 마을 프래밍험의 주민들을 대상으로 장기간 3세대에 걸쳐 실시한 대표적인 심혈관계 코호트 연구다.

도 미세먼지, 이산화황, 이산화질소 농도의 증가와 알레르기비염 환자의 병원 방문 횟수 증가 간에 상관성이 있었다. 비염이 천식의 동반질환이고 천식 조절을 악화시킨다는 점을 고려하면 미세먼지로 인한 비염의 발생과 악화는 천식의 조절에 안 좋은 영향을 미칠 수 있다.

천식 발작을 예방하는 방법

양현종 등은 천식 발작을 예방하는 권고논문을 발표했다.[18] 세계 여러 나라에서는 미세먼지가 천식에 안 좋은 영향을 미치므로 자국민을 보호하기 위해 일반인이나 천식 환자를 대상으로 한 다양한 형태의 예방 및 권고지침을 발표하고 있다. 각국은 먼저 정부 주도로 현재 공기의 질이 어느 정도로 오염되어 있는지, 향후 대기오염 정도는 어떠할지를 나타내기 위해 공기질 지수AQI, Air Quality Index를 개발하여 공개하고 있다. 일반적으로 AQI가 높으면 대기오염 정도가 심각하고 건강에 나쁜 영향을 미칠 위험이 크므로 주의가 필요하다. 또한 AQI 수치에 따라 위험등급을 나누어 일반인과 천식 환자와 같은 고위험군이 각각 어떤 점을 주의해야 하는지 행동지침을 알려주고 있다. 우리나라도 이러한 방법을 도입했으면 해서 자세하게 소개한다.

미국은 1968년부터 환경보호청EPA이 개발한 AQI를 활용하고 있으며, 4가지 대기오염물질(오존, 미세먼지, 일산화탄소, 이산화황) 농도로부터 산출한 해당 지역의 AQI를 웹사이트를 통해 공지한다. AQI가 100 이상인 경우에는 이메일, 스마트폰 앱, 방송매체를 통해 경고하고 있다. 또한, AQI를 6단계로 구분하여 색깔별로 건강피해 위험등급을 제

18 양현종 외, "미세먼지/황사 건강피해 예방 및 권고지침: 천식", 순천향대학교 의과대학, 2016

시하고 있다. 특히 미세먼지 오염 정도에 따라 어떤 사람이 주의가 필요한지, 어떠한 행동을 취해야 하는지를 담은 AQI에 따른 행동지침Air quality guide for particle pollution을 온라인이나 리플릿을 통해 전달하고 있다.

해외 미세먼지 예방 및 권고지침의 공통적인 내용을 보자. 첫째, 온라인이나 미디어를 통해 AQI를 항상 확인하고 공기질이 나쁘면 야외활동을 피하는 등 공기질 정도에 따라 육체활동을 관리할 것을 강조한다. 특히 교통량이 많은 지역을 피할 것을 권고하고 있다. 둘째, 대기 중 미세먼지 농도가 높을 때 실내공기의 미세먼지 농도도 높아질 수 있다. 실내에서는 반드시 금연하고, 벽난로 사용을 피하며 실내에서 양초 등을 피우지 말라고 권고한다. 셋째, 미세먼지 저감 기능이 있는 공기청정기 또는 헤파HEPA, High Efficiency Particulate Air[19] 필터 사용을 권고하고 있다. 특히 천식 환자에 대해서는 대기오염이 심각할 경우 개인별 행동지침을 따를 것을 강조하고 있다. 천식 환자는 일반인보다 미세먼지 또는 대기오염에 취약하므로 AQI에 따라 야외활동을 피하고, 특히 교통량이 많은 지역을 피할 것을 권고하고 있다. 만약 숨참, 기침, 호흡곤란 등의 천식 증상이 나타나면 속효성 증상완화제를 사용하고 안정을 취하기를 권고한다. 증상이 지속된다면 반드시 병원을 방문하여 의사의 지시를 따를 것을 강조하고 있다.

학교에서 많은 시간을 보내는 어린 천식 환자의 경우, 학교생활 권고지침을 제정하여 특별히 관리하고 있다. 미국 환경보호청은 천식 환자의 학교생활 권고지침을 개발하고, 특히 실내 미세먼지의 관리가 중요함을 강조하고 있다. '학교 깃발school flag' 프로그램을 통해 천식 환자뿐

---

19 공기 중의 미립자를 여과하는 고성능 장치.

만 아니라 선생님과 보호자들의 교육에도 힘쓰고 있다. 대기 중 미세먼지 농도가 높을 경우 실외 활동을 자제하고, 실내 놀이활동으로 대체할 것을 권고하고, 호흡기 증상 발생 여부를 신중하게 관찰할 것을 강조하고 있다. 그날 미세먼지 농도를 녹색, 노랑색, 오렌지색, 붉은색, 보라색 5가지 색 깃발 단계로 나누고 아이들을 대상으로 오렌지색 깃발부터는 소아 천식 환자의 실외 활동에 주의를 요하며, 속효성 증상완화제를 소지하고, 호흡기 증상이 생기면 즉시 선생님에게 말할 것을 교육하고 있다. 정부와 학교와 병원과 학생들이 협업하는 시스템으로 효과가 좋을 것으로 보인다.

5. 미세먼지는 사람도 죽인다

죽음의 먼지

요즘 암과 아토피 등 각종 질환을 치료하기 위해 '치유의 숲'을 찾는 이들이 많다. 산림청도 숲이 피톤치드·음이온·아름다운 경관·토양·온습도·광선 등을 통해 인체의 면역력을 높이고 질환을 치유하는 곳이라고 선전하고 있다. 숲치료에서 가장 중요한 요소는 나무들이 정화해주는 깨끗한 공기다. 미세먼지를 가장 많이 없애주는 것이 나무다. 식물이 가득한 숲이 내뿜는 공기 중의 '피톤치드'와 '음이온'은 치유 효과가 있다. 숲의 비타민이라 불리는 음이온은 긴장과 스트레스를 풀어주는 역할을 한다. 도시보다 숲 속에 14~73배 정도 많기 때문에 숲이 건강에 좋을 수밖에 없다. 그러다 보니 지자체에서도 자기 지역에 숲치료를 할 수 있는 자연휴양림을 많이 운영하고 있다. 실제로 독일은 숲치료를 생활화하고 있다. 암치료에 숲치료가 가장 좋다는 믿음이 있기 때문에 숲치료에 의료보험혜택까지 부여하고 있다.

미세먼지에 대한 관심이 높아지면서 미세먼지 농도가 높아지면 사망률이 높아진다는 연구가 많이 발표되고 있다. 2014년 세계보건기구의 보고서에 따르면, 한 해 미세먼지로 인해 조기 사망하는 인구가 700만 명에 이른다고 한다. 흡연으로 인한 사망자 600만 명보다 더 많은 것이다. 정부는 건강에 미치는 미세먼지의 장단기적 영향을 고려했을 때 수도권에서 미세먼지에 의해 발생하는 사회적 비용을 12조 3,000억 원 정도로 추정하고 있다. 지금과 같은 오염도가 지속될 경우 수도권에서 매년 초과 사망자 2만여 명, 호흡기질환자 1만여 명, 기관지염 환자 80만여 명이 발생할 것으로 예측했다.

그런데 이 정도의 예상보다 우리나라의 공기질 수준은 훨씬 더 나쁘다. 예일대학교와 컬럼비아대학교가 발표한 2016년 환경성과지수 Environmental Performance Index[20]에서 우리나라의 공기질 순위는 180개국 중 173위를 기록했다. 즉, 우리나라 사람들은 세계적으로 최하위권의 나쁜 공기 속에서 살고 있다는 것이다. 세계에서 가장 미세먼지가 나쁜 중국은 미세먼지로 인한 사망자 수가 어느 정도일까? 국제환경보호단체인 그린피스Greenpeace와 베이징대학교 연구팀은 2016년에 중국 31개 대도시의 초미세먼지 농도와 조기 사망 사이의 관계를 분석했다. 보고서에는 매년 25만여 명이 초미세먼지로 조기 사망한다고 나와 있다. 미세먼지는 죽음의 먼지인 셈이다.

---

20 미국 예일대학교가 격년으로 보건, 대기의 질, 수자원, 농업, 산림, 어업, 생물다양성, 기후변화 등 8개 분야에서 20개 지수를 기반으로 평가해 발표하는 환경성과지수를 말한다.

미세먼지로 인한 죽음은 인종을 가리지 않는다

박경호 등은 미세먼지 농도와 사망률의 상관관계를 연구하면서 다양한 외국의 사례를 소개했다.[21] 미국 매사추세추에서 2000년부터 2008년까지 실시한 추적 조사에서 초미세먼지 농도가 10㎍/㎥ 상승할 때 단기간 노출 시 심장이나 호흡기질환 사망률이 2.8% 증가했다. 만일 장기간 노출되면 사망률은 1.6배 증가한다. 이 연구에서 미세먼지가 영향을 미치는 심장호흡기 사망률은 8%, 폐암 사망률은 12.8%, 허혈성심장질환 사망률은 9.4%나 되는 것으로 밝혀졌다.

베이트슨Bateson과 슈워츠Schwartz는 미국 일리노이 지역에 거주하는 6만 5,180명의 노인을 대상으로 연구했다. 미세먼지 농도가 10㎍/㎥ 증가할 때 전체 대상자의 사망률은 1.14% 증가했다. 다만 심근경색 환자는 그렇지 않은 집단에 비해 2.7배, 당뇨병 환자는 2.0배 사망률이 높은 것으로 보고되었다. 즉, 평소에 심혈관계 질환이나 당뇨병을 앓고 있는 사람이 미세먼지 노출에 더 큰 영향을 받는다는 것이다. 심부전 환자를 대상으로 조사한 결과 사망 위험이 건강한 집단에 비해 약 2.5배나 높았다.

명준표는 "미세먼지와 건강 장애"라는 논문[22]에서 다양한 미세먼지와 사망률 관계를 설명한다. 미국암협회ACS, American Cancer Society가 성인 50만 명의 1998년 사망과 미세먼지와의 관계를 조사했더니, 미세먼지가 10㎍/㎥ 증가할 때 전체 사망률이 4% 증가했다. 포프Pope와 도커리Dockery는 기존 연구들을 종합해 초미세먼지 노출 시 전체 사망률이 증가한다

---

21 박경호 외, "미세먼지 농도와 악성 신생물 사망률과의 상관관계", 한서병원 가정의학과, 2017

22 명준표, "미세먼지와 건강 장애", 가톨릭대학교 의과대학, 2015

는 것을 규명해냈다.

전 세계적인 대규모 역학 연구도 이루어졌다. 이 연구에는 미국의 NMMAPS National Morbidity, Mortality, and Air Pollution Study, 아시아의 PAPA Public Health and Air Pollution in Asia, 유럽의 APHEA Air Pollution and Health: a European Approach project-2 등이 참가했다. NMMAPS는 미국 20개 도시 5,000만 명을 대상으로 사망자 사망일자와 전일의 대기 중 미세먼지 농도에 따른 영향을 조사했더니 미세먼지 농도 10$\mu g/m^3$ 증가 시 심폐질환으로 인한 사망이 0.31% 증가했다. 웡 Wong 등은 중국, 홍콩, 방콕의 시민을 대상으로 사망과 대기오염 간의 관련성을 연구했다. 미세먼지 농도 10$\mu g/m^3$ 증가 시 심장질환으로 인한 초과사망은 0.58% 증가했다. 유럽 29개국 4,300만 명을 대상으로 대기오염과 건강지표 관련성을 평가한 APHEA-2도 비슷한 결과가 나왔다. 미세먼지 농도가 10$\mu g/m^3$ 증가할수록 심혈관계 질환 사망이 0.69% 증가했다. 특히 40일이 경과했을 때 심혈관계 질환 사망이 기존 사망보다 2배 증가했다. 이는 미세먼지가 급성 및 장기적인 심혈관계 질환 사망 모두와 관련이 있음을 시사한다. 초미세먼지와 관련된 연구에서도 미세먼지 연구와 유사한 결과를 보였다. 결과적으로 미세먼지로 인한 사망률은 약간의 차이가 있을 뿐 미세먼지는 인종을 가리지 않고 건강에 안 좋은 영향을 미친다는 것이 밝혀졌다.

흥미로운 것은 미세먼지로 인한 사망이 계절과 기온과 관계가 있다는 것이다. 12개 유럽 도시를 대상으로 한 APHEA 연구에서 미세먼지와 전체 사망 발생 위험을 계절별로 구분하여 분석했다. 서유럽 지역에서 미세먼지 농도가 10$\mu g/m^3$ 증가할 때 추운 계절의 사망 발생 위험은 1.0% 증가했다. 반면 따뜻한 계절의 사망 발생 위험은 4.3%나 증가했다. 그러니까 기온이 높은 여름으로 갈수록 미세먼지로 인한 사망률이 높아진다는 것이다. 펭Peng 등은 2005년 미국 100개 도시를 대상으로 한 NMMAPS 연구에서 봄철과 여름철에만 미세먼지(PM_{10})와 일별 사망의 관련성이 통계적으로 유의미하다고 주장했다. 렌Ren 등은 2006년 호주 브리즈번Brisbane을 대상으로 반응표면모델을 이용하여 기온 수준별 미세먼지의 건강 영향을 평가했다. 미세먼지 농도가 10$\mu g/m^3$ 증가 시 27℃ 미만인 날 심혈관계 사망 발생 위험은 1.97%이었다. 그러나 27℃ 이상인 날 심혈관계 사망 발생 위험은 6.96%나 증가했다.

미세먼지로 인한 사망률이 계절별로 차이가 나는 것을 기온의 효과 때문만이라고 보는 것은 무리가 없지 않지만, 여름철 기간 동안 미세먼지로 인한 건강피해가 더 큰 것은 겨울철보다 여름철에 창문을 더 많이 열어둔다거나 실외에서 좀 더 많은 시간을 보냄으로써 미세먼지에 더 많이 노출되기 때문인 것으로 보인다.

국내외 미세먼지와 사망률 연구 비교

배현주는 그의 논문[23]에서 미세먼지 농도가 10$\mu g/m^3$ 증가할 때 초과사망 발생 위험은 미국 0.29%, 유럽 0.33%, 캐나다 0.84%인 것으로 보고하고 있다. 초미세먼지와 건강 영향 연구를 메타 분석한 애트킨슨Atkinson이 밝힌 지역별 초미세먼지로 인한 초과사망 발생 위험은 미국 0.94~2.08%, 유럽 1.23%, 서태평양지역 0.25~0.90%으로 지역별로 약간의 차이를 보였다.

우리나라의 경우 미세먼지 및 초미세먼지로 인한 초과사망 발생 위험을 연령별로 살펴보면, 전체 연령 집단에서는 미세먼지 농도가 10μg

---

23 배현주, "서울시 미세먼지(PM_{10})와 초미세먼지($PM_{2.5}$)의 단기노출로 인한 사망영향", 한국환경정책평가연구원, 2012

/m^3 증가하면 초과사망 발생 위험이 0.44% 높아졌다. 초미세먼지 농도 10㎍/m^3 증가 시 초과사망 발생 위험은 0.95% 높아졌다. 65세 이상 연령 집단에서 미세먼지 농도와 초미세먼지 농도가 10㎍/m^3 증가 시 초과사망 발생 위험은 각각 0.64%와 1.37%로 급격히 높아졌다. 전체 연령 집단에 비해 65세 이상 연령 집단에서 미세먼지나 초미세먼지 농도 증가로 인한 초과사망 발생 위험이 더 높다는 것이다.

좀 더 세부적으로 미세먼지나 초미세먼지에 단기간 노출되었을 때 심혈관계 초과사망 발생 위험을 연령별로 살펴보면, 전체 연령 집단에서 미세먼지 농도 10㎍/m^3 증가 시 심혈관계 초과사망 발생 위험은 0.76% 증가했으며 초미세먼지 농도 10㎍/m^3 증가 시 초과사망 발생 위험은 1.63% 높아졌다. 65세 이상 연령 집단에서 미세먼지 농도와 초미세먼지 농도 증가 시 심혈관계 초과사망 발생 위험은 각각 0.80%, 1.75% 높아졌다. 단기간 노출에도 노인층의 심혈관계 초과사망 발생 위험이 더 높다.

그렇다면 우리나라 서울이 다른 나라와 비교해 미세먼지에 의한 사망률이 더 높을까? 2013년에 얀센Janssen 등은 네덜란드를 대상으로 미세먼지와 초미세먼지가 2008~2009년 일별 사망에 미친 영향을 분석했다. 연구 결과 미세먼지 농도 10㎍/m^3 증가 시 전체 원인 초과사망 발생 위험은 0.6%이었다. 초미세먼지 농도 10㎍/m^3 증가 시 전체 원인 초과사망 발생 위험은 0.8%이었다. 사몰리Samoli 등은 프랑스, 그리스, 이탈리아, 스페인을 포함한 유럽 12개국 도시들을 대상으로 미세먼지와 사망 영향을 분석했다. 전체 원인 사망의 경우 미세먼지 농도 10㎍/m^3 증가 시 초과사망 발생 위험은 0.32%, 초미세먼지 농도 10㎍/m^3 증가 시 초과사망 발생 위험은 0.55%였다. 이들의 연구 결과와 비교하면, 서울시의 경우 미세먼지로 인한 초과사망 발생 위험은 네덜란드와 유사하고, 유럽 12개국의 도시들보다는 약간 높았다. 초미세먼지로 인한 초과사망 발생 위험은 네덜란드와 유럽 12개국 도시들보다 다소 높다.

미국의 예일대학교 연구팀은 1995년 이후 발표된 미세먼지와 건강의 상관관계에 관한 논문 108편을 분석하여 2014년 4월 미국 역학학회지에 논문을 발표했는데, 이 논문에 따르면 노인과 여성이 젊은이와 남성에 비해 상대적으로 미세먼지에 취약했다. 이들의 연구 결과를 보자. 미세먼지 농도가 10㎍/㎥ 증가할 때마다 젊은이의 사망 위험은 0.34% 증가한 반면, 노인 집단의 사망 위험은 0.64%나 증가했다. 거의 2배 수준이다. 여성은 0.55%로 남성 0.50%에 비해 더 높은 사망 위험을 보였다. 특히 교육 수준과 수입, 고용 상태가 낮을수록 미세먼지로 인한 사망 위험이 높아지는 경향이 있었다. 똑같은 미세먼지 농도라고 해도 사람들이 처한 상황에 따라 사망 위험이 다르다는 것이다.

노인과 여성이 미세먼지에 약하다는 연구가 우리나라에서도 나왔다. 한국환경정책·평가연구원이 2006~2010년 초미세먼지 농도가 10㎍/㎥ 증가할 때 심혈관계 질환으로 입원하는 환자 수의 변화를 추적한 결과, 서울시 전체 인구 집단에서 2%, 노인층에서 3.74% 늘어났다. 호흡기질환으로 입원한 환자의 증가율은 전체 인구 집단이 1.06%인데 노인은 8.84%로 차이가 더 컸다. 힘없는 노인과 여성이 미세먼지의 피해가 컸다.

미세먼지는 폐암과 치매, 임신부에게 영향을 미친다

명준표의 연구 논문에서 미세먼지와 암의 관계를 설명한 부분이 있다.

히스타드Hystad는 캐나다에서 폐암으로 확진된 2,390개의 경우를 분석했다. 폐암 발병률은 미세먼지 농도가 증가하면 함께 증가했다. 쉐She 등의 연구에서도 중국의 악성 신생물 중 폐암이 차지하는 비율이 가장 크다. 그런데 중국에서 발표된 논문들을 분석한 결과, 미세먼지 및 대기오염이 폐암을 일으키는 가장 강력한 요인으로 나타났다. 또한 에반스Evans 등은 위성사진으로 미세먼지와 사망률을 분석한 결과, 폐암 사망의 약 12%는 미세먼지에 의해 발생한다고 보고했다.

미세먼지는 예민한 사람에게서 기도염증과 염증매개인자를 증가시켜 폐질환을 악화시킨다. 폐 감염을 증가시키고, 미세먼지나 초미세먼지가 탐식세포나 상피세포를 자극하여 종양괴사인자TNF, Ttumor Nnecrosis Factor[24] 등을 증가시킨다. 반응성 산소종이 급성 및 만성 폐 염증을 일으킨다. 반응성 산소종과 같은 산화스트레스는 산화 및 항산화효소의 반응 균형을 깨뜨리면서 기도에 염증을 일으키게 된다. 따라서 미세먼지가 폐에 흡입되어 염증을 일으키면 선천면역, 후천면역, 산화스트레스를 유도하여 암 발생 및 암으로 인한 사망률 증가에 영향을 미칠 수 있을 것으로 추정된다는 것이다.

유럽 9개국 17개의 코호트 연구는 무려 12.8년간 31만 2,944명을 추적 관찰하고 2,095명의 폐암을 분석했다. 미세먼지 농도가 10$\mu g/m^3$ 증가할 때 폐암 위험도는 1.22배 증가했다. 초미세먼지 농도가 5$\mu g/m^3$ 증가하면 폐암 위험도는 1.18배 증가했다. 폐선암의 경우는 미세먼지 농도 증가 시 1.51배, 초미세먼지 농도 증가 시 1.55배 증가했다. 특히 도로 인근 거주자는 다른 지역의 거주자보다 폐암 위험이 1.09배 높

24 종양괴사인자는 대식세포 등에서 생산되는 시토키닌(cytokinin)의 일종이다. 생체 내에서 어떤 종의 종양에 출혈성 괴사를 유도하는 인자로서 발견되었다.

았다.

미세먼지와 폐암 간의 관련성을 보여준 대표적인 역학 연구로는 하버드대학 6개 도시 연구Harvard Six Cities Study(2012), ACS CPS-II 연구(2009), AHSMOGAdventist Health Study on Smog(1998) 등이 있다. 첫 번째 하버드대학 6개 도시 연구는 1974~2009년 동안 총 8,096명을 대상으로 폐암과 도시별 연평균 초미세먼지와의 관련성을 조사했다. 그랬더니 1~3년간 초미세먼지 평균농도 10㎍/㎥ 증가 시 폐암 발생의 비교위험도가 1.37로 증가했다. 두 번째 ACS CPS-II 연구는 총 35만 1,338명을 1992~2000년까지 추적 관찰한 결과 1979~1983년간의 초미세먼지 평균농도 10㎍/㎥ 증가 시 폐암 발생의 비교위험도는 1.08로 나타났다. 1999~2000년까지는 평균 초미세먼지 농도 10㎍/㎥ 증가 시 폐암 발생의 비교위험도가 1.11로 나타났다.

2013년 8월 영국의 의학전문지 《랜싯Lancet》에 실린 덴마크 암학회 연구센터의 라쇼우-니엘센 박사팀의 연구 논문에서 미세먼지는 폐암에 영향을 미치는 것으로 나타났다.[25] 유럽 9개국 30만 건의 건강자료와 2,095명의 폐암환자를 대상으로 분석한 이 연구에서 초미세먼지 농도가 5㎍/㎥ 증가할 때마다 폐암 발생 위험은 18% 증가했다. 또 미세먼지 농도가 10㎍/㎥ 증가할 때마다 폐암 발생 위험은 22% 증가하는 것으로 나타났다. 폐 기능이 약한 사람은 미세먼지 농도가 낮은 지역에서 살아야 한다는 말이다.

정성환 등은 미세먼지가 임신부에게도 영향을 미친다는 연구를

---

25 http://news.kmib.co.kr/article/view.asp?arcid=0011367843&code=61171911&cp=nv

했다.[26] 임신 기간 중 미세먼지에 노출될 때 제일 문제가 되는 것은 2,500g 이하의 저체중아 출산과 37주 이내의 조기출산이다. 저체중아 출산은 태아 사망률을 증가시키고 장기 미숙 등에 따른 여러 가지 부작용을 발생시킬 수 있다고 한다. 기존의 연구에 의하면, 미세먼지와 초미세먼지 모두 이와 연관성이 있는 것으로 알려져 있다. 특히 대기 중 초미세먼지 농도가 5㎍/㎥ 감소하면 저체중아 출산이 약 11% 감소하는 것으로 보고되었다. 그러나 사산과 태아의 선천적 이상과 미세먼지 노출과의 연관성은 아직은 불확실하다.

그러나 조금 다른 결과도 있다. 이화여대 병원이 임신부 1,500명을 4년에 걸쳐 추적 조사했다. 미세먼지 농도가 10㎍/㎥ 증가할 경우, 기형아를 출산할 확률이 최대 16%나 높아지는 것으로 나타났다. 또 저체중아 출산율과 조산·사산율도 각각 7%와 8%씩 증가했다. 일부의 연구에서는 임신 시 모체가 미세먼지에 심하게 노출되었을 경우 태어난 아이는 유년기에 인지 기능 저하와 과잉행동, 주의결핍 등을 보일 수 있음이 보고되었다.

미세먼지에 노출 시 인지 기능과 기억력이 저하된다는 보고도 있다. 특히 초미세먼지에 연중 장기간 노출될 경우 알츠하이머 환자나 혈관성치매 환자들에게서 인지 기능 및 기억력 저하 현상이 나타나는 것으로 알려져 있다. 미세먼지 농도가 높은 곳에 사는 사람일수록 뇌 인지 기능 퇴화 속도가 빠르게 나타난다는 연구도 있다. 김기업 순천향대학병원 교수는 초미세먼지가 혈관을 타고 들어가서 뇌에서는 치매, 심장에서는 동맥경화증을 유발할 수 있다고 주장한다. 또한 초미세먼지에

---

26 정성환 외, "미세먼지의 건강영향", 가천대학교 의과대학, 2016

노출 시 뇌신경계의 도파민 분비에 영향을 미쳐 우울증 및 불안장애가 증가할 뿐만 아니라 이에 따라 자살률도 증가한다는 것이다. 강진희 등은 미세먼지가 피부에 미치는 영향을 연구했다.[27] 미세먼지는 표피 장벽 기능을 손상시키고 집먼지 진드기의 운반체로 작용하여 아토피 피부염을 악화시킨다. 또한 미세먼지는 호중구와 호산구의 침윤, 면역글로브린immunoglobulin E의 증가, 산도 감소와 연관이 있다.

도대체 미세먼지로 영향을 받지 않는 부위가 있을까 할 정도로 건강에 나빠도 너무 나쁜 물질이 미세먼지다.

---

27 강진희 외, "미세먼지와 피부", 가톨릭대학교 의과대학, 2015

Tip 2
미세먼지 마케팅

안티 미세먼지 제품이 뜬다

미세먼지는 호흡기질환뿐만 아니라 폐암과 같은 치명적인 질환을 유발한다. 단순히 손을 깨끗이 씻고 외출 시 마스크를 착용하며 물을 자주 마시는 것만으로는 안심할 수 없다.

미세먼지에 노출되어 면역력과 신체 기능이 급격히 떨어질 때 비타민은 큰 도움이 된다. 특히 비타민C는 인체의 세포를 보호하는 중요한 항산화제로, 노화 억제, 피부 건강, 스트레스 완화 등에 도움을 준다. 미세먼지가 심각해지고 있는 요즘 기존의 비타민 제품과 다른 흡수력이 높은 제품이 출시되고 있는 것은 이 때문이다.

미세먼지로부터 기관지를 보호하기 위해 건강에 도움을 주는 음식도 출시되었다. K공사가 출시한 '자연이 키운 배'가 대표적이다. '자연이 키운 배'는 배와 도라지가 포함된 상품으로 기관지에 도움을 준다. 도라지의 사포닌 성분은 천식과 기관지염 증상 개선에 도움을 주며, 배는 수분 함량이 높아 체내 수분 공급과 독소를 배출하는 효능이 있다. 이와 비슷한 제품으로 C과학이 내놓은 '숨쉬는 수세미쿨', '수세미 바르게 담아', '도라지 배즙', '도라지 배 바르게 담아' 등이 있다. 미세먼지로 인해 잃어버린 기관지 건강은 물론 봄철 잃어버린 입맛까지 만족시킨다는 평이다.

봄철 피부 손상의 주원인인 미세먼지의 농도가 높아질수록 피부 관리도 필수적이다. C사의 이너비는 마스크팩 2종 '리커버리 래핑마스크'를 새롭게 출시했다. 피부 수분과 영양 공급을 위한 보습 시트와 패치 제품이다. 히알루론산이 함유된 이 제품은 피부 탄력 및 주름 개선에 효과가 있어 미세먼지로 인한 피부 트러블에 좋다고 한다. 미세먼지가 심해질수록 이런 기능성 식품이나 피부 관리 제품의 시장은 확대될 것이다.

Chapter 3

미세먼지 예보

1. 우리나라 미세먼지 오염도 현황

우리나라 미세먼지 농도가 높은 이유

우리나라의 미세먼지(PM_{10}) 오염도는 2001~2006년에는 연평균 51~61㎍/㎥ 사이를 오르내렸다. 하지만 '수도권 대기환경관리 기본계획(2005~2014년)' 등의 시행과 더불어 2007년부터 감소 추세로 돌아섰다. 그러나 최근 들어 대기질 개선이 정체되면서 다소 증가하는 양상을 보이고 있다. 황사를 포함한 미세먼지 농도는 2014년의 경우 경기도가 54㎍/㎥로 가장 높고, 그 뒤를 이어 충북 52㎍/㎥, 강원 51㎍/㎥ 순이었으며, 전남이 38㎍/㎥로 가장 낮았다. 그러나 이 수치조차도 선진국의 도시와 비교해보면 높은 수준이다.

2012~2014년 3년 동안 선진국과 우리나라의 미세먼지 평균농도를 비교해보니 우리나라의 미세먼지 평균농도가 매우 높다. 미국 LA보다 1.5배 높고, 일본 도쿄보다는 2배 이상 높으며, 프랑스 파리와 영국 런던보다도 1.7배 정도 높다. 우리나라 미세먼지의 현주소가 매우 나쁘다는 것이다.

우리나라의 미세먼지 농도가 상대적으로 높은 까닭은 인구밀도가 높고, 도시화, 산업화가 고도로 진행되었기 때문이다. 단위면적당 미세먼지 배출량이 많았고, 여기에다가 지리적 위치, 기상 여건 등도 불리하다. 우리나라는 지리적으로 편서풍 지대에 위치하여 상시적으로 주변국 영향을 받는다. 특히 서쪽에 위치한 중국의 영향을 많이 받는다. 또 기상학적으로도 미세먼지를 씻어내리는 강수가 여름철에 편중되어 있다. 겨울철, 봄철에는 강수가 극히 적어 세정효과를 기대하기가 어렵다. 또한 늦가을부터 봄철까지 우리나라 주변에 자주 형성되는 대륙성

2012~2014년 3년 동안 선진국과 우리나라의 미세먼지 평균농도를 비교해보니 우리나라의 미세먼지 평균농도가 매우 높다. 미국 LA보다 1.5배 높고, 일본 도쿄보다는 2배 이상 높으며, 프랑스 파리와 영국 런던보다도 1.7배 정도 높다. 이처럼 우리나라의 미세먼지 농도가 다른 나라에 비해 상대적으로 높은 까닭은 인구밀도가 높고, 도시화, 산업화가 고도로 진행되었기 때문이다. 단위면적당 미세먼지 배출량이 많았고, 여기에다가 지리적 위치, 기상 여건 등도 불리하기 때문이다. 우리나라는 지리적으로 편서풍 지대에 위치하여 상시적으로 주변국 영향을 받는다. 특히 서쪽에 위치한 중국의 영향을 많이 받는다. 또한 늦가을부터 봄철까지 우리나라 주변에 자주 형성되는 대륙성 고기압으로 인해 대기의 안정과 정체가 발생한다. 이런 여러 이유들로 인해 고농도 미세먼지 현상이 자주 발생한다

고기압으로 인해 대기의 안정과 정체가 발생한다. 이런 여러 이유들로 인해 고농도 미세먼지 현상이 자주 발생한다.

수도권과 서울의 미세먼지 오염도

서울대학교 허정화 등이 연구한[1] 서울 지역의 미세먼지 농도 분석 결과를 보자. 이들이 서울 지역을 대상으로 한 것은 서울이 인구가 밀집되어 있고, 자동차와 공장 같은 오염원이 많이 분포하기 때문이다. 우리나라에서 서울의 대기오염은 가장 큰 이슈가 되고 있다. 이들이 분석한 서울의 연간 미세먼지 농도 추세는 다음과 같다.

"서울 지역의 25개 도시대기측정망에서 1997년부터 2013년까지 관측된 미세먼지 평균농도는 약 50~60㎍/㎥으로 분석되었다. 특히 2003년 이후에는 25개 모든 도시대기측정망에서 뚜렷한 감소 추세를 보였다. 그러나 고농도 미세먼지는 감소하고 있는 데 반해, 저농도 미세먼지는 거의 변화를 보이지 않았다. 모든 계절에서 감소 추세를 보였으나, 겨울철이 다른 계절에 비해 적게 감소한다. 이는 겨울철 중국에서 빈번히 발생하는 연무의 장거리 수송 영향을 받고 있음을 유추할 수 있다. 서울 연평균의 경우 2010년부터 연간 대기환경기준(연간 50㎍/㎥ 이하)을 만족했다."

이 연구로 알 수 있는 것은 우리나라에서 공기를 청정하게 하려는 노력 덕분에 2013년까지는 더 이상 미세먼지 농도가 증가하지 않은 것으로 보인다. 그러나 이 논문에서 말하는 대기환경기준은 우리나라 환경부 기준에 적합하다는 것이지 세계보건기구의 기준치 20㎍/㎥에 비

---

1 허정화 외, "1997년부터 2013년까지 서울에서 관측된 미세먼지 농도 변화", 서울대학교 지구환경과학부, 2014

하면 2배 이상 높다. 그러니까 실제 서울의 미세먼지 농도 수준은 매우 나쁘다고 할 수 있다.

서울시보건환경연구원은 서울의 대기측정망에서 측정한 결과를 평가했다.[2] 평가 시기는 2017년 1월이었고 측정 지점은 25개의 도시대기오염측정소와 14개의 도로변대기오염측정소, 그리고 각 3개씩의 입체측정망과 경계측정망이었다. 측정하는 대기질 항목은 SO_2, PM_{10}, $PM_{2.5}$, NO_2, O_3, CO 등이다. 이 중에서 미세먼지와 초미세먼지만 살펴보겠다. 월 평균 미세먼지 농도는 53㎍/㎥이고, 초미세먼지 농도는 32㎍/㎥이었다. 미세먼지와 초미세먼지는 전월(2016년 12월) 및 전년(2016년 1월) 대비 증가했는데, 고농도 사례(미세먼지 일평균농도 100㎍/㎥ 초과)는 3일이었다. 2017년 1월에 미세먼지가 기준을 초과한 횟수는 64회로 전년의 7회보다 무려 9배 이상 증가했다. 초미세먼지의 경우 기준 초과 횟수가 116회로 전년의 34회에 비해 3.4배 증가했다. 한 마디로 미세먼지나 초미세먼지 관리에 실패했다는 말이다.

미세먼지의 경우 서울의 서쪽과 동쪽이 높게 나타났는데, 특히 강동구가 가장 높게 나타났다. 서울 중간에 위치한 중구, 용산구, 동작구, 관악구 등의 미세먼지 농도가 낮았다. 그러나 흥미롭게도 초미세먼지의 경우 서울 중심부와 동쪽 지역이 높게 나타났다. 도로변 미세먼지 농도는 서울시 평균농도보다 높았다. 일반도로는 도시 평균에 비해 4㎍/㎥ 높게 나타났다. 전용도로는 도심 평균보다 12㎍/㎥ 높았으며, 중앙차로의 미세먼지 농도는 15㎍/㎥이나 높았다. 차가 많이 다니는 곳일수록 미세먼지 농도가 높아지는 현상을 보였다.

---

2 서울시보건환경연구원 대기측정관리팀, "2017년 1월 대기질 분석 결과", 서울시, 2017

서울보다 더 심각한 것이 수도권의 북서쪽 지역이다. "김포, 포천 등 수도권 미세먼지 오염 도시, 10년 새 공장 2배로", "입지 규제 완화가 초래한 끔찍한 환경 파괴, 누가 좁은 국토를 이렇게 망가뜨렸나". 《조선일보》 한삼희 수석논설위원의 2017년 5월 27일자 기사 제목들이다. 한삼희 수석논설위원의 말은 2016년 12월 '대기환경 월보(月報)' 내용으로 시작한다.

"2016년 12월, 서울의 미세먼지 농도는 공기 ㎥당 30㎍으로 선진국 도시의 대략 2배 수준이었다. 전국 도시 가운데 가장 오염도가 높은 곳이 김포시(50㎍)와 포천시(49㎍)였다. 공장 등록 통계가 들어 있는 '팩토리온' 사이트를 뒤져봤더니 김포의 올 3월 등록 공장 수가 5,915개로 나와 있었다. 2006년에는 3,127개였다. 11년 사이에 거의 2배가 되었다. 포천도 2006년 2,066개이던 공장이 3,661개로 늘어났다. 공장들이 미세먼지 오염을 가중시킨다는 혐의가 짙다. 환경부 기동단속팀이 3월 말~4월 초 포천 일대 소규모 공장 165곳을 점검해봤는데 93곳이 적발되었다. 오염 방지 시설을 설치하지 않은 채 폐목재나 유황 성분이 과다한 저질 연료를 태우는 사업장이 많았다. 방지 시설을 설치해 놓고는 운전비용이 아까워 가동하지 않는 곳들도 있었다. 환경부 기동단속팀은 작년 2월에는 김포시 대곶면 거물대리의 영세 공장 밀집 지역을 단속했다. 당시 86곳을 점검해 62개 사업장이 적발되었다. 절반이 대기오염 관련이었다."

공장입지 규제 완화로 대기오염과 환경파괴가 가속된 한심한 사례다.

우리나라 미세먼지의 국제적 수준

2017년 4월 현재 한국의 관광 경쟁력이 상승해 전 세계 136개국 중

19위를 기록했다. 이는 2017년 세계경제포럼World Economic Forum 관광 경쟁력 평가 결과로 매우 경축할 일이다. 그런데 관광 경쟁력 평가 항목 중 하나인 초미세먼지 지표는 너무나 부끄러울 정도다. 한국의 초미세먼지는 130위로 아주 심각한 수준인 것으로 나타났다. 우리나라를 평가한 총 90개 지표 중 초미세먼지 지표는 가장 낮은 순위를 기록했다.

미국 예일대학교와 컬럼비아대학교 공동연구진이 발표한 '환경성과지수EPI, Environmental Performance Index 2016'을 보면 우리나라는 공기질 부문에서 100점 만점에 45.51점을 받았다. 전체 조사대상 180개국 중에서 83위라는 부끄러운 성적이었다. 환경성과지수란 환경, 기후변화, 보건, 농업, 어업, 해양 분야 등 20여 개 항목을 활용해 국가별 지속 가능성을 평가하는 지표다. 2년마다 세계경제포럼WEF을 통해 공표된다. 그런데 관광 경쟁력 평가와 마찬가지로 공기질 부문에서도 초미세먼지 노출 정도에서 33.46점으로 174위를 차지했다. 꼴찌는 중국이었다. 우리나라는 '이산화질소에 노출되는 정도'가 '0점'으로 180개 국가 중에서 꼴찌였다. 환경 위험 노출도를 나타내는 '건강에 미치는 영향Health Impacts'은 103위, '기후와 에너지'는 83위였다.

선진국일수록 환경성과지수가 높다. 핀란드가 전 세계에서 환경적으로 가장 우수한 국가로 나타났고 아이슬란드와 스웨덴, 덴마크 등 북유럽 국가들이 상위권을 독식했다. 슬로베니아, 스페인, 포르투갈, 에스토니아, 몰타, 프랑스도 10위권 내에 들었다. 청정한 공기를 추구하는 유럽 국가가 최상위권을 차지한 것은 당연해 보인다. 아시아에서는 싱가포르가 16위로 환경적으로 우수했고, 일본이 39위, 대만이 60위, 말레이시아가 63위로 우리나라보다 순위가 훨씬 더 높았다. 우리나라의 환경성과지수 순위가 대폭 하락한 것이 탄소저감과 환경개선 노력을 게을리했기 때문이라는 전문가의 지적을 정부는 겸허히 받아들여야 한다.

2. 미세먼지 예측이 어려운 것은 중국 때문이다

사례를 통해 본 중국의 영향

2013년 환경부 보고 내용을 먼저 보자.

"중국의 산업화가 가속화되면서 중국의 미세먼지가 우리나라로 불어와서 우리나라 오염물질의 30~60%가 중국에서 발생(한·중·일 환경과학원)한 것으로 보고했다. 중국의 석탄 의존도는 70% 가량(중국통계연보, 2011)이다. 특히 석탄연료 사용이 증가하는 겨울철에 안개와 미세먼지, 황산화물, 질소산화물 등의 대기오염물질이 혼합되어 안개가 낀 것처럼 대기가 뿌옇게 되는 스모그가 자주 발생한다. 이것이 서풍 또는 북서풍 계열의 바람을 타고 날아와 우리나라에서 배출된 오염물질과 함께 혼합되고 축적되어 미세먼지 농도가 높아진다."

미세먼지 농도가 높아지는 계절은 황사가 있는 봄과 난방 연료를 많이 사용하는 겨울이다. 특히 중국발 미세먼지의 영향을 많이 받는 겨울철의 농도는 급격히 올라간다. 중국 미세먼지의 특징은 초미세먼지의 양이 더 많다는 것이다. 중국 미세먼지는 초미세먼지 농도가 3배 이상 높고 다량의 유독성 화합물과 중금속이 포함된 악성 먼지다. 겨울철에는 심한 경우 우리나라 미세먼지의 80% 이상이 중국에서 날아온 미세먼지일 경우가 많다. 그러니까 우리나라에서 나타나는 상당한 미세먼지의 발생원이 중국이라는 말이다.

실제로 그런지 기상 및 날씨 예보관으로 활동하고 있는 필자의 사례를 통해 살펴보기로 하자. 2016년 1월 1일 중국의 동부 공업지역의 미세먼지 농도는 800~1,000㎍/㎥ 정도로 매우 나빴다. 이 미세먼지가 서풍을 타고 우리나라로 날아왔다. 이때 상층 1.5km의 바람속도는 초속 5~10m 정도였다. 예보관들은 인공적인 미세먼지 발생이 거의 없는 백령도나 격렬비도나 흑산도의 미세먼지 농도가 올라가면 중국으로부터 미세먼지가 날아오고 있다고 판단한다. 당시 우리나라의 미세먼지 농도가 100㎍/㎥ 이상 증가한 시간을 보자. 가장 먼저 영향을 받은 격렬비도가 2일 06시, 흑산도가 2일 15시, 백령도가 2일 17시, 서울은 그 다음날인 3일 16시, 안동이 4일 05시였다. 당시 이동성 고기압이 서해상에 위치하여 중국의 미세먼지를 우리나라로 유입시키는 기압 배치였다. 바람이 약해 이동시간은 늦어도 미세먼지나 초미세먼지가 우리나라로 날아와 서쪽 지방부터 영향을 주었다.

환경연구원도 이날의 미세먼지 사례를 분석해봤다. 이 중 미세먼지 농도가 높았던 2017년 1월 2일의 경우, 서울 미세먼지 일평균농도는 111㎍/㎥, 초미세먼지 일평균농도는 79㎍/㎥이었다. 백령도 미세먼지는 2일 새벽에 급격히 상승하여 13시에 최고농도 152㎍/㎥을 기록했고, 관악산은 2일 오전부터 미세먼지 농도가 상승하여 21시에 최고농도 164㎍/㎥을 기록했다. 서울의 미세먼지 농도는 2일 오후부터 상승하여 3일 새벽까지 고농도 현상이 지속되었다. 2일 17시에 초미세먼지 주의보가 발령되었으며 20시에 최고농도 116㎍/㎥을 기록했다. 12월 31일 오후부터 1월 3일 오후까지 연무·박무 현상이 나타나 지속적으로 대기가 정체되어 있었음을 알 수 있다. 환경연구원은 일기도 및 역궤적 분석을 해보았다. 12월 31일에서 중국 남부 및 서해안 지역에 고기압이 위치하면서 중국 대륙 내 오염물질이 축적되기에 유리한 조건이 형성되었다. 서해 지역의 고기압이 빠져나가고 중국 북부 지방에 위치한 고기압의 영향을 받기 시작하면서 중국에서 축적된 오염물질이 북서풍 계열의 흐름을 따라 한반도로 유입될 수 있었다. 역궤적 분석 결과 1월 2일 오전에는 서해상에 정체된 기류의 영향을 크게 받다가 2일 밤에는 중국 북동부 지역으로부터 유입되는 북서풍 계열 기류의 영향을 받고 있었다.

중국발 황사와 미세먼지 영향 사례 분석

중국에서 유입된 스모그나 미세먼지의 영향을 많이 받은 사례가 2016년 1월 2일이라면, 2016년 1월 27일은 황사가 유입되면서 미세먼지 농도가 급상승한 경우다. 이 2개 사례에서 미세먼지와 초미세먼지의 비율이 크게 차이가 나고 있음을 알 수 있다.

1월 2일의 경우 미세먼지와 초미세먼지 비율이 0.71로 초미세먼지의 농도가 매우 높았다. 그러나 1월 27일의 경우 미세먼지와 초미세먼지의 비율이 0.17밖에 되지 않았다. 초미세먼지의 농도가 매우 낮았다는 말이다. 이것은 바로 황사가 영향을 주면서 미세먼지 농도는 급상승했지만 초미세먼지 농도는 매우 낮아진 것을 보여준다. 황사가 유입되려면 바람이 강해져야 한다. 바람이 강한 상태에서는 초미세먼지가 하강하지 못한다. 따라서 27일 미세먼지 일평균농도는 107㎍/㎥, 초미세먼지 일평균농도는 19㎍/㎥이었다.

백령도 미세먼지는 27일 새벽에 급격히 상승하여 4시에 최고농도 196㎍/㎥을 기록했다. 서울의 미세먼지 농도는 27일 6시부터 급격히 증가하여 8시에 미세먼지 주의보가 발령되었으며, 도시 대기 평균 미세먼지 최고농도는 11시에 219㎍/㎥를 기록했다. 초미세먼지 농도는 강한 바람에 의해 감소하면서 초미세먼지($PM_{2.5}$)/미세먼지(PM_{10}) 비는 0.1 이하로 낮아지기도 했다. 25일 고비 사막 부근에서 황사가 관측된 후, 27일 한반도 중서부 지역에서 황사가 관측되었다. 라이다LIDAR[3] 관측 결과 27일 오전에 높은 값을 보이는 편광 소멸도를 통해 분석해보니 비구형의 황사 입자들이 서울로 유입되었음을 확인할 수 있었다.

중국의 어느 지역에서 미세먼지가 날아오나

그렇다면 주로 중국의 어느 지역에서 미세먼지가 많이 날아올까? 국립기상과학원의 함지영 등이 연구한[4] 연구 내용을 보면 미세먼지가 어디에서 주로 영향을 주었는지를 잘 알 수 있다. 이들은 2016년 봄철(3월 1일~4월 17일) 동안 서울의 초미세먼지($PM_{2.5}$), 미세먼지(PM_{10}), 그리고 초미세먼지 농도 변화를 파악하고 배출원을 추적했다. 논문의 내용을 살펴보자.

"PSCF 모델은 장거리 이동 영향에 따른 배출원을 살펴볼 수 있는 간단하면서 유용한 분석 방법이다(Hopkeet al., 1995). 그러나 PSCF 모델 결과는 특정 농도(75백분위수)보다 높은 농도를 갖는 역궤적만을 사용하여 위치를 추적하므로 이들 중 더 높은 농도를 갖는 역궤적에 대해서는 과소평가될 수 있는 한계가 존재하여, 이것을 보완하기 위해 CWT 모델과 함께 분석했다(Hsu et al., 2003). CWT 모델은 전체 측정기간 기여도에 대한 주요 배출원 추적이고, PSCF 모델은 높은 농도를

---

3 라이다는 레이저 빔의 일종으로 대기 위아래에 산재하는 오염물질을 높이별로 나눠 측정할 수 있다.

4 함지영 외, "2016년 봄철 서울의 PM_{10}, $PM_{2.5}$ 및 OC와 EC 배출원 기여도 추정", 국립기상과학원, 2017

나타낸 특정 역궤적에 대한 배출원 추적이다(Kang et al., 2008a). 국내 연무 현상은 국지적 오염원 영향뿐 아니라 중국의 산업화와 석탄 사용량 증가로 오염물질이 장거리 유입되므로 장거리 수송 오염물질 연구에서 연무현상도 황사와 더불어 검토한다(Park et al.,2013a). EC는 인위적 1차 배출원을 지시하는데 배출원 기여도가 높게 나타난 첫 번째 지역이 중국 상하이와 동중국해East China Sea 연안이다. 이 지역은 100여 개의 화력발전소와 항구도시로 강한 연료 연소 방출로 인해 두 모델에서 높은 배출원 기여도를 보였다(Li and Hwang, 2015). 이와 함께 또 다른 높은 배출원으로는 중국 북동쪽에 대표적인 후룬베이얼呼倫貝爾, 지린吉林, 창춘長春, 북한(평양)이다. 지린은 염분먼지saline dust의 오염이 존재하고(Liu et al.,2011), 창춘은 대규모 산업 단지가 조성되어 있어 중국 북부 지역의 주요 에어로졸 배출원으로 알려져 있다(Wang et al., 2005). 이외에 세 번째로 배출원 기여도가 큰 곳들은 중국 허베이성河北省, 허난성河南省, 산둥山東반도 내륙으로, 이 지역들은 중국의 대표적 농업지대로 농업 소각 오염이 심각하다(Kang etal., 2008a). 이러한 농업 소각 오염은 서울의 초미세먼지 농도에 큰 영향을 주는 것으로 알려져 있는데 본 연구에서도 유사하게 결과가 나타났다(Kang et al., 2008a). 이 지역들은 황사의 공기 궤적이 대부분 통과되어 황사와 더불어 봄철 국내 대기질에 영향을 주고 있다."

이 세 지역은 대부분 인위적 오염물질을 다량 배출하고 있다. 이 세 지역의 오염물질은 장거리 이동하여 우리나라의 미세먼지에 많은 영향을 주고 있는 것이다.

환경부의 '미세먼지 국외 영향 분석 결과'(2017년 3월17~21일)에 따르면, 해당 기간 미세먼지 국외 기여율은 60%를 훌쩍 뛰어넘었다. 수도권 미세먼지의 국외 기여율은 62%에서 많게는 80%까지 올라갔고, 먼지의 입자가 더 작아 인체에 더 나쁜 초미세먼지의 기여율은 3월 17일에는 84%, 가장 높았던 21일에는 86%까지 올라갔던 것으로 나타났다. 환경부 발표에서는 국외 영향이라는 애매한 표현을 사용했지만 사실상 중국 영향으로 보면 된다. 환경부는 그동안 중국발 미세먼지가 평상시에는 30~50%, 심할 때는 60~80%라고 밝혀왔다. 사진은 중국에서도 미세먼지 배출원 기여도가 높게 나타난 항구도시 상하이의 모습이다. 상하이는 화력발전소와 선박 연료 연소로 방출되는 유해물질로 인해 심각한 스모그로 몸살을 앓고 있다.

중국의 미세먼지는 초미세먼지 농도가 높다

신범철 등이 연구한[5] 내용을 보면 중국에서 날아오는 황사와 스모그의 영향을 어느 정도 유추해볼 수 있다. 기상청은 황사측정기로 미세먼지(PM_{10}) 농도를 측정한다. 그러나 이 농도만 가지고 황사와 연무를 구분하기는 어렵다. 현재 기상청은 초미세먼지($PM_{2.5}$)/미세먼지(PM_{10}) 질량비가 40% 미만일 경우 황사로, 70% 이상일 경우 연무로 판별하고 있다(Cho et al., 2013). 그러나 연구 사례 기간이 짧다 보니 한계가 있어 신범철 등이 다시 연구하게 된 것이다. 연구한 결과 총 8개 관측소에서 측정한 전체 기간에 대한 초미세먼지($PM_{2.5}$)/미세먼지(PM_{10}) 질량비는 0.67~0.79였다. 이것은 북미에서 측정한 전형적인 초미세먼지($PM_{2.5}$)/미세먼지(PM_{10}) 질량비인 0.6보다 높다. 유럽의 0.4~0.68보다도 높게 나타나(Gomišček et al, 2004) 초미세먼지($PM_{2.5}$)가 전체 미세먼지(PM_{10})에서 차지하는 비중이 많았다.

특이한 것은 섬 지역인 백령도와 흑산도의 초미세먼지($PM_{2.5}$)/미세먼지(PM_{10}) 질량비가 각각 0.74와 0.79로 높게 나타났다. 이는 섬 지역이 지역적 오염원이 적은 서쪽 지역에 위치하여 중국으로부터 날아오는 오염원의 영향을 더 받기 때문인 것으로 추측된다. 실제로 군산(0.77)의 경우 서해안에 위치하여 서울(0.72)이나 광주(0.71)보다도 높게 나타났다.

계절별로 보면 봄철과 가을철의 초미세먼지($PM_{2.5}$)/미세먼지(PM_{10}) 질량비가 가장 낮고, 겨울철이 가장 높게 나타났다. 이는 봄철과 가을철에 황사에 의한 영향을 많이 받기 때문이다. 겨울철은 중국의 난방으

---

5 신범철 외, "2008~2015년 우리나라 PM_{10}, $PM_{2.5}$ 간의 농도비율과 상관관계", 기상청 국립기상원, 2015

로 인해 2차 생성된 오염원의 영향을 많이 받기에 초미세먼지의 비중이 높아지는 것이다.

서해상 고기압이 중국의 미세먼지를 우리나라로 유입시킨다

미세먼지(PM_{10})를 비롯한 대기오염물질의 농도는 오염원의 종류 및 지형적 특성뿐 아니라 기상학적 요인과도 관련이 크다. 따라서 대기질 관리를 위해서는 오염원의 분포 및 특성에 대한 이해와 더불어 기상변수와 미세먼지 농도의 상관성을 밝히는 분석이 필요하다. 정명일 등은 이에 대한 연구를 수행했다.[6] 이들은 수도권 지역의 고농도 미세먼지 발생과 관련한 종관 규모의 기상 패턴에 대해 분석했다. 이들의 분석을 살펴보자.

우선 고농도 미세먼지의 발생 일수를 연도와 월에 따라 살펴보았다. 발생 일수는 2003년 이후로 감소하는 경향을 보이며 대기환경기준이 강화된 2007년 이후로는 미세먼지 농도 151$\mu g/m^3$ 이상의 발생 일수 또한 감소해왔다. 월별로 살펴보면 봄철에 고농도의 미세먼지가 가장 많이 발생했으며, 겨울철 또한 다른 계절에 비해 높았다. 두 계절에 해당하는 집단의 장기적 경향성을 살펴본 결과, 봄철은 겨울철에 비해 그 값이 꾸준히 감소해왔다. 따라서 봄철의 변동성이 전체 변동성에 영향을 준다고 볼 수 있다.

다음으로 두 계절에 해당하는 집단의 장기적 경향성과 기후지수의 관련성을 살펴보았다. 봄철은 우리나라 위에 넓게 분포한 고기압의 영향으로 중국으로부터 북풍이 강하게 불어 들어온다. 이와 달리 겨울철

---

6 정명일 외, "서울시의 고농도 PM_{10} 발생일에 영향을 미치는 종관 기상장의 특성", 서울대학교, 2016

은 우리나라 서쪽에 위치한 고기압이 이틀 정도 정체함에 따라 약한 바람이 불어온다. 따라서 봄철의 경우 중국 북동 부근의 오염물질 배출원과 황사 발원지 등에서 발생한 미세먼지가 우리나라로 이동하여 고농도의 미세먼지를 발생시킨다. 반면 겨울철의 경우 고기압이 우리나라 수도권 근처에 정체하여 국지적인 미세먼지의 발생을 유도한 것으로 보인다.

서울대학교의 허창회 교수팀은 미세먼지의 이동에 관한 연구를 실시했다.[7] 이들은 서울에 설치된 27개 대기오염측정망에서 2001부터 2013년까지 시간별로 측정된 미세먼지 농도 자료를 이용했다. 미세먼지 고농도 현상은 대기환경기준에 따라 일평균 미세먼지 농도가 100 $\mu g/m^3$ 이상인 날로 선정했다. 이때 자연발생 요소인 황사 발생 사례는 제외했다. 또한, 중국 지역 73개 관측소의 대기오염지표API, Air Pollution Index 자료와 역궤적 분석을 통해 중국발 오염물질의 이동 가능성을 살펴보았다. 사용한 역궤적 모델은 미국대기환경청에서 개발해서 전 세계 연구자에게 제공하고 있는 HYSPLITHybrid Single-Particle Lagrangian Integrated Trajectory 모델이다. 이들이 연구한 결과를 보자.

2001년부터 2013년까지 서울 지역에서 발생한 미세먼지 고농도 일수는 319일이었다. 이 중 4일 이상 지속된 미세먼지 고농도 일수는 전체 사례의 33%(105일, 21사례)를 차지했다. 이처럼 수일간 지속되는 고농도 사례의 발생 조건을 보니 중국과 우리나라를 포함한 광범위한 지역에 걸쳐 강한 고기압 아노말리anomaly(어느 특정 지역에서 기온, 강수량 또는 다른 기상요소와 같은 고유 요소가 장기간의 평균값으로부터 변화하

---

7 허창회 외, "서울에서 4일 이상 지속되는 미세먼지 고농도 현상의 발생 원인과 이동 패턴 분석", 서울대학교, 2015

는 차이값)가 위치해 있다. 이는 중국과 우리나라에서 오염물질이 확산되지 않고 축적되도록 돕는 역할을 한다. 그리고 북위 40도 지역과 북서태평양에는 저기압 아노말리가 위치해 있다. 이러한 기압배치와 약한 바람이 고기압이 빨리 빠져나가는 것을 막음으로써 미세먼지 고농도 현상이 수일간 지속되는 것으로 유추할 수 있다. 우리나라에서 4일 이상 지속되는 미세먼지 고농도 사례가 발생하기 전날의 중국 지역 미세먼지 농도는 평소보다 높다. 그리고 역궤적 기류가 통과하는 베이징, 텐진天津 등의 대도시에서는 평소보다 미세먼지 농도가 160㎍/㎥까지 올라가는 것을 확인할 수 있다. 경도-고도 단면도를 보면, 대체로 따뜻한 계절에 비해 찬 계절에 미세먼지 기류의 흐름이 빠르다. 흥미로운 점은 계절에 상관없이 미세먼지 고농도 현상이 발생하기 하루 전부터 기류가 수평하게 들어온다. 이는 오염물질이 대기 경계층의 하층을 통해 이동한다는 것을 의미한다. 즉, 중국으로부터 미세먼지 유입량이 상당하는 것을 뜻한다.

다양한 기상장이 중국의 미세먼지를 우리나라로 보낸다

중국발 미세먼지가 우리나라로 날아오는 연구는 계속해서 이어지고 있다. 오혜련 등의 연구도 이에 속한다.[8] 2014년 2월 23일부터 28일까지 서울에서는 미세먼지 일평균농도가 100㎍/㎥ 이상 지속되었다. 우리나라에서는 6일간 지속된 고농도 현상이 중국발 오염물질의 영향 때문이라고 주장했다. 하지만 중국 환경보호부는 중국 대기오염물질의 전파 과정이 복잡해서 중국발 오염물질이 이웃나라에 미치는 영향에

---

8 오혜련 외, "서울에서 미세먼지 고농도 지속 기간에 따른 기상장 비교: 1일 지속 대 4일 이상 지속", 서울대학교, 2015

대해 명확한 결론을 내리기 어렵다고 주장했다.

지금까지 여러 연구들이 중국발 오염물질이 우리나라를 비롯해 일본, 태평양 건너 서아메리카까지 이동할 수 있다고 보고하고 있다. 그러나 이들 연구 대부분이 연구 기간이 짧은 몇몇 사례들에 초점을 맞추고 있다(Huang et al., 2008 Lee et al., 2013). 게다가 지금까지 미세먼지 고농도 사례의 지속 기간에 따른 특징 및 원인을 규명한 연구가 없었다.

오혜련 등은 최근 13년간(2001~2013년) 발생한 미세먼지 고농도 현상을 대상으로 지속 기간(1일과 4일 이상)에 따른 고농도 현상의 특징과 중국발 오염물질의 영향 여부를 연구하여 1일과 4일 모두 중국으로부터 실질적인 미세먼지 영향이 있었음을 알아냈다. 장기간 지속된 사례의 경우 중국과 우리나라를 포함한 광범위한 지역에 고기압 아노말리가 강하게 자리잡고 있었다. 강한 고기압이 서해상에 위치해 있을 때 중국의 미세먼지가 우리나라로 유입될 수 있다는 것이다. 우리나라의 미세먼지 고농도가 4일 이상 지속된 경우 중국에서부터 많은 오염물질이 하층을 중심으로 이동한다. 1일만 나타난 사례들의 경우 중국 지역에서 상승한 오염물질이 상층 이동을 통해 우리나라에 영향을 줄 수 있는 것으로 분석되었다.

일반적으로 한 지역의 대기오염은 오염물질의 배출량과 기상 상황에 좌우된다. 배출원에서 배출된 대기오염물질은 대기 중에서 이류·집중·확산되는 데 이 과정에서 종관기압 패턴, 풍속, 혼합고 등과 높은 상관성을 나타낸다. 특히 기온역전층이 형성될 경우에는 상층부로 확산되지 않고 일정 공간에 쌓이게 되어 대기오염도가 급격히 악화되기도 한다.

우리나라 미세먼지 농도가 높은 날에 어떤 기압 배치가 만들어졌는

가에 대한 연구가 최근에 활발히 진행되고 있다. 이현경 등은 최근 4년 동안 수도권 지역의 미세먼지 등급이 '나쁨(일평균 미세먼지 농도 121 $\mu g/m^3$~200$\mu g/m^3$)'이었던 고농도 사례에 대한 종관 기상장의 유형 및 특성을 분석했다.[9] 이들은 먼저 고농도 사례를 850헥토파스칼hPa 기상장을 기준으로 분류해보았다. 첫 번째는 중국 북부에 기압골이 위치하고 우리나라 부근에 고기압이 위치했다가 이후에 기압골 통과 후 다시 산둥반도 부근의 고기압의 영향을 받으면서 고농도 패턴이 지속되는 사례다(2011년 2월 3일~7일, 2013년 3월 7일~9일, 2014년 2월 24일~27일). 두 번째는 우리나라가 안장부[10]에 들었던 경우로(2012년 1월 18일, 2013년 1월 13일, 2013년 4월 4일~5일) 기압경도력[11]이 약해 풍속이 약한 편이었다. 세 번째로 고기압이 남해상에 있던 경우로 대기가 매우 안정하며 해상과 내륙 일부에 안개, 박무가 함께 관측되었다(2011년 3월 31일, 2012년 3월 28일). 지상의 주풍계는 남서풍 계열이었다. 마지막으로 발해 만에 기압골이 있던 사례다(2013년 12월 5일, 2014년 1월 17일).

그러니까 우리나라에서 미세먼지 농도가 높은 날의 기상장은 다양하다는 것이다. 다만 모든 미세먼지 고농도 사례에서 야간~아침 사이에 대기하층의 역전층이 존재했다. 특히 풍계가 남서풍인 경우 비교적 따뜻하고 습한 공기가 유입되면서 해상과 내륙에 안개 또는 박무가 폭넓게 관측되었다. 허창회 교수팀의 연구 결과와 비슷하게 많은 고농도

---

9 이현경 외, "수도권의 고농도 미세먼지 발생시 종관장 유형 분석", 국립기상과학원, 2015

10 2개의 고기압과 2개의 저기압이 맞닿아 있는 중심 부분의 지역

11 두 지점 사이의 기압차에 의해서 생기는 힘으로, 바람이 불게 되는 근본적인 원인이 되며 방향은 고압에서 저압 방향으로 작용한다.

미세먼지 발생은 중국으로부터의 유입이 많은 날 이루어진다는 것이다. 고농도 미세먼지 사례의 경우 위성영상에서도 중국의 영향을 받는 것을 찾아볼 수 있다. 2013년 1월 17일 15시 16분 천리안 GOCI 영상을 보면, 중국 중북부 지역과 산둥반도, 서해안과 한반도 전역을 덮은 미세먼지 영역이 보인다. 2014년 2월 28일 11시 16분 테라Terra 위성의 MODIS 컬러 합성영상을 보면 산둥반도와 만주, 서해상과 한반도, 동해안까지 넓은 지역에 걸쳐 있는 연무가 보이며, 랴오둥遼東반도 쪽으로 해무 영역이 보인다. 이 모든 연구 논문은 무엇을 말해주고 있는 것일까? 중국은 이제 미세먼지에 대한 책임을 통감하고 인정해야만 한다는 것이다.

3. 미세먼지 예보

미세먼지 예보 절차

미세먼지 예보는 대기질 전망을 방송, 인터넷 등을 통해 알림으로써 국민의 건강과 재산, 동식물의 생육, 산업활동에 미치는 피해를 최소화해야 한다. 미세먼지 예보 제도는 대기오염을 줄이기 위해 국민의 참여를 구하기 위한 제도다. 대기질 예보 절차는 '관측 → 모델 → 예측 → 전달'의 4단계로 이루어진다.

첫째, '관측'은 기상과 대기질을 감시하고 추세를 파악하는 단계다. 기상관측망과 국내외 실시간 대기질 측정 자료가 이에 활용된다. 둘째, '모델'은 다양한 기상조건에서 오염물질 배출량을 대기 중 농도로 변환하는 과정이다. 기상, 배출처리, 대기화학, 수송 등의 요소로 구성된다.

셋째, '예측'은 관측 자료와 모델 결과에 예보관의 지식, 경험, 노하우를 더하여 예보를 생산하는 과정이다. 마지막으로, '전달'은 생산된 미세먼지 예보 결과를 TV, 라디오, 홈페이지(에어코리아), 문자, 모바일 앱(우리동네 대기질) 등을 통해 국민에게 알리는 것이다.

〈표 3〉 미세먼지 예보 모델링 체계(출처: 환경부)

<table>
<tr><th>구분</th><th>주요 업무</th><th>모델링 체계</th><th>주관 / 협조기관</th></tr>
<tr><td>관측</td><td>관측</td><td rowspan="6">관측/실황
(기상, 대기오염 농도)
↓
기상 / 배출량 / 대기오염(측정,위성)
↓
기상모델
배출모델
대기질모델
↓
모델결과 표출
↓
예보 확정
↓
예보 통보(SNS, 메일, 웹)</td><td></td></tr>
<tr><td rowspan="3">모델링</td><td>입력자료 생산</td><td>기상지료(기상청)
측정망(과학원, 지자체)
위성(과학원, 해수부)
배출량 산정(과학원, 중국/일본 등)</td></tr>
<tr><td>대기오염 모델링
(농도 예측)</td><td>모델 공동개발
(과학원 / 학계연구소)</td></tr>
<tr><td>모델 결과 표출</td><td rowspan="2">예보(과학원)</td></tr>
<tr><td rowspan="2">예보</td><td>예보</td></tr>
<tr><td>전파 / 통보</td><td></td></tr>
<tr><td>평가</td><td>예보 평가</td><td></td><td>정책 수립(환경부)</td></tr>
</table>

환경부 미세먼지 예보

환경부는 1단계 사업으로서 2013년 8월부터 수도권(서울, 경기, 인천)을 대상으로 미세먼지 시범 예보를 실시했다. 그리고 11월 전국을 대상으로 시범 예보를 거쳐 2014년 2월부터 전국 대상 정식 예보를 본격적으로 실시했다. 시범 예보를 실시한 2013년 8월부터 2014년 2월 21일까지의 전체 예보 정확도가 71.8%에 이른다고 환경부는 설명하지만, 실제 미세먼지가 발생한 날만 따지면, 예보 적중률은 33.3%에 불과했다. 특히 영남권역에서 정확한 예보가 발효된 날은 대기오염 발생일 7번 중 1번, 강원권은 17번 중 4번에 그쳐 예보 신뢰도가 매우 떨어졌다. 이후 환경부가 자료동화data assimilation 등의 기법을 더해가면서 모델 정확도를 높이려고 노력함으로써 예보 정확도는 높아지고 있다. 기상청, 환경과학원으로 이원화되었던 미세먼지 예보를 2017년 7월 환경기상통합예보실로 일원화하여 미세먼지 예·경보체계를 개선했다. 또한 한국형 예보 모델 개발도 준비 중에 있다.

현재 환경부는 기상청과 협력하여 기상 모델 및 수치 모델을 이용하여 미세먼지 예측을 수행하고 있다. 현재 운용하고 있는 수치예보시스템은 전에는 기상장 모델로 MM5Mesoscale Model version 5th[12]를 이용했으나, 현재는 WRFWeather Research and Forecasting[13]로 대체했다. 환경부는 배출량 모델 SMOKE, 화학수송 모델 CMAQCommunity Multi-scale Air Quality[14]로 수치모델링시스템을 구성하여 운영하고 있다. 또한, 수치예보시스템에 환경부가 작성한 최신의 토지피복도 자료를 이용하여 모델링 입력 자료를 개선하는 노력도 하고 있다. WRF는 2005년부터 미국 NOAA[15] 산하기관인 NCEP[16]의 현업 모델이다. 우리나라 기상청과 국립기상과학원

---

12 지역적 중규모 모델로서 기상예보나 기후 예상에 주로 이용되고 있다.

13 WRF는 미국 기상연구대학연합(UCAR, University Corporation for Atmospheric Research)과 미국립기상연구소(NCAR, National Center for Atmospheric Research)가 개발한 기상 모델로서 예보, 연구, 모델 간 결합 등 다양한 용도로 사용할 수 있다.

14 CMAQ는 미국 환경보호청(EPA)이 개발한 대기질 모델로서 환경부가 국내외 영향을 계산할 때 이용하는 대기질 모델 중 하나다.

15 미국 해양대기청(NOAA, National Oceanic and Atmospheric Administration)은 미국 상무부의 지구 해양과 대기상태를 조사하는 중앙행정관청이다. 대한민국 기상청에 해당하는 기관으로 서로 교류가 잦다.

16 국립환경센터(NCEP, National Centers for Environmental Prediction)는 대기, 수권 및 빙권에 대한 수치예측시스템을 개발·향상·유지하는 미국 해양대기청 소속의 국립 센터다.

에서도 환경부처럼 WRF 모델을 구축하여 MM5와의 성능비교 검증을 통해 차세대 미세먼지 예측 모델로 활용할 계획이다. 배출량 모델로 쓰이는 SMOKE[17]는 국내외의 INTEX-B[18] 및 CAPSS[19]와 같은 배출량 자료를 기초로 한다. 시간별로 변화하는 기상을 반영하여 분류된 1시간 해상도의 화학수송 모델링을 위한 배출량 입력 자료를 작성한다. 배출량 자료 개선을 위해서 미국 환경보호청EPA[20]에서 제공하는 SMOKE를 사용한다. 화학수송 모델로 쓰이는 CMAQ는 1998년에 개발되어 현재도 활발하게 개선되고 있는 모델로 모델링 영역의 규모가 다양하여 국지 규모 모델링부터 지역 규모 모델링까지 다양하게 동시에 모델링이 가능하다.

현재 미세먼지 통계 예보 모형은 18시에 다음날의 미세먼지 일평균농도를 예보하는 전일 모델과 09시에 당일의 미세먼지 일평균농도를 예보하는 당일 모델이 운영되고 있다. 현재는 전일 모델의 지수일치가 당일 모델에 비해 크게 떨어진다. 이것은 월경성 오염원의 영향을 받게 되는 경우 대기오염물질의 측정 결과와 기상예보 결과만으로는 예보가 어렵기 때문이다. 따라서 미세먼지 예보의 모델 성능을 개선하는 것이 필요하다. 그러나 무엇보다도 미세먼지 예보에 대한 정확한 이해와 경험을 가진 예보관의 능력이 더 요구된다.

---

17 배출량 모델 SMOKE는 미국 환경보호청(EPA)이 개발한 모델로 대기질 개선 효과를 분석하는 데 사용된다.

18 가스 및 에어로졸의 대륙 간 이동과 변형, 대기 및 기후에 미치는 영향을 평가하는 실험 중 한 단계다.

19 대기정책지원시스템(CAPSS, Clean Air Support System)은 국가 통계로 대기오염물질 배출량을 산정하는 것으로, 유관기관에서 수집한 통계자료 등의 활동도와 국내외에서 측정 및 실험을 통해 개발하고 검증한 2만 여개의 원 단위 개념의 배출계수를 활용하여 산정한다.

20 미국 환경보호청(EPA, Environmental Protection Agency)은 미국 환경에 관련한 모든 입법 제정 및 법안 예산을 책정한다. 환경보호청은 미국민의 건강과 환경 보전을 그 임무로 하고 있다.

외국의 미세먼지 예측 모델 운영

외국의 미세먼지 예측 모델 자료는 환경부 자료를 참고했다. 미세먼지 예보는 기상모델의 정확도 향상이 우선시되어야 한다. 대부분의 국가가 독자적 현업 기상 모델을 보유하고 있다. 유럽은 Integrated Forecast System, 영국은 United Mode, 미국은 Global Forecast System, 일본은 Global Spectral Model, 독일은 Global Meteorological model, 중국은 Global and Regional Assimilation and Prediction System 등의 현업 단기 기상예보 모델을 구동하고 있다. 우리나라도 한국형 수치 모델 개발 사업단에서 독자 모델을 개발하는 과정에 있으며, 현재는 2008년 5월에 들여온 차세대 모델로서 기상단기예보 정확도 세계 2위 수준인 영국 통합 모델을 도입하여 2010년에 차세대 수치예보시스템으로 현업 운영을 시작했다.

미국의 NAQFC(National Air Quality Forecast Capability)는 국외 대기질예보시스템이다. 미국 환경보호청(EPA)과 미국 해양대기청(NOAA)에서 2004년 공동 개발한 시스템으로, 초기에는 미국 동부 중 일부 권역의 공간을 대상으로 시작하여 2007년부터 미국 전역을 대상으로 대기질 예보를 수행하고 있다. 2009년 이후 미국 해양대기청에서 단독으로 운영 중에 있다. 미국의 대기질 예보는 미국 내 여러 기관의 협업으로 이루어진다. 기상 입력 자료는 기상모델 WRF-NMM[21]을 이용하며, NOAA/NWS[22]

---

21 WRF-NMM(WRF Nonhydrostatic Mesoscale)은 미국 해양대기청(NOAA)이 개발한 일기예보 모델이다.

22 미국 기상청(NWS, National Weather Service)은 미국 정부의 미국 해양대기청을 이루는 6개의 과학청 가운데 하나다.

에서 마련된다. 배출량 인벤토리 NEI[23]는 EPA/OAQPS[24]에서 준비된다. 이들 바탕자료를 토대로 NOAA/EMC[25]에서는 광화학 대기질 모델 CMAQ를 수행하여 대기질 예보 결과를 산출한다.

캐나다는 캐나다 환경청 주관으로 1999년 Pilot 대기질 예보 프로그램을 시작으로 2001년부터 대기질 예보를 수행해왔다. 초기에는 오존 예측을 주로 하는 크로노스CHRONOS를 이용하다가, 2007년 마하MACH 모델로 교체했으며, 2012년에 수평 격자 크기를 10km 단위까지 낮춘 마하10MACH10을 개발했다.

유럽에서 운영되는 EU_MACC는 EU에서 지원받는 협업 프로젝트로, 유럽 지역에 대한 대기질 예보 결과를 제시하는 등 대기에 관한 다양한 정보를 제공한다. 이 프로젝트는 2009년부터 2011년까지 맥MACC, 2011년부터 2014년까지 맥2MACC-II가 진행되어오고 있으며, 36개의 기관이 협업을 수행하고 있다. 다수 기관의 협업으로 유지되고 있는 만큼 다양한 수치 모델을 통한 미래 대기질 예측이 이루어지고 있으며, 모델들의 중앙값을 계산한 앙상블 예보 결과 또한 제공하고 있다.

일본의 예측 모델인 씨포스CFORS는 일본 규슈대학의 응용역학연구소와 미국 아이오와대학의 전 지구와 지역 규모 환경연구센터가 공동개발해 응용이 진행 중인 시스템이다. 3차원 온라인 지역 규모의 화학적

---

23 국가배출목록(NEI, National Emissions Inventory)은 대기오염원으로부터의 기준 오염물질, 기준 전구물질 및 유해 대기오염 물질의 대기 배출에 대한 포괄적이고 상세한 추정치다.

24 대기질 계획 표준 사무국(OAQPS, Office of Air Quality Planning and Standards)은 미국의 대기오염 데이터를 수집하고 검토하며, 대기오염을 제한하고 줄이기 위한 규제를 개발하고, 주정부 및 지방정부 기관이 대기오염을 감시 및 통제한다. 또한, 대중에게 대기오염에 대한 정보를 제공하고 의회에 대기오염의 상태와 이를 줄이기 위한 진전 상황을 보고한다.

25 환경모델링센터(EMC, Environmental Modeling Center)는 국립환경센터(NCEP)의 산하 기관으로 자료동화 및 모델링을 통해 수치 예측, 해양 및 기후 예측, 환경 예측 등의 정확도를 높이는 일을 한다.

운송 모델을 기초로 한 운영이 가능하다.

인도 최초의 대기질예보시스템인 사파SAFAR는 2010년 개발이 시작되었다. 사파 시스템은 두 부분으로 구성되어 있다. 하나는 인도기상청에서 기상 예측에 활용하고, 다른 한 부분은 인도 열대기상센터에서 대기질예보시스템으로 활용한다. 미세먼지와 관련된 대기질 예보는 24시간 예보를 제공하고 있다.

미세먼지 예보 능력 향상을 위한 노력

최근에는 미세먼지 예측 정확도 향상을 위한 다양한 연구가 이루어지고 있다. 예측 모델의 향상을 위해 초기장, 토지이용도, 해수온도를 중심으로 CMAQ 모델에서의 기상 입력 자료에 따른 불확실성을 분석한다. 또 재분석 자료의 종류와 3DVAR[26]의 적용 여부에 따른 기상 모델WRF의 민감도 분석도 하고 있다. 그러니까 최근에는 객관분석, 3DVAR, 4DVAR 등과 같은 자료동화를 이용한 기상 입력 자료 정확도 향상 연구들이 활발하게 이루어져왔다. 김태희 등도 부산 지역의 고농도 미세먼지 발생일에 대해 객관분석기법에 따른 기상 모델WRF의 민감도를 분석하여 미세먼지 예측 모델의 기상 입력 자료 정확도를 개선하기 위한 연구를 했다.[27]

2016년에 미국의 IBM이 환경과학원에 미세먼지 예보를 위해 자사의 인공지능 시스템인 '왓슨Watson'을 사용할 것을 제안해왔다. 지금까지 환경과학원의 미세먼지 예보는 예측 모델의 결과를 바탕으로 예보관

---

26 차원 변분 자료동화(DVAR, Dimensional Variational Data Assimilation)

27 김태희, "미세먼지 예측 모델의 정확도 향상을 위한 WRF 모델링: 객관분석기법에 따른 민감도 분석", 부산대학교, 2016

이 경험을 통해 수정·보완한 뒤 최종 발표하는 체계였다. 환경과학원이 운영하는 미세먼지 예측 모델은 공기의 움직임을 예상하는 기상 모델과 화학반응을 예상하는 화학 모델이 결합한 14가지 조합으로 구성되어 있다. 즉, 예보관들은 14가지에 이르는 결과의 조합을 참고해 최상이라고 생각하는 예보를 결정해 발표하는 것이다. 그런데 IBM은 이 예보체계에서 예보관의 판단 부분을 인공지능으로 보완하겠다는 것이다. 예를 들어, 서울에서 서풍이 불 때 미세먼지 농도가 높아지는 사례를 예보관은 주관적인 판단으로 놓칠 수 있다. 그러나 인공지능은 객관적으로 검토해 정확도가 높아지는 쪽으로 판단을 내릴 수 있다는 것이다. 사실 이런 것이 가능하기 위해서는 수많은 사례가 축적되어 있어야 한다.

환경과학원이 '예보 정확도 향상'이라는 숙제를 안고 있는 상황에서 IBM이 미세먼지 농도가 높은 중국과 한국에서 예보 정확도를 높일 수 있다면 기업의 이미지는 엄청 올라갈 것이다. IBM은 2015년에 미국 최대 민간기상회사인 웨더컴퍼니The Weather Company의 데이터 자산을 인수했다. 지금은 하루 평균 30억 건 이상의 기상정보가 IBM의 클라우드 시스템으로 입력되고 있다고 한다. IBM은 인공지능 시스템 '왓슨'에다 기상정보를 결합하여 다양한 사업 기회를 만들어낼 계획이라고 한다. 2017년 4월부터 인공지능과 결합된 예보체계로 전환하고 있다. 아직은 초기 단계이지만 잘 진행된다면 우리나라 미세먼지 예측 능력이 획기적으로 높아지지 않을까 기대된다.

환경부도 예보 불확실성 감소를 위한 예보 모델 다양화 및 고도화를 추진하고 있다. 먼저 한국형 예보 모델 개발 및 예보 권역별 맞춤형 상세 모델을 구축하고 있다. 미세먼지 직접 배출과 전구물질(SO_x, NO_x,

VOC, NH_3 등)에 의한 2차 생성 초미세먼지($PM_{2.5}$)의 발생 원인 분석 및 예측 기술을 개발하고, 2018년까지 미세먼지 배출량, 측정 결과를 기초로 대기 중 화학반응을 고려하여 지역 규모 영향을 예측·분석이 가능한 '대기질영향예측시스템K-MEMS'[28]을 개발할 예정이다. 그리고 미래부, 환경부, 복지부 등 범부처 합동으로 '미세먼지 기술 개발 종합계획'을 마련하여, 미세먼지 4대 분야[29]의 과학적 솔루션 마련을 위한 '다부처 R&D 프로젝트'를 본격 추진할 것이다. 아울러 미세먼지 저감기술의 개발 및 사업화를 촉진하기 위한 제도 개선과 지자체 출연, 기업합동 실증사업도 병행할 계획이다. 이런 계획을 통해 예보정확도(고농도)를 2016년 63%에서 2017년 70%로 향상시킬 것이다. 2021년에는 선진국 수준인 초미세먼지 농도를 23$\mu g/m^3$에서 20$\mu g/m^3$까지 낮출 계획이다.

민간의 미세먼지 예보

민간에서 독자적으로 미세먼지 예보를 하는 곳은 케이웨더 공기지능센터뿐이다. 케이웨더 공기지능센터는 국가 및 지자체가 설치한 장비에서 관측된 대기오염 관측 데이터를 활용하여 대기오염 예보를 하는데, 세부적으로 미세먼지(PM_{10}) 및 초미세먼지($PM_{2.5}$)·황사·자외선·오존 예보와 함께 실내 환기 예보를 제공한다. 총 19개 권역으로 세분화하여 오늘, 내일, 모레의 예측 자료를 오전과 오후로 나누어 하루 2회 발표한다.

---

28 K-MEMS(Korea Monitoring-Emission Model System)란 대기 중에 배출된 오염물질의 화학반응·이동·확산에 따른 대기질 영향 예측 도구다.

29 ① 발생·유입, ② 측정·예보, ③ 집진·저감, ④ 보호·대응

자체 CMAQ 모델을 구축하여 활용하고 있으며, 추가적으로 환경부 대기질 예측 모델과 KAQFS(한국대기질예보시스템)의 CMAQ 모델, 국외 기상청 모델을 참고하여 대기오염 예보에 활용하고 있다. 경험이 풍부한 대기예측 전문예보관들이 예보를 생산하고 있다. 다른 예보와 차별화되는 점은 예보 생산 시 환경부 기준에 따른 예보와 함께 세계보건기구 일평균 권고 기준에 따른 예보를 발표하고 있다는 점이다. 환경부 기준에 맞춘 미세먼지 예보뿐 아니라 세계보건기구 기준에 맞춘 미세먼지 예보도 제공하여 국민의 건강에 기여하기 위해서다. 우리나라 환경부 기준과 세계보건기구 기준은 아래 표와 같다. 이 외에 대기오염 분석서를 보도자료로 배포하여 국민들에게 우리나라 미세먼지 농도가 어떤 상태인지를 알려주고 있다. 월별, 연별, 계절별로 서울특별시의 대기오염 분석서를 작성하여 오염도가 가장 높고, 낮은 지역을 발표한다.

〈표 4〉 환경부와 세계보건기구의 미세먼지 기준표

(단위: ㎍/㎥)

미세먼지(PM_{10})	좋음	보통	나쁨	매우 나쁨
환경부	0~30	31~80	81~150	151~
세계보건기구	0~30	31~50	51~100	101~

만일 민간의 미세먼지 예보를 참고하고 싶다면 케이웨더의 미세먼지 예보는 앱이나 웹에서 확인할 수 있다. 최근에는 학생들의 야외활동에 대한 예보도 시작했다. 현재 관측값(미세먼지, 기상)과 예보값(미세먼지, 기상)을 토대로 학교에서 학생들이 야외활동을 해도 되는지 관련 정보를 제공하기 위해서다. 학교에 제공되는 정보는 학교야외활동예보, 실내외공기측정기(실내측정기: IAQ / 실외측정기: OAQ) 관측값(실내외공

기측정기 설치 시), 국가관측망 관측값(인근 지역에 설치된 환경부 관측값), 미세먼지 예보, 기상예보 등이다. 2017년 6월 말 현재 27개 학교가 예보를 제공받고 있다. 학교 야외활동 예보는 학생들의 등하교 시간을 고려하여 오전(09시~12시), 오후(12~18시)로 이원화한 예보를 생산하며 생산된 예보는 좋음, 주의, 나쁨 3단계로 나눠 발표한다.

4. 미세먼지 환경기준 및 행동 요령

우리나라의 미세먼지 환경기준

환경부 발표에 의하면, '환경기준'이란 사람의 건강을 보호하고 쾌적한 생활환경을 유지하기 위해 설정한 행정적 목표치다. 환경기준은 각국의 오염 상황, 사회·경제적 발전 단계, 기술 수준 등을 고려하여 그 수준을 설정하게 된다. 대기환경기준은 2016년 3월 현재 8개 항목, 즉 산소포화량(SO_2), 일산화탄소(CO), 오존(O_3), 이산화질소(NO_2), 미세먼지(PM_{10}), 초미세먼지($PM_{2.5}$), 납, 벤젠을 대상으로 설정·운영하고 있다. 먼지에 대한 환경기준은 1983년 총먼지TSP, Total Suspended Particles를 대상으로 했었다. 1993년에는 여기에 10μm 이하의 미세먼지(PM_{10})에 관한 기준이 추가되었다. 2001년에 총먼지 기준을 폐지한 데 이어 2011년에 2.5μm 이하의 초미세먼지($PM_{2.5}$)를 추가했다. 따라서, 현재는 미세먼지 2종에 대한 대기환경 기준만 운영 중이다. 우리나라의 미세먼지 환경기준은 세계보건기구가 2005년에 제시한 미세먼지 잠정 목표 중 제2단계 잠정 목표를 채택하고 있다.

군의 대기질 경보 및 기준

군에서도 정부 기준에 준용하여 운용한다. 군의 미세먼지 관련 야외훈련 통제 기준을 보면 주의보일 때 장시간 또는 무리한 야외훈련을 금지한다. 야외훈련은 가능하나 훈련 주관 부대장이 판단하여 훈련 시간 최소화 및 실내훈련 혹은 교육으로 전환한다. 그러나 야외훈련 시 호흡기 및 심혈관질환자는 별도 관리한다(기관지염, 천식, 결막염 등). 초병등 야외 임무 수행 시에는 황사 마스크를 착용한다. 그러나 경보 기준 이상일 때는 야외훈련을 중지하고 실내훈련이나 교육으로 전환한다.

미세먼지 예·경보에 따른 환경부의 행동 요령

대기 중 고농도 미세먼지가 실제로 발생하여 주의보나 경보가 발령된 경우에는 환경부에서 발표한 행동 수칙에 따르는 것이 좋다.

첫째, 미세먼지 주의보·경보가 발령된 해당 지역의 지자체에서는 주민들에게 현재 대기질 상황을 신속히 알리고, 실외활동 자제, 외출 시 마스크 착용 등 건강보호를 위해 필요한 조치사항을 알린다. 이와 더불어 해당 지역의 오염물질 배출사업장 중 공공기관이 운영하는 대형 사업장의 조업시간 단축, 사업장의 연료 사용 감축, 야외 공사장의 조업시간 단축 등 오염물질 저감 노력에 참여하도록 유도하고, 자동차 운행 자제(공회전 금지, 차량부제 운행)와 대중교통 이용을 권장한다.

둘째, 어린이와 노인, 호흡기질환자 등은 가급적 외출을 자제하고 창문을 닫아 외부의 미세먼지 유입을 차단한다. 실내 청소를 하는 경우에는 청소기 대신 물걸레를 사용한다. 부득이하게 외출하는 경우는 식품의약품안전처가 인증한 보건용 마스크를 착용하고, 교통량이 많은 지역으로는 가급적 이동을 자제한다. 또한 물을 많이 마시고, 외출하고

표5) 미세먼지와 초미세먼지의 특보기준과 행동 요령(출처: 환경부)

항목		주의보	경보
미세먼지 (PM_{10})	발령	기상조건 등을 고려하여 해당 지역의 대기자동측정소 PM_{10} 시간 평균농도가 150㎍/㎥ 이상 2시간 지속	기상조건 등을 고려하여 해당 지역의 대기자동측정소 PM_{10} 시간 평균농도가 300㎍/㎥ 이상 2시간 지속
	해제	주의보가 발령된 지역의 기상조건 등을 검토하여 대기자동측정소의 PM_{10} 시간 평균농도가 100㎍/㎥ 미만	경보가 발령된 지역의 기상조건 등을 검토하여 대기자동측정소의 PM_{10} 시간 평균농도가 150㎍/㎥ 미만인 때는 주의보로 전환
초미세먼지 ($PM_{2.5}$)	발령	기상조건 등을 고려하여 해당 지역의 대기자동측정소 $PM_{2.5}$ 시간 평균농도가 90㎍/㎥ 이상 2시간 지속	기상조건 등을 고려하여 해당 지역의 대기자동측정소 $PM_{2.5}$ 시간 평균농도가 180㎍/㎥ 이상 2시간 지속
	해제	주의보가 발령된 지역의 기상조건 등을 검토하여 대기자동측정소의 $PM_{2.5}$ 시간 평균농도가 50㎍/㎥ 미만	경보가 발령된 지역의 기상조건 등을 검토하여 대기자동측정소의 $PM_{2.5}$ 시간 평균농도가 90㎍/㎥ 미만인 때는 주의보로 전환
행동 요령 및 조치 사항	시민건강보호	• 민감군(어린이, 노인, 폐질환 및 심장질환자)은 실외활동 제한 및 실내생활 권고 • 일반인은 장시간 또는 무리한 실외활동을 줄임(특히, 눈이 아프거나, 기침 또는 목의 통증이 있는 경우 실외활동 자제) • 부득이 외출 시 황사(보호) 마스크 착용(폐 기능 질환자는 의사와 충분한 상의 후 사용 권고) • 교통량이 많은 지역 이동 자제 • 유치원·초등학교 실외수업 자제 • 공공기관 운영 야외 체육시설 운영 제한 • 공원, 체육시설, 고궁, 터미널, 철도 및 지하철 등을 이용하는 시민에게 과격한 실외활동 자제 홍보	• 민감군(어린이, 노인, 폐질환 및 심장질환자)은 실외활동 금지(실외활동 시 의사와 상의) • 일반인은 장시간 또는 무리한 실외활동 자제(기침 또는 목의 통증이 있는 경우 실내생활 유지) • 부득이 외출 시 황사(보호) 마스크 착용 • 교통량이 많은 지역 가급적 이동 금지 • 유치원·초등학교 실외수업 금지, 수업 단축 또는 휴교 • 공공기관 운영 야외 체육시설 운영 중단 • 공원, 체육시설, 고궁, 터미널, 철도 및 지하철 등을 이용하는 시민에게 과격한 실외활동 금지 홍보
	대기오염개선노력	• 행정기관 관용차량 운행 감축(비상용 차량 제외) • 자동차 운행 자제 및 대중교통 이용 권장 • 공공기관 운영 대형 사업장 조업시간 단축 • 주·정차 시 공회전 금지 • 도로 물청소 또는 진공청소 등 시행 • 사업장의 연료사용량 감축 권고 • 공사장의 조업시간 단축 또는 일부 작업 중지 권고 등	• 행정기관 관용차량 운행 제한(비상용 차량 제외) • 자동차 운행 제한(부제 운행 등) • 공공기관 운영 대형 사업장 조업시간 단축 • 주·정차 시 공회전 금지 • 도로 물청소 또는 분진청소 등 강화 • 사업장의 연료사용량 감축 명령 • 공사장의 조업시간 단축 또는 일부 작업 중지 명령 등

돌아오면 곧바로 손과 얼굴, 귀 등을 깨끗이 씻어야 한다.

셋째, 어린이나 학생이 활동하는 어린이집, 유치원, 학교 등 교육기관에서는 체육활동, 현장학습 등 실외활동을 자제하거나 중지하고, 실내 활동으로 대체하거나 마스크 착용 안내, 등하교 시간 조정, 수업 단축, 휴교 등의 대응조치를 상황에 맞게 취한다.

넷째, 축산 농가에서는 방목장의 가축은 축사 안으로 대피시켜 미세먼지 노출을 최소화하고, 비닐하우스·온실·축사의 출입문과 창문 등을 닫고, 실외에 쌓여 있는 사료용 건초, 볏짚 등은 비닐, 천막 등으로 덮어야 한다.

다섯째, 산업부문의 반도체, 자동차 등 기계설비 작업장의 경우는 실내 공기정화 필터를 점검하여 교체하고, 집진시설을 설치하거나 에어커튼을 설치한다. 또한 실외 작업자는 마스크, 모자와 보호안경을 착용해야 한다.

여섯째, 음식점, 단체급식소 등 식품취급 업소에서는 식품제조·가공·조리 시 올바른 손씻기와 기구류 세척 등 철저한 위생관리를 통해 미세먼지로 인한 2차 오염을 방지해야 한다.

마지막으로 항공기 및 선박 운행 시 가시거리 확인, 안전장치 등을 점검하고, 운항관계자 연락망 등을 확인하는 등 미세먼지로 인한 피해를 줄이기 위한 수칙을 준수해야 한다.

민간업체의 미세먼지 예방 요령

케이웨더의 공기지능센터가 제공하는 미세먼지 예방법을 여기 소개해본다. 첫째, 가장 중요한 것은 미세먼지 상태가 나쁠 것으로 예측된 때는 미세먼지 행동 요령에 따라 행동해야 한다는 것이다. 한때 나쁨 단계부터는 노약자나 심혈관질환자, 호흡기질환자들이 직접 영향을 받는다. 따라서 야외활동을 자제하는 것이 좋다고 하지만 가장 좋은 방법은 외출하지 않는 것이다. 둘째, 미세먼지 농도가 높을 것으로 예측되면 집 안의 문을 닫아 미세먼지의 유입을 차단한다. 실내에서는 충분한 습기 유지와 함께 공기청정기 등을 켜주는 것이 좋다. 스프레이 등을 뿌려주어 미세먼지를 제거하는 방법도 좋다. 뿌린 다음에는 바닥을 걸레로 닦아준다. 셋째, 외출할 때는 황사 방지용 마스크를 착용한다. 식약청으로부터 허가받은 황사 방지용 마스크는 미세입자를 걸러내는 성능을 가지고 있다. 아울러 긴 소매와 장갑, 목도리 등을 꼭 착용하는 것이 좋다. 옷은 두꺼울수록, 올이 조밀할수록 미세먼지를 더 많이 차단해준다. 넷째, 미세먼지가 많은 경우 콘택트렌즈를 사용하는 사람은 주의를 해야 한다. 눈이 훨씬 더 건조해지면서 충혈, 가려움증 등의 부작용이 발생할 수 있다. 다섯째, 포장되지 않은 과일이나 채소는 2분간 물에 담근 후 흐르는 물에 30초간 씻어 먹는다. 노상이나 야외 조리음식은 미세먼지로 인해 오염 가능성이 높다. 가급적 어린이들이 사먹지 않도록 주의를 주는 것이 바람직하다. 여섯째, 미세먼지 농도가 높은 날은 주방에서 고기를 굽거나 튀기는 등 요리를 자제한다. 생선을 구울 때에는 실내의 미세먼지 농도가 200㎍/㎥ 이상까지도 치솟기 때문이다. 또한 진공청소기를 사용할 때도 필터로 제거되지 않은 미세먼지가 다량으로 나올 수 있으므로 이런 날은 물걸레질로 대신하는 것이 좋다. 일곱째, 물을 충분히 마셔 기관지의 건조함을 막아주고 몸속의 노폐물을 배출하는 것이 좋다. 또한 다시마, 미역 등 해조류와 섬유질이 풍부한 녹황색 채소를 자주 먹으면 장운동이 촉진되어 몸속의 중금속을 흡착해 배출시키는 효과가 있다. 생강이나 도라지, 배 등은 기침이나 감기, 기관지염 등의 증상 완화에 도움이 된다.

의학계의 미세먼지 예방 권고지침

김인수 등의 미세먼지 예방 권고지침[30]에 따르면, 심뇌혈관질환 환자는 대기환경정보 홈페이지(www.airkorea.or.kr)나 스마트폰 앱을 통해 가급적 수시로 미세먼지 현황을 확인하라고 권고하고 있다. 그래서 미세먼지 예보 등급이 '나쁨' 또는 '매우 나쁨'일 경우는 물론이고 '보통'일지라도 몸의 상태가 좋지 않은 경우는 주의하도록 권고하고 있다. 그리고 기존의 심뇌혈관질환에 대한 적절한 치료를 잘 유지할 것을 가장 중요한 항목으로 강조하고 있다. 미세먼지가 각종 심질환 및 허혈성 뇌졸중을 유발 혹은 악화시킬 수 있다. 이는 혈압을 높이거나 교감신경계 활성화에 의한 변화와 무관하지 않은 것으로 알려져 있다. 이러한 임상적 영향은 건강한 정상인보다 고령(75세 이상)이나 당뇨, 비만 등 감수성이 높은 고위험군 환자들에게서 더 크게 나타나는 것으로 알려져 있어, 전통적인 심뇌혈관질환 위험요인에 대한 적절한 치료가 강조되어야 한다. 이는 미세먼지 노출로 인한 심뇌혈관질환 발생에 대한 감수성을 줄여줄 것으로 기대된다.

특히 미세먼지 노출에 예민한 심뇌혈관질환 환자들의 경우는 실내에 들어오면 손발과 얼굴을 깨끗이 씻도록 권고하고 있다. 이는 기도 감염 예방과 2차적으로 전신염증반응, 혹은 이에 의해 유발되는 산화 스트레스에 의한 심뇌혈관질환의 악화를 줄여준다. 같은 맥락에서, 미세먼지 농도가 높은 지역에 거주하는 감수성 있는 개인들은 특히 미세

---

30 김인수 외, "미세먼지·황사 건강피해 예방 및 권고지침: 심혈관질환", 연세대학교, 2015

먼지 농도가 급증하는 시간대(출퇴근 시간 등)에는 가급적 창문을 닫는다. 실내에서는 미세먼지를 증가시키는 흡연을 삼가고, 음식물 조리 시 초미세먼지가 증가하므로 환기를 자주 시키거나 환풍기를 작동하는 것이 고위험군 환자들에게 도움이 될 수 있다. 마스크 착용에 관해서는 논란의 여지가 있어 담당 의사와 상의 후 착용 여부를 결정하도록 한다.

해외 미세먼지 예방 및 권고지침의 공통적인 내용은 1) 온라인이나 미디어를 통해 공기질AQI을 항상 확인하고, 공기질 정도에 따라 야외활동을 피하고 육체활동을 관리할 것을 강조하고 있으며, 특히 교통량이 많은 지역을 피할 것을 권고하고 있고, 2) 대기 중 미세먼지가 높을 때 실내 공기의 미세먼지 농도도 높아질 수 있으므로 실내에서는 반드시 금연하고, 스토브나 벽난로 사용을 피하고 실내에서 양초 등을 피우지 말고, 3) 미세먼지 저감 기능이 있는 공기청정기 또는 헤파HEPA 필터 사용을 권고하고 있다. 특히 천식환자에 대해서는 대기오염이 심각할 경우 개인별 행동지침을 따를 것을 강조하고 있다. 개인별 행동지침에 따르면, 천식환자는 일반인보다 미세먼지 또는 대기오염에 취약하므로 공기질에 따라 야외활동을 피하고, 특히 교통량이 많은 지역을 피할 것을 권고하고 있다. 만약 숨참, 기침, 호흡곤란 등의 천식 증상이 나타나면 속효성 증상완화제를 사용하고 안정을 취해야 하며, 증상이 지속된다면 반드시 병원을 방문하여 의사의 지시를 따를 것을 강조하고 있다.

미세먼지 마스크와 공기청정기 사용하기

김인수 등은 미세먼지 예방지침에서 미세먼지 마스크와 공기청정기 사용에 대해 알려준다. 미세먼지 마스크의 능력을 분진포집효율이라고 한다. 미국에서는 분진을 차단하는 능력을 확인하기 위해서 유분을 걸러내는 능력 여부를 평가하고, 염화나트륨 등을 이용한 검사에서 필터의 효율이 95%, 99%, 100%를 넘을 때 N95, N99, N100 분진마스크 등급을 판정한다. 한국은 염화나트륨, 파라핀 오일 등의 입자로 평가하여 KF80(황사 방지용 마스크), KF94(방역용 마스크) 및 KF99로 등급을 나눈다. KF80과 KF94를 최근에는 보건용 마스크로 통칭한다. 마스크가 등급이 높을수록 필터의 섬유 간격 등이 더 촘촘하고, 분진 제거 효율이 높다. 그러나 호흡 시에 외부 공기를 필터를 통해 빨아들이는 힘(흡기저항)이 크게 되어, 호흡곤란을 느끼기도 한다. 따라서 폐 기능이 약한 노약자나 천식 또는 만성폐질환 환자 등의 경우 사용에 주의를 요한다. 필터의 분진 제거 기능이 좋더라도 분진 노출을 다 막을 수 있는 것은 아니다. 일반적으로 적합한 마스크를 선택했다 하더라도 마스크를 제대로 착용하지 못하면 분진이 호흡기로 흡입될 수 있다.

가장 흔한 분진 누출 상황은 얼굴에 밀착되지 않은 경우다. 주로, 마스크와 코 부위, 턱 부위, 입 옆 부위 등에서 가장 많이 분진 누출이 발생하며, 시판되고 있는 귀걸이형 분진 마스크는 입 주변이 얼굴에 밀착되지 않는 경우 대부분의 분진이 양측 입 옆 부위를 통해 마스크 내부 공간으로 들어온다. 또한 장시간 마스크 사용 시 얼굴과 밀착시켜주는 탄력 밴드의 인장도가 떨어질 경우 얼굴과 마스크 간의 밀착력이 떨어짐으로써 분진 누출이 발생하여 마스크 착용 효과가 떨어진다. 따라서 제대로 된 마스크 착용법을 교육하는 것도 중요하다. 중증 천식환자 또는 증상이 있는 천식환자들은 폐 기능이 감소해 있는 경우가 많다. 따라서 마스크를 착용하지 않더라도 호흡저항이 있는 상황에서는 심한 호흡곤란을 겪을 수 있다. 따라서 마스크 사용은 마스크를 쓰고도 호흡에 지장이 없는 환자에 국한해야 한다.

공기청정기는 세균, 바이러스, 곰팡이 등과 같은 생물학적인 유해 요인 제거, 입자 형태 또는 섬유 형태의 분진 제거, 유기용제 및 화학물질의 독성 중화 목적으로 사용한다. 각각의 목적에 따라 사용하는 필터가 다르므로 해당 목적에 적합한 공기청정기를 사용하는 것이 가장 중요하다. 특히, 미세먼지 저감을 위해서라면 분진 제거용 공기청정기 사용을 추천하며, 미세먼지 농도가 높은 날에는 밀폐된 실내에도 외부에서 공기가 들어와 실내 미세먼지 농도가 높아질 수 있다. 따라서 미세먼지 농도가 높은 날에는 헤파HEPA 필터 등이 장착된 공기청정기를 사용하는 것이 좋으며, 공기청정기에 부착된 필터를 주기적으로 교체하는 등 적절한 관리가 필요하다. 단, 외부 공기가 실내로 유입되는 상황, 즉 창문이 열려 있거나, 문이 열려 있을 경우에는 공기청정기의 효과가 떨어지므로 공기청정기 가동 시 창문이나 문은 닫아야 한다. 이처럼 실외에서는 미세먼지 마스크로, 실내에서는 공기청정기로 미세먼지 저감효과를 기대해볼 수 있다.

Tip 3
미세먼지 마케팅

미세먼지는 주식도 춤추게 한다

《하버드 비즈니스 리뷰Harvard Business Review》 2017년 3·4월호에는 미세먼지가 주가에 영향을 준다고 말한다. 오타와대학 연구진이 미국 금융 중심지인 월스트리트Wall Street의 대기질과 스탠더드 앤드 푸어스S&P 500지수 등락을 비교했다. 그랬더니 뉴욕의 미세먼지가 심해질수록 S&P 500지수가 떨어지더라는 것이다. 연구 결과에 따르면, 초미세먼지 농도가 1표준편차 상승할 때마다 S&P 500지수의 수익률은 11.9%나 떨어졌다. 연구진은 미세먼지 농도가 높을수록 트레이더 등의 심리 상태가 악화되고 인지 능력이 떨어지기 때문이라는 분석을 내놓았다. 인지 능력이 떨어지면 위험 선호도가 줄면서 상대적으로 낮은 수익을 내게 된다는 것이다.

반대로 미세먼지 농도가 높아지면 개별 종목은 상승하는 경우가 있다. 미세먼지 수혜주들이다. 공기청정기, 황사 마스크, 안구건조증 관련 상품 등으로 미세먼지 농도가 올라갈수록 관련 상품들의 주가는 급등세를 보인다. 예를 들어보자. 2017년 4월 5일 공기청정기 제조업체 위닉스Winix의 주가는 1만 1,550원으로 한 달 전보다 26.6% 치솟았다. 같은 기간 코웨이Coway도 주가가 8.6% 올랐다. 자동차·산업용 공기청정기용 필터를 생산하는 크린 앤 사이언스Clean & Science 주가도 9% 상승했다. '생활필수품'으로 자리 잡은 미세먼지 마스크 제조업체도 방긋 미소를 지었다. 웰크론Welcron(8%), 케이엠KM(5.8%) 등이 대표적이다. 미세먼지 주범 중 하나로 지목되는 질소산화물(NO_x) 제거 기술을 보유한 나노Nano도 한 달간에 40% 상승했다. 일회용 안구건조증 점안제 생산업체 디에이치피 코리아DHP KOREA 주가도 약 5% 올랐다. 대통령의 공약대로 미세먼지를 해결하려고 하면 결국 미세먼지 산업은 성장할 수밖에 없다. 미세먼지 관련 주식 시장의 전망이 좋아질 가능성이 높다는 말이다.

Chapter 4

실내 공기 오염과 미세먼지 측정

1. 실내 공기가 왜 중요한가

"제주도 공기가 가장 나쁘다?" 그럴 리가 없다. 제주도라 하면 청정도로 우리나라에서 공기가 가장 좋은 곳 아닌가? 이런 이야기의 근거는 무엇일까? 건강보험 진료비 지급 자료에서 나온 결과다. 국민건강보험공단의 2008~2012년 아토피 피부염에 대한 건강보험 진료비 지급 자료를 분석해보았다. 2012년 기준 10살 미만 어린이 1만 명당 시도별 진료 인원은 제주도가 1,211명으로 가장 많았다. 그 다음으로 인천 1,122명, 서울 1,084명, 경기 1,065명 순이었다.

청정지역으로 손꼽히는 제주도에서 아토피 환자가 가장 많다는 것은 무엇을 뜻하는 것일까? 환경보건 전문가들은 아토피의 원인으로 실내 공기 악화를 꼽는다. 전문가들은 건물 도시화로 인한 실내 공기질 저하가 제주도에서 빠르게 진행되고 있는 것을 그 원인으로 본다. 실외 공기는 맑지만 상대적으로 실내 공기의 상태는 나쁘다는 말이다.

그런데 요즘 현대인들은 하루에 실외보다 실내에서 지내는 시간이 더 많다. 따라서 실내 공기의 중요성을 아무리 강조해도 지나치지 않다.

실내 공기질 관리는 왜 필요한가

2017년 3월에 중국에서 날아온 미세먼지의 영향으로 미세먼지 주의보가 발효되자 약국의 황사 마스크가 동이 났다. 황사 마스크 업체와 공기청정기 업체는 대박이었다. 이처럼 실외 공기가 나빠지면 이제는 우리나라 사람들도 민감하게 반응한다.

그런데 실외오염에 비해 실내오염에 대해서는 지나치게 무관심하다. 세계보건기구가 2014년 발표한 자료를 보자. 2012년에 전 세계적으로 공기 오염이 원인이 되어 사망한 사람이 700만 명 정도였다. 이 중 약 61%(430만 명)가 실내 공기 오염 탓에 사망했다고 한다. 놀랍지 않은가?

주의 깊게 생각해보면 '이 데이터가 맞다'는 생각이 든다. 우리나라 통계청의 '2004년 생활시간 조사' 결과를 보면 우리나라 사람들은 하루 24시간 중 집에서 59.5%를 보낸다. 직장이나 학교 등 실내에서 28.3%, 대중교통이나 자동차 등에서 7.2%를 지내는 것으로 나타났다. 바깥에서 보내는 시간은 겨우 5.2%에 불과했다. 실내에서 보내는 시간이 실외에서 보내는 시간보다 19배 정도 많다. 그러니 실내오염으로 피해를 볼 확률이 높아질 수밖에 없다.

그렇다면 실내 공기는 왜 이렇게 오염되는 것일까? 에너지 효율을 높이기 위해 실내 공간이 점점 밀폐화되어 가고 있다 보니 환기가 부족하다. 그리고 복합화학물질로 구성된 건축자재 사용이 증가하고 있다. 가구류, 교육용품에서 휘발성유기화합물이나 폼알데하이드formaldehyde가 배출된다. 벽지에서는 휘발성유기화합물이나 폼알데하이드, 톨루엔toluene이 나온다. 새집증후군의 범인들이다. 가스레인지나 난로에서는 일산화탄소나 이산화탄소가 주로 배출된다. 욕실 등의 습한 장소에서는 곰팡이, 세균, 암모니아 가스가 많다. 오염된 외부 대기도 유입된다. 카펫, 쿠션, 담요 등에서는 세균, 집먼지 진드기 등 미생물성 실내오염물질이 득실거린다. 집 안에서 활동하면서 미세먼지나 이산화탄소가 만들어진다. 이런 것들이 복합적으로 발생하면서 실내 공기 오염 농도를 증가시킨다. 세계보건기구가 실내 공기 오염의 독성이 실외 공기의 2~5배 수준이라고 밝힌 것은 바로 이 때문이다.

실내 공기 오염물질과 인체에 미치는 영향

환경부는 2014년에 실내 공기 오염물질 10가지를 선정해 발표했다.

1. 미세먼지(PM_{10})
2. 이산화탄소(CO_2)
3. 폼알데하이드
4. 총부유세균TAB, Total Airborne Bacteria
5. 일산화탄소(CO)
6. 이산화질소(NO_2)
7. 라돈Radon
8. 휘발성유기화합물VOCs, Volatile Organic Compounds
9. 석면Asbestos
10. 오존(O_3)

미세먼지와 폼알데하이드

각 오염물질의 특성과 인체에 미치는 영향을 살펴보자. 첫 번째는 미세먼지로 실내 오염물질 중 가장 비중이 크다. 실내 미세먼지는 조리, 난방 등 연소 기구에서의 연소 과정, 실내 바닥에서 발생되는 먼지로 발생한다. 외부 공기의 유입으로도 농도가 높아진다. 폐에 직접 염증을 일으켜 폐 손상이나 천식 증상 악화를 가져온다. 미세먼지 중에서 입자가 더 작은 초미세먼지의 경우 혈관을 통해 인체에 직접 영향을 미치므로 건강에 더 해롭다.

미세먼지에 관해서는 1장에 상세하게 기술했으므로 여기에서는 추가로 지하철 미세먼지에 대해 살펴보겠다. 미세먼지 중에 문제가 되는 것 중 하나가 지하철 미세먼지다. 지하인 데다 환기구는 시커멓게 막혀 있어 상태가 심각하다는 여론이 많다. 서울시가 최판술 서울시의원에게 제출한 자료[1]에 따르면, 2016년 기준으로 서울메트로 1~4호선의 전체 평균 미세먼지(PM_{10}) 농도는 89.0㎍/㎥을 기록했다. 2015년 서울의 연평균 미세먼지 농도(실외)인 48㎍/㎥보다 무려 1.8배나 높다. 그러니까 실제로 지하철 미세먼지 양이 바깥보다는 거의 2배에 가깝다는 말이다.

서울 지하철 역사의 평균 미세먼지 농도는 서울시 조례상 기준치인 140㎍/㎥ 이내라고 한다. 그러나 이 정도의 농도면 '나쁨'(81~150㎍/㎥)에 해당한다. 150㎍/㎥이 넘으면 '매우 나쁨'이며 미세먼지 주의보 발령이 가능한 수준이다. 150㎍/㎥ 이상이 2시간 지속되면 '미세먼지 주의보'가 발령되니까 지하철 실내 공기 수준이 '미세먼지 주의보' 발령 수준에서 관리되고 있는 것이다. 이런 영향으로 최근 3년간 전국 도시철도 사업장에 근무하는 노동자의 호흡기 관련 질병 산업재해 발병률은 10만 명당 91.3명으로 전체 사업장의 4.9명 대비 18.6배나 높았다. 또 최근 3년간 폐암 발생 인원이 61명에 이르렀다. 일반 국민은 물론 지하철 승무원의 건강에도 치명적이다.

그럼 왜 이렇게 지하철 실내나 역사의 미세먼지 농도가 높은 것일까? 지하철 터널에서 생성된 철 성분과 휘발성유기화합물이 열차 바람에 의해 다시 날리면서 미세먼지 농도가 높아진다고 서울시환경연구원은 분석하고 있다. 하루 500만 명 이상이 이용하는 지하철 역사의 미세먼지 기준이 강화되어야 하는 이유다. 여기서 한 가지 더 말한다면

---

1 호선별로는 1호선이 평균 95.6㎍/㎥으로 미세먼지 농도가 가장 높았고, 2호선이 86.6㎍/㎥로 가장 낮았다. 역별로는 2호선 시청역이 109.3㎍/㎥로 최고로 높았으며, 3호선 종로3가역(108.1㎍/㎥), 1호선 종로3가역(105.3㎍/㎥), 2호선 신정네거리역(101.9㎍/㎥), 3호선 충무로역(101.3㎍/㎥) 순이었다. 미세먼지 농도가 가장 낮은 역은 2호선 을지로4가역(67.0㎍/㎥)으로 신설동역의 절반에 가까웠다.

서울 지하철 역사의 평균 미세먼지 농도는 서울시 조례상 기준치인 140μg/m³ 이내라고 말한다. 그러나 이 정도의 농도면 '나쁨'(81~150μg/m³)에 해당한다. 150μg/m³이 넘으면 '매우 나쁨'이며 미세먼지 주의보 발령이 가능한 수준이다. 150μg/m³ 이상이 2시간 지속되면 '미세먼지 주의보'가 발령되니까 지하철 실내 공기 수준이 '미세먼지 주의보' 발령 수준에서 관리되고 있는 것이다. 최근 3년간 전국 도시철도 사업장에 근무하는 노동자의 호흡기 관련 질병 산업재해 발병률은 10만 명당 91.3명으로 전체 사업장의 4.9명 대비 18.6배나 높았다. 또 최근 3년간 폐암 발생 인원이 61명에 이르렀다. 일반 국민은 물론 지하철 승무원의 건강에도 치명적이다.

미세먼지보다 더 해로운 초미세먼지에 대한 지하철 실내 기준은 아예 없다는 점이다.

폼알데하이드는 상온에서 강한 휘발성을 띠는 기체로, 수용성이 있으며 자극적인 냄새가 난다. 접착제, 실내 가구, 담배연기 등에서 방출된다. 건축자재에서 발생된 폼알데하이드는 새집증후군이나 아토피 피부염의 원인이기도 하다. 국제암연구소는 폼알데하이드를 1군 발암물질로 분류하고 있다. 알레르기 반응, 호흡곤란, 천식, 두통 등을 가져오며 피부질환 및 알레르기 증상을 악화시킨다. 폼알데하이드의 농도에 따라 인체에 미치는 영향을 보면 0.1ppm 이하일 때에는 눈·코·목에 자극이 오고, 0.25~0.5ppm일 때에는 호흡기 장애와 함께 천식이 있는 사람에게는 심한 천식 발작을 일으킬 수 있다. 농도가 2~5ppm인 경우에는 눈물이 나며 심한 고통을 느끼게 되고, 10~20ppm인 경우에는 정상적인 호흡이 곤란해진다. 아울러 기침·두통·심장박동이 빨라지는 증상이 나타난다. 폼알데하이드의 측정 상한치인 50ppm 이상인 경우에는 폐의 염증과 더불어 현기증·구토·설사·경련 같은 급성 중독 증상을 일으킬 수 있고, 심한 경우에는 독성 폐기종으로 사망할 수도 있다.

총부유세균, 이산화질소, 이산화탄소, 라돈

총부유세균이란 실내 공기 중에 부유하는 세균이다. 스스로 번식하는 생물학적 오염 요소다. 먼지나 수증기 등에 부착해 생존하며 알레르기성 질환, 호흡기질환 등을 유발시킬 수 있다. 또한 독감, 홍역, 수두 등과 같은 전염성 질환을 일으키기도 한다. 주로 냉장고나 가습기 등으로부터 생긴다. 실내 먼지 또한 미생물성 물질의 또 다른 발생원이 될 수도 있다. 국회 국토교통위원회 소속 정성호 의원은 측정 대상 어린이집에서 12%가 총부유세균 수치가 법정 기준을 넘었다고 발표했다.[2] 서울시 환경기본조례 제16조에 따르면, 실내 총부유세균 수치는 800(CFU/㎥)를 넘어서는 안 된다. 하지만 강남구의 한 어린이집의 경우 그 수치가 2,981.5(CFU/㎥)로 기준치의 3.7배나 되었다. 양천구 어린이집과 영등포구 어린이집의 경우도 각각 1,733.5(CFU/㎥), 1,634(CFU/㎥)로 법정 기준치의 2배나 넘었다.

다음으로 이산화질소가 있다. 실내에서 발생되는 이산화질소의 발생원은 취사용 시설이나 난방, 흡연 등이다. 외부에서 유입되는 이산화질소도 상당량 존재하는 편이다. 이산화질소는 호흡촉진, 질식감, 불안감을 일으킨다. 폐수종 증상과 혈압상승을 가져오며, 심한 경우 의식불명 상태에까지 빠지기도 한다.

이산화탄소는 조리나 난방시설, 인간의 호흡활동에서 많이 배출된다. 고농도에 노출될 때 권태, 현기증, 구토 등의 증상이 나타난다. 이와 비슷한 것이 일산화탄소다. 일산화탄소는 취사, 난방으로 인한 연소 과정에서 발생한다. 일산화탄소 흡입으로 산소 공급이 부족해지면, 중추신경계(뇌, 척추)가 영향을 받는다. 두통, 현기증, 이명, 가슴 두근거림, 맥박 증가, 구토가 일어난다. 심할 경우 목숨을 잃게 된다.

라돈은 자연방사능의 일종이다. 세계보건기구가 1군 발암물질로 규정한 라돈은 암석이나 토양에서 자연 발생하는 무색·무취의 방사성 가스로, 우리가 흔히 알고 있는 원자력의 에너지원인 우라늄이 자연적으로 붕괴하면서 발생한다. 이 우라늄은 거의 모든 토양에 존재하며, 토

---

2 서울시로부터 제출받은 "시 다중이용시설 공기질 측정 현황" 자료에 따르면, 2015년 실내 공기질 측정 대상 어린이집 142곳 가운데 17곳(12%)에서 총부유세균(CFU/㎥) 수치가 법정 기준치를 초과했다.

양에 함유된 양은 금보다 더 많은 것으로 추정된다. 국내에서는 현무암으로 이루어진 제주도가 비교적 안전한 지역이다. 라돈은 주로 건물 바닥과 하수구, 콘크리트 벽의 틈새를 통해 침투한다. 또한 땅으로부터 높이 지어진 고층 아파트에서도 라돈이 발생하는 것은 단열재로 쓰이는 석고보드 때문이다. 석고보드는 인광석을 주원료로 사용하는데 인광석 안에는 우라늄이 들어 있어 라돈을 방출한다. 그런데 라돈은 감지하기가 어렵기 때문에 무방비로 노출될 가능성이 높다. 2013년 환경부 조사 결과에 따르면, 국내 다섯 집 중 한 집에서 기준치를 훌쩍 넘는 라돈이 검출될 만큼 라돈은 이미 우리 생활공간에 깊숙이 들어왔다.

라돈은 건물의 균열, 연결 부위, 틈새를 통해 실내로 유입된다. 공기 중에 퍼진 라돈은 호흡기를 거쳐 폐를 계속 자극하고, 결국 폐 세포를 손상시켜 암을 유발하게 된다. 그러다 보니 소리 없는 공포라는 말을 듣는다. 특히 방사능이나 미세먼지에 취약한 어린이나 노약자들이 이용하는 어린이집, 유치원, 학교, 경로당의 피해가 클 것으로 보이는 물질이다.

휘발성유기화합물, 석면, 오존

휘발성유기화합물VOCs, Volatile Organic Compounds이란 악취나 오존을 발생시키는 탄화수소화합물을 말한다. 대체로 벤젠이나 폼알데하이드, 톨루엔, 자일렌, 에틸렌, 스틸렌, 아세트알데하이드 등을 통칭한다. 주로 흡연, 자동차 배기가스, 페인트나 접착제 등과 같은 건축자재, 주유소의 저장탱크 등에서 발생한다. 전문가들은 실내에서 요리나 난방 또는 흡연을 할 때도 상당량 발생한다고 보고 있다. 또한 실내에서 발생한 휘발성유기화합물질과 오존이 또 다른 2차 오염물질을 형성할 수 있다는 연구 결과도 있다. 이들 물질은 대부분 저농도에서 악취를 유발하며 환경 및 인체에 직접적으로 유해한 물질이다.

호흡기관을 자극하고 두통을 일으키며, 일부 신경·생리학적 기능 장애 등을 유발한다고도 보고되고 있다. 대부분의 휘발성유기화합물질은 피의 흐름을 통해 체내의 각 조직에 영향을 주고, 임산부의 경우에는 수유를 통해 유아에게도 전달될 수 있는 것으로 알려졌다.

정부는 2014년부터 37종의 휘발성유기화합물질을 규제 대상으로 목록화했다. 또한 2005년부터 시행된 다중이용시설 등의 실내공기질관리법에도 휘발성유기화합물질 항목을 제시해 규제를 강화하고 있다.

석면은 석면 시멘트판, 석면 슬레이트, 바닥용 타일, 마감재 등에 사용된다. 대기 중이나 실내에 다양한 형태의 석면섬유들을 발생시킨다. 지름 3㎛ 이하의 섬유는 기도를 거쳐 폐에 침착되어 폐암을 발생시킨다. 유해성이 큰 물질로 선진국에서는 사용금지 물질이기도 하다. 우리나라에서는 건축재에 많이 사용했었다. 그러다 보니 이제는 건축물에 사용된 석면을 제거하는 공사를 해야 한다.

오존은 실외에서는 자동차 배기가스와 자외선이 만나 만들어지지만, 실내에서는 사무실 등에서 사용하는 복사기, 레이저프린터, 팩스 등 사무기기에서 많이 발생한다. 오존 농도가 높아지면 눈과 목 등에 따가움을 느끼고 기도가 수축되어 호흡이 힘들어진다. 두통, 기침 등의 증세가 나타날 수 있다. 반복 노출 시에는 기관지염, 심장질환, 폐기종 및 천식을 악화시킨다.

마지막으로 환경부의 10대 실내 공기 오염물질은 아니지만 실내 공기를 오염시키면서 건강에 영향을 주는 곰팡이가 있다. 오래되었거나 결로현상으로 습기가 차는 집에는 곰팡이가 잘 생긴다. 실내 습도가

60% 이상인 주택의 경우 그 이하인 주택보다 2.7배 가량 더 많이 나타난다는 연구도 있다. 공기 중의 곰팡이는 천식을 유발한다. 특히 곰팡이에 민감한 사람은 코 막힘, 눈 가려움증, 피부 자극 같은 증상을 일으킬 수 있다. 김재열 중앙대병원 호흡기알레르기내과 교수는 "영유아나 면역억제 치료 등으로 면역체계가 약해진 사람, 만성 폐쇄성 폐질환을 갖고 있는 사람은 폐 속에 곰팡이 감염이 생길 수 있어 특히 주의해야 한다"면서 "곰팡이는 높은 습도와 수분, 적절한 온도, 약간의 영양분만 있다면 음식, 실내 식물, 벽, 바닥 등의 표면에 언제라도 자랄 수 있기 때문에 집에서 습기를 제거하는 것이 곰팡이 성장을 막기 위한 가장 중요한 요소"라고 말한다. 날씨가 좋고 미세먼지 수치가 낮은 날이면 하루 3회 정도 창문을 열고 자연 환기를 하면 곰팡이를 없앨 수 있다. 습도가 높을 경우에는 선풍기를 켜주면 곰팡이가 잘 생기지 않는다.

2. 실내 공기 오염이 삶에 미치는 영향

2014년, 미국 환경보호청EPA은 "실내 공기가 외부에 비해 100배 이상 오염되어 있으며, 실내 오염물질이 외기 오염물질보다 사람의 폐에 전달될 확률이 1,000배 가량 높습니다"라는 내용의 연구 결과를 발표했다. 환경보호청은 실내 공기 오염이 정말 심각하며 인체의 건강에 너무 나쁘다는 사실을 알아야 한다고 하면서 가장 시급하게 처리해야 할 환경 문제 중 하나라고 주장하고 있다.

실내 공기 오염으로 인한 인체 영향은 여러 요인에 의해 달라진다. 오염물질의 개별적 특성, 개인의 건강·면역 등의 특성에 따라 광범위하게 발생한다. 주거공간에서 나타날 수 있는 건강 피해로는 만성감기, 기침, 가래, 코 자극, 호흡곤란, 호흡기질환, 두통, 눈 자극 등이 있다. 우리나라에서도 이 같은 결과가 증명된 바 있다. 2010년 국립환경과학원이 서울과 수도권 지역의 단독·다세대주택을 대상으로 새집증후군·아토피·천식 유발 물질로 알려진 폼알데하이드 같은 유해물질 등을 조사했다. 그랬더니 공기 중 세균과 곰팡이의 평균농도가 기준치를 초과하는 수준으로 나타났다.

실내 공기 오염이 건강에 미치는 영향 연구

2005년에 세계보건기구가 처음으로 실내 공기 오염의 건강 피해를 발표했다. "매년 실내 공기 오염으로 인해 전 세계적으로 160만 명의 사망자가 발생하고 있는데, 이는 약 20초당 1명이 사망하는 것과 같다." 아직 실내 공기 오염의 해악성에 대한 인식이 없던 시절이어서 충격이 꽤 컸었다. 2006년에 덴마크 공대의 실내환경에너지센터에서 "습하거나 곰팡이가 핀 건물에서 생활하는 사람들은 천식과 호흡기질환을 앓을 가능성이 75% 증가한다"고 발표했다.

2010년에 미국 알레르기천식면역학회는 "오염된 실내 공기는 전염성 호흡기질환, 알레르기, 천식 증가 및 새집증후군 발생에 큰 영향을 미칠 수 있다"는 연구 결과를 발표했다. 지속적인 실내 공기 오염에 대한 연구가 진행되면서 2013년에 미국 환경보호청은 "실내 공기 오염은 공중위생에 미치는 상위 5개의 환경 위험 중 하나다"라고 경고하고 나섰다. 미국 폐협회는 "미국 내 천식 치료에 드는 연간 비용은 270억 달러로 추정된다" 그리고 "오염된 공기로 인한 천식은 학교 결석에 가장 큰 원인일뿐더러 매년 총 1,050만 일의 결석으로 이어진다"고 발표하기도 했다. 미국 알레르기천식면역학회는 2014년에 "모든 질병의 50%는 오염된 실내 공기로 인해 발생 또는 악화된다"면서 실내 공기 정화에 관심을 가질 것을 촉구했다.

이후 2014년에는 세계보건기구가 잇따라 실내 공기 오염에 관해 연구 자료를 발표하고 경고했다. 다음은 세계보건기구의 발표 내용이다.

"매년 430만 명이 가정 내 공기 오염 노출로 인해 사망한다."

"5세 이하 어린이 조기 사망의 50%는 실내에서 흡입한 입자상 물질에 의한 폐렴 때문이다."

"생활 공기 오염 노출로 인한 비전염성 뇌졸중, 허혈성 심장질환, 만성 폐쇄성 폐질환COPD을 포함한 폐암은 매년 380만 명의 조기 사망의 원인이 된다."

"고체 연료의 잘못된 사용으로 인한 가정 공기 오염 조기사망자 수는 매해 430만 명에 이른다."

"연간 약 100만 명의 조기사망자를 발생시키는 허혈성 심장질환의 원인 중 15%는 실내 공기 오염 노출이 차지한다."

"2012년 동남아시아와 서태평양 지역 내 실내 공기 오염과 관련된 사망자 수는 330만 명이고, 실외 공기 오염과 관련된 사망자 수는 260만 명이다."

이 내용들을 보면서 모골이 송연해지지 않는가? 세계보건기구는 실내 공기 오염이 건강에 미치는 위험 외에 대안도 제시했다.

"효과적인 공기질 개선은 비전염성 질병을 방지할 뿐만 아니라 어린이와 노인을 포함한 여성과 취약 계층의 질병 발생률을 감소시킬 수 있다."

실내 공기 오염이 생산성에 미치는 영향 연구

실내 공기 오염은 사람들의 건강뿐만이 아니라 사무실이나 직장에서의 업무 능률에도 영향을 미친다. 미국 연방직업안전보건국은 2008년에 "실내 공기 오염으로 인한 생산성 손실은 연평균 3~7%이고, 이는 연간 약 100시간에 해당된다"고 밝혔다. 미국 환경보호청은 2009년에 "호흡기질환, 알레르기 및 천식은 2% 정도의 생산성 손실을 일으키고 이는 연간 600억 달러에 해당된다"는 연구 결과를 발표했다. 2012년에 네덜란드 델프트 공과대학의 실내공기오염센터에서는 "평균적으로 네덜란드 직장인의 약 35%가 실내 환경에 불만을 표출했고, 이 중 20%가 건강 상태에 이상을 보였다"고 주장했다. 덴마크 공대의 실내환경에너지센터는 2013년에 "실내 공기 오염은 생산성을 감소시킬뿐더러 방문자나 고객이 불만을 표출하는 원인이기도 하다"면서 실내 공기를 깨끗하게 하는 것이 생산성 증가의 방안이라고 주장했다. 이 많은 내용들은 전문성을 가진 세계적인 연구기관에서 발표한 내용들로 실내 공기 오염이 얼마나 우리들의 일에 영향을 미치는지 잘 보여준다.

이외에도 실내 온도가 작업 능률에 영향을 미친다. 2006년에 일본의 와세다대학에서는 "실내 권장 온도인 28℃에서 1℃ 증가할 때마다 생산성은 2.1% 하락했다"고 밝혔다. 생활 공기질 개선 서비스 기업인 소덱소Sodexo는 "여름 실내 온도가 28℃에서 25℃로 감소할 경우, 생산성은 6% 증가한다"면서 실내 온도에 따라 일의 능률 차이가 있다고 주장했다.

그렇다면 실내 공기 오염을 개선하면 어떤 효과가 있을까? 2010년에 미국 환경보호청은 "실내 공기 오염을 개선하면 생산성을 20% 향상시킬 수 있을 뿐만 아니라 연간 400억~2,500억 달러의 이익을 낼 수 있다"는 연구 결과를 발표했다. 2013년에 덴마크 공대의 실내환경에너지센터는 "실내 공기질 개선을 통해 5~15% 정도의 생산성을 증대시킬 수 있다" 그리고 "실내 공기질을 개선할 시 직원들의 결근을 연간 35% 감축시킬 수 있다"는 획기적인 연구 결과를 발표했다. 생활 공기질 개선 서비스 기업인 소덱소는 "오염물질 제거를 통해 실내 공기를 개선할 경우 생산성은 2~7% 증가하고, 양질의 실내 공기가 지속적으로 공급될 경우, 생산성은 2% 증가한다" 그리고 "실내 소음 개선을 통해 생산성을 3~9% 증가시킬 수 있다"고 발표했다.

실내 공기 오염이 학습과 경제에 미치는 영향 연구

실내 공기가 맑을수록 학생들의 학습 효과는 높아진다. 로런스 버클리 국립연구소Lawrence Berkeley National Laboratory는 "올바른 환기를 할 시, 학생들의 성적은 5~10% 증가한다"고 밝혔다. 또한 "올바른 환기를 할 시, 결석률을 35% 가량 감소시킬 수 있다"고 주장했다. 2014년에 덴마크 공대의 실내환경에너지센터는 "실내 온도를 4℃(25℃에서 21℃) 낮추면 학습 능력은 8% 증가한다"고 주장했다. 2014년에 영국 레딩대학은 "상대적으로 더 나은 환기 시설이 설치된 교실에서 시험을 본 학생들은 그렇지 않은 학생들에 비해 약 15% 이상 더 높은 점수를 받았다"는 흥미로운 연구 결과를 발표했다. 미국 환경보호청은 "미국 내 학교 50%는 실내 공기 오염 문제를 갖고 있다"면서 이를 시급히 개선해야 한다고 주장했다.

실내 공기 오염으로 인한 경제적 피해도 만만치 않다. 2003년에 시드니 공대는 "건강에 해로운 실내 공기로 인해 호주 사회는 연간 12조 원의 손실을 본다"고 발표했다. 미국 기업인 킴벌리클라크Kimberly-Clark는 "해로운 실내 공기로 인한 미국 경제 손실은 연간 120조 원에 다다른다"는 연구 결과를 내놓았다. 덴마크 공대의 실내환경에너지센터는 "실내 공기 오염 개선을 통한 연간 총 경비 절약 가능 금액은 30조~170조 원이다. 실내 공기 오염 개선을 통해 전염병을 막음으로써 6조~19조 원, 천식 및 알레르기를 예방하면서 1조~4조 원, 새집증후군 관련 질병을 막아주면서 10조~20조 원, 마지막으로 노동생산성이 향상되면서 12조~125조 원을 절감할 수 있다"라는 구체적인 경제적 효과까지 발표했다.

우리나라의 실내 공기 오염 연구

실내 공기 오염이 건강에 많은 위해를 가져오면서 최근 이에 대한 연구가 우리나라에서도 활발히 진행되고 있다. 서울시환경연구원의 연구 결과를 보면 실내 공기의 오염도가 실외 공기의 오염도보다 더 높다고 나온다.[3] 폼알데하이드와 톨루엔, 총휘발성유기화합물TVOC의 농도가 실외 공기에 비해 4~14배 높고, 박테리아 농도도 7~15배 높다는 것이다. 폼알데하이드, 총휘발성유기화합물, 박테리아의 농도는 환경부가 정한 실내 공기질 권고기준을 초과하는 수치다.

연구들 중 우리가 살고 있는 주택 환경에 대한 연구가 가장 많다. 공동주택이 단독주택보다 실내 공기질이 안 좋다는 전형진 등의 연구도 그중 하나다.[4] 이들의 연구에 따르면, 공동주택은 단독주택과 다르게 단위주택이 상하, 좌우로 다른 주택과 접하고 있다. 이로 인해 외부 환경에 접하게 되는 면적이 단독주택에 비해 작다. 여기에 구조가 조밀하

---

3 서울시환경연구원, "서울시 주택의 실내 공기질 개선방안", 서울시환경연구원, 2013

4 전형진 외, "겨울철 가정의 에너지 사용량과 실내환경 인자의 상관성에 관한 조사", 《한국실내환경학회지》 8권 4호, 한국환경정책평가연구원·한양대학교 환경 및 산업의학연구소, 2011

여 실내 공기 오염물질의 축적을 유발하기 쉽다. 특히 겨울철 주거 밀폐율을 높인 관계로 실내 오염이 더 높아진다. 다음은 이 연구의 미세먼지 측정 결과다. 소형 주택의 경우에는 아파트의 실내 미세먼지 농도(87.0㎍/㎥)가 단독주택의 실내 미세먼지 농도(73.5㎍/㎥)보다 높았다. 그러나 중대형 주택의 경우에는 아파트나 단독주택이나 거의 비슷한 것으로 나타났다. 똑같은 아파트의 경우 저층일수록 총부유 곰팡이의 농도가 더 높았다.[5] 지면과 가까이에 있는 주택(지하세대)일수록 실외 환경에 영향을 받아 미세먼지, 부유미생물 등의 오염물질 농도가 높았다는 것이다. 그런데 휘발성유기화합물의 경우에는 고층부로 갈수록 높아진다.[6] 50층 초고층 주택을 대상으로 하층부(10~20층), 중층부(21~35층), 고층부(40층 이상)로 나누어 조사했다. 휘발성유기화합물인 에틸벤젠, 벤젠, 자일렌, 톨루엔이 상층부로 갈수록 증가하고 발암물질인 라돈 수치도 올라간다. 실내 공기 관리에 대한 국민적 공감대 형성이 필요한 대목이다.

3. 실내 공기 오염을 어떻게 해결할 것인가

가정에서 할 수 있는 실내 공기 오염 방지책

2016년에 국립환경과학원이 고등어를 조리하는 과정에서 초미세먼지가 기준치보다 70배 이상 높다는 안내서를 발표했다. 당장 고등어 수

---

5 국립환경과학원, "주택실내공기질 관리를 위한 매뉴얼", 환경부, 2012

6 김승이, "초고층아파트 주민의 신체적 건강과 주거환경에 관한 연구", 아주대학교 대학원 건축학과, 2012

요가 급감했고 또 직화구이집들도 된서리를 맞았다. 실외 미세먼지 대책이 부실하다는 욕을 먹자 실내 미세먼지를 터뜨려 시선을 다른 곳으로 옮기려 한 것이 아니냐는 비난도 있었다. 그러나 실제 생선이나 음식을 조리하는 과정에서 우리가 생각하는 이상의 초미세먼지가 발생한다. 환경과학원의 안내서를 보자.

"생선굽기처럼 연기가 많이 발생하는 조리 과정에서는 초미세먼지($PM_{2.5}$) 농도가 3,480$\mu g/m^3$로 주택 평상시 농도(49$\mu g/m^3$)보다 70배 이상 높았다. 총휘발성유기화합물은 1,520$\mu g/m^3$로 평소(636$\mu g/m^3$)보다 2배 이상 발생했다. 육류를 구울 때는 상대적으로 생선보다는 연기가 덜 나와 초미세먼지 농도가 878.0μg/로 나타났다. 생선을 구울 때 발생하는 초미세먼지 농도의 4분의 1 수준이다. 또 육류 튀기기와 같이 기름을 사용하는 조리에서는 초미세먼지 농도가 269$\mu g/m^3$로 연기가 날 때보다는 현저히 낮았지만 평소보다는 5배 이상 높았다. 육류를 삶는 조리 방식에서는 119$\mu g/m^3$로 나타나 굽기나 튀기기에 비해 낮았다. 아울러 주방 환기설비(레인지 후드)를 작동하지 않고 조리한 경우에는 작동했을 때와 비교해 오염물질의 농도가 최대 10배 이상 높게 나타났다."

김재열 중앙대병원 호흡기알레르기내과 교수는 "미세먼지 농도가 심각한 요즘 외출을 삼가고 창문을 닫고 지내면 안전하다고 생각하기 쉽다. 그러나 실내는 밀폐된 공간이므로 음식을 조리할 때 발생하는 오염물질이 많다. 여기에 전자전기 제품을 사용할 때 발생하는 화학오염물질도 있다. 건축자재 등에서 발생하는 오염물질도 있다. 이런 것이 밖으로 배출되지 못하고 쌓여 오히려 실외보다 실내에서 심각한 호흡기질환에 걸릴 위험이 더 높을 수 있다"고 말한다.

고등어구이에 대한 국립환경과학원 연구가 과장되지는 않았다. 실제

가정에서 생선굽기처럼 연기가 많이 발생하는 조리를 하는 과정에서 초미세먼지 농도가 3,480㎍/㎥로 주택 평상시 농도(49㎍/㎥)보다 70배 이상 높았다. 총휘발성유기화합물은 1,520㎍/㎥로 평소(636㎍/㎥)보다 2배 이상 발생했다. 주방 환기설비(레인지 후드)를 작동하지 않고 조리한 경우에는 작동했을 때와 비교해 오염물질의 농도가 최대 10배 이상 높게 나타났다. 이처럼 조리할 때 실제로 초미세먼지가 발생한다. 그러나 이 정도의 초미세먼지는 총배출량이 많지 않기 때문에 환기만 잘 하면 아무 걱정할 필요가 없다. 따라서 실내 미세먼지나 오염물질에 대처하는 가장 좋은 방법은 환기다. 만일 굽는 요리를 할 경우 요리 시작 전부터 끝날 때까지 환기장치를 반드시 켜놓는 것이 좋다.

로 조리할 때 발표만큼 초미세먼지가 발생한다. 그러나 이 정도의 초미세먼지는 총배출량이 많지 않기 때문에 환기만 잘 하면 아무 걱정할 필요가 없다. 따라서 실내 미세먼지나 오염물질에 대처하는 가장 좋은 방법은 환기다. 만일 굽는 요리를 할 경우 요리 시작 전부터 끝날 때까지 환기장치를 반드시 켜놓는 것이 좋다.

통상 실내 환기는 미세먼지가 없거나 심하지 않은 날의 오후 1시에서 3시 사이에 그리고 비가 내린 직후에 실시하는 것이 좋다. 이때가 상승기류가 가장 강하고 비에 의한 세정효과가 있기 때문이다. 미세먼지 수치가 높은 날에는 가급적 환기 횟수와 시간을 줄이는 것이 좋다. 그러나 미세먼지 농도가 높다고 하루 종일 문을 닫아놓고 있을 경우 오히려 실내 공기 오염이 더 심해질 가능성이 높다. 따라서 미세먼지 농도가 나쁜 날에도 하루에 한 번 30분 정도는 환기를 해준다. 이때 중요한 것은 가습기나 분무기를 이용해 실내 습도를 높여주면 실내 공기 오염물질이 수증기에 흡착되어 바닥에 내려앉는다. 이때 자주 물걸레질을 해주면 실내 공기 오염물질 제거에 도움이 된다.

특이한 것은 실외에서 담배를 피운 후 곧바로 실내로 들어올 경우 초미세먼지가 50배 가까이 급증한다는 것이다. 따라서 흡연자는 어느 정도 시간이 흐른 뒤 실내로 들어오는 것이 좋다. 또 실내에서 건강을 위해서 향초, 방향제 같은 것들을 많이 사용하는데 오히려 많이 사용하면 건강에 해로울 수도 있다. 이런 것들은 지나치게 사용하지 않는 것이 좋다. 가정에서는 에어컨, 가습기 등 전기전자제품을 주기적으로 청소하고 실내 습도를 40~60% 이하로 유지해야 한다. 특히 장마철에는 높은 습도로 인해 곰팡이가 발생할 가능성이 높다. 곰팡이 제거제 사용과 함께 수시로 환기와 청소로 곰팡이가 발생하지 않도록 유의해야 한다. 화학물질이 다량 함유된 제품(건축자재, 가구, 가전제품)의 사용을 자제하고, 실내 인테리어를 하거나 새로운 가구를 들일 때에는 환기가 잘 되는 여름에 하는 것이 좋다. 환풍기, 공기청정기, 숯, 고무나무와 같은 공기 정화 식물을 이용하는 방법도 도움이 된다. 필자의 경우 사무실과 침실에 2개의 공기청정기를 활용한다. 기관지가 약한 필자는 미세먼지나 대기오염에 민감한 편인데 공기청정기를 사용하면서 상당히 좋다는 느낌을 많이 받는다. 공기청정기는 미세먼지 제거와 깨끗한 공기를 만들어내는 데 도움이 되는 만큼 적극적인 활용을 권한다.

새집증후군 및 새차증후군 대책

날씨가 추워지면 단열에 신경을 쓰는 사람들이 늘어나기 마련이다. 단열효과를 높이기 위해 복합화학물질 등으로 구성된 건축자재를 활용하는 건물이 많아지면서 유해물질로 인한 새집증후군에 대한 우려도 커지고 있다.

새집증후군Sick House Syndrome은 건물을 새로 지을 때 사용한 건축자재나 가구, 벽지 등에서 방출되는 폼알데하이드, 벤젠 등과 같은 화학물질로 인해 두통, 피부염, 기관지염 등 각종 질환이 나타나는 현상을 뜻한다. 환경부에 따르면, 지난 2014년 신규 분양된 아파트 811곳 중 14.7%가 실내 공기질 기준치를 초과했다. 이러한 집에 입주하게 되면 눈이 따갑고 두통이 느껴지는 등 새집증후군 증상이 나타날 가능성이 크다.

새집증후군은 기침, 안구건조, 가려움 등 가벼운 증상에 그치는 경우가 많다. 건강한 사람이라면 보통 바깥 공기를 마시거나 일정 기간 환기를 하면 불편한 증상이 사라지기도 한다. 그러나 심한 경우 수개월 이상 매캐한 냄새가 나거나, 두통 및 천식, 알레르기 증상이 악화되면서 생명이 위급한 상황에 처할 수도 있다.

새집증후군을 해결하기 위해서는 무엇을 해야 할까? 가장 손쉬운 방법으로는 베이크 아웃Bake Out 환기법을 꼽을 수 있다. 베이크 아웃 환기법은 난방과 환기를 통해 오염물질을 신속하게 해소하는 것이 골자다. 보일러를 켜 실내 온도를 높이면 가구나 벽지 등에 스며 있는 화학물질이 방출되는데, 이때 환기를 함으로써 실외로 배출하는 방식이다.

주택공사가 실시한 실험 결과, 베이크 아웃을 통해 폼알데하이드, 휘발성유기화합물 등 새집증후군 유발물질 농도를 35~71%까지 감소시킬 수 있는 것으로 나타났다. 베이크 아웃은 인위적으로 유해물질 방출량을 일시적으로 급증시키는 방법이기 때문에 되도록 입주 전에 실시하는 것이 좋다. 15~30일 전 5일 이상 실시하는 것이 효과적이며 2~3일은 20~30℃로, 이후에는 35℃ 이상 고온을 유지한 뒤 환기를 충분히 해주는 것이 중요하다.

그런데 새 차를 사도 새집증후군과 비슷한 현상이 나타난다. 새차증후군 때문이다. 새차증후군이란 막 출고된 자동차를 탄 탑승자에게 두통 및 구토, 피부염 등이 발생하는 것을 말한다. 전문가들은 새차증후군의 원인이 자동차 실내 부품에 사용된 석유화학물질에서 나오는 유해물질 때문이라고 주장한다.

시트와 바닥매트, 계기판, 오디오 케이스 등 대부분의 차량 내장재는 PVC(폴리염화비닐)와 ABS수지 등 석유화학물질로 이루어져 있다. 이들 물질에서는 암의 원인이 되는 폼알데하이드와 휘발성유기화합물 같은 성분이 방출되는 것으로 알려져 있다. 영남대 산업의학과에서 실험을 해보았다. 출고된 지 얼마 되지 않은 승용차와 연식이 10년 지난 승용차 운전석에 사람들을 번갈아 타게 했다. 그런 후 컴퓨터를 통해 신경행동반응을 측정한 결과 새 차에 탄 사람들의 인지능력이 크게 떨어지는 것으로 나타났다.

인지능력 저하는 자동차 사고 발생과 직결된다. 표지판이나 신호등을 눈으로 보고 뇌로 판단하는 능력이 떨어진다는 것이다. 국토부 관계자는 "신규 제작 자동차에서 발생하는 유해물질은 자동차 실내 내장재에 사용되는 소재 및 접착제 등에서 발생하는 물질이 많은 만큼 제작 후 3~4개월이 지나면 대부분 자연 감소하지만 신차 구입 후 초기에는 가급적 환기를 자주하는 것이 좋다"고 말하고 있다.

새차증후군을 막기 위해서는 자동차 구입 시 차에 붙어 있는 비닐커버는 바로 제거하는 것이 좋다. 그리고 구입 초기 주행할 때는 창문을 열거나 외부순환 모드로 환기를 해준다. 에어가드K 공기지능센터 관계자는 "자동차를 밀폐시킨 뒤 히터를 고온으로 수 시간 작동시켜 유해물질을 태워 없애는 '베이크 아웃' 환기법도 새차증후군 발생 저감에 효과가 있다"고 말한다. 참고하기 바란다.

정부의 실내 공기 오염 정책

환경부는 실내 공기 오염에 관한 법규를 만들어 운용하고 있다. 특히 사람들이 많이 사용하는 다중이용시설에 관해서는 "다중이용시설 등의 실내공기질관리법" 중 실내 공기질(시행규칙 제12조)에 나와 있다.

규칙에 따르면, 사람들이 많이 이용하는 다중이용시설은 매년 실내 공기를 측정해 보고해야 한다. 보고사항으로는 다중이용시설 현황, 공기정화설비 및 환기설비 현황, 실내 공기질 등이 포함된다. 측정 기한은 매년 12월 31일까지이며, 결과는 그 다음해 1월 31일까지 시, 구, 도, 군청에 보고한다.

측정 기준은 시행규칙 제11조에 나와 있다. 측정 횟수는 유지기준은 1년에 1회, 권고기준은 2년에 1회다. 실내 공기질 유지기준 항목 5개 물질은 미세먼지, 이산화탄소, 폼알데하이드, 총부유세균, 일산화탄소다. 권고기준 항목은 외부 오염원이 있거나 위험도가 비교적 낮은 물질로 이산화질소, 라돈, 총휘발성유기화합물, 석면, 오존 등이 여기에 속한다.

최근에는 실내 공기질에 대한 관심과 중요성이 더욱 높아지고 있다. 이에 발맞추어 정부에서는 기존 실내공기질관리법의 적용 대상을 추가시켰다. 2014년 9월에 추가된 다중이용시설은 호텔, 영화관, PC방, 학원, 보육시설 등이다. 개정 법률안의 주요 내용을 살펴보면 새집증후군 예방과 관리를 강화하기 위한 것으로, 이를 위해 건축자재의 관리 체계를 합리적으로 개편했다. 폐암 유발물질인 라돈을 체계적으로 관리하기 위한 법적 근거가 마련되기도 했다. 어린이, 노인 등 건강 취약계층 이용시설의 실내 공기질 관리를 지원할 수 있도록 했다는 점도 눈에 띈다. 실내 공기질 측정기기를 자율적으로 부착하여 안전한 실내 환경이 되도록 노력하는 시설의 소유자에게는 혜택을 준다. 법적 교육 이수 의무 또는 자가 측정 결과 보고 의무를 면제해주는 것이다.

정부는 2016년 12월 23일에 실내공기질관리법을 일부 제정 및 개정했다. 현행 오염물질 방출 건축자재 관리체계는 시중에 유통되는 건축자재를 환경부장관이 임의로 선정·조사하여 기준을 초과한 건축자재 사용을 금지하는 '사후관리체계'다. 따라서 오염물질을 방출하는 건축자재를 관리하기에는 한계가 있었다. 또한, 라돈은 발암물질로 인체에 유해함에도 불구하고 현행 법령에서는 라돈을 실내 공기질 권고기준(148Bq/㎥)으로만 설정하고 있다. 따라서 그동안 체계적으로 관리되지 못하는 등 국민의 건강 피해를 방지하기에 어려운 실정이었다.

이에 건축자재를 제조·수입하는 자가 그 건축자재를 다중이용시설 또는 공동주택을 설치하는 자에게 공급하려는 경우에는 해당 건축자재가 기준에 적합한지 여부를 시험기관으로부터 확인받도록 오염물질 방출 건축자재의 관리체계를 개편·강화했다. 실내 라돈 조사, 라돈 관리 계획 수립 등을 통해 라돈 관리를 체계적으로 하려는 것이다. 그리고 지금까지는 실내 공기질이 환경부, 교육부, 고용노동부 등 각 기관별로 개별법에 따라 분산·관리되고, 관리 기준도 각각 달랐다. 따라서 실내 공기질 관리 정책을 통합·조정할 수 있는 제도가 마련되지 않아 관련 부처 간 협업 또는 정보의 공유 등이 미흡한 상황이었다. 이에 법 개정을 통해 중앙행정기관 간의 실내 공기질 관리 기준 및 정책에 관한 사항을 협의·조정하기 위해 환경부에 실내 공기질 관리 조정 협의체를 두게 된 것이다.

또한, 현행법은 신축되는 공동주택의 시공자로 하여금 시공이 완료된 공동주택의 실내 공기질을 측정하여 그 결과를 자치단체장에게 제출하고 입주 개시 전에 입주민들이 잘 볼 수 있는 장소에 공고하도록 하고 있으나, 실질적으로 그 공고의 효과가 미미한 실정이다. 이에 자치단체장이 시공자로부터 실내 공기질 측정 결과를 제출받은 경우 환경부장관에게 보고하고, 관보 및 인터넷 홈페이지 등에 공개하여 입주민이 실내 공기질에 관한 정보에 보다 쉽게 접근할 수 있도록 하려는 것이다.

한편, 다중이용시설 또는 공동주택을 설치하는 자는 오염물질을 방출하는 건축자재를 사용하지 못하도록 하면서 이를 위반하는 경우 2,000만 원 이하의 과태료를 부과하고 있다. 그런데 과태료 부과로는 제재 효과가 적어 계속하여 오염물질을 방출하는 건축자재를 사용할 유인이 되고 있다. 이에 오염물질을 방출하는 건축자재를 사용하는 자는 1년 이하의 징역 또는 1,000만 원 이하의 벌금에 처하도록 하여 기준을 초과하여 오염물질을 방출하는 건축자재의 사용을 방지하려는 의도도 있다. 다중이용시설의 종류 및 대기오염 기준치는 아래 표와 같다.

〈표 6〉 장소에 따른 시설기준 (출처: 환경부)

구분	개념	구분	개념
가군	• 모든 지하 역사 • 지하도상가 (연면적 2,000m² 이상) • 여객자동차터미널의 대합실 (연면적 2,000m² 이상) • 공항시설 중 여객터미널 (연면적 1,500m² 이상) • 항만시설 중 대합실 (연면적 5,000m² 이상) • 도서관·박물관 및 미술관 (연면적 3,000m² 이상) • 지하장례식장 (연면적 1,000m² 이상) • 찜질방 (연면적 1,000m² 이상) • 대규모 점포	나군	• 의료기관 (연면적 2,000m² 이상 또는 병상 수 100개 이상) • 국공립 보육시설 (연면적 1,000m² 이상) • 국공립 노인전문요양시설·유료노인전문 요양시설 및 노인전문병원 (연면적 1,000m² 이상) • 산후조리원 (연면적 500m² 이상)
		다군	• 실내주차장 (연면적 2,000m² 이상)

〈표 7〉 시설 구분에 따른 대기오염 기준 (출처: 환경부)

구분	미세먼지 (㎍/m³)	이산화탄소 (ppm)	폼알데하이드 (㎍/m³)	총부유세균 (CFU/m³)	일산화탄소 (ppm)
가군	150			–	10
나군	100	1,000	100	800	
다군	200			–	25

구분	이산화질소 (ppm)	라돈 (pC/L)	총휘발성 유기화합물 (㎍/m³)	석면 (개/cc)	오존 (ppm)
가군	0.05		500		0.06
나군		4.0	400	0.01	
다군	0.30		1,000		0.08

앞의 표에 나온 것처럼 의료기관과 산후조리원, 노인요양시설과 어린이집이 6시간 평균 100㎍/㎥ 이하로 기준이 가장 높다. 지하철역사와 지하도상가, 대규모 점포는 150㎍/㎥ 이하, 실내주차장과 업무시설(일반사무실) 등은 200㎍/㎥ 이하다. 그런데 이 기준이 너무 약하다. 즉, 미세먼지를 기준치 이하로 관리하는 곳이라 할지라도 미세먼지 예보등급상 '나쁨'(81~150㎍/㎥)이나 '매우 나쁨'(151㎍/㎥ 이상)일 수 있다는 것이다. 세계보건기구가 대기질 권고기준(연평균 초미세먼지 농도 10㎍/㎥, 미세먼지 농도 20㎍/㎥, 일평균 초미세먼지 농도 25㎍/㎥, 미세먼지 농도 50㎍/㎥)이 실내에도 적용되어야 한다고 밝힌 것과는 거리가 멀어도 한참 멀다.

그런데 건강에 더 해로운 초미세먼지는 오히려 더 엉성하게 관리된다. 실내 공기질 유지기준에는 아예 초미세먼지가 없고 2017년부터 '권고기준' 항목으로 관리된다. 유지기준은 준수의무가 있고 위반 시 과태료나 개선명령이 내려지지만, 권고기준은 참고사항으로서 지킬지 말지는 사업주 마음이다. 이마저도 지하역사나 대규모 점포, 실내주차장 등에 대한 기준은 없고 의료기관과 어린이집, 노인요양시설, 산후조리원에만 70㎍/㎥ 이하로 설정되었다. 70㎍/㎥는 초미세먼지 예보등급으로 '나쁨' 단계다. 아예 실내 공기질에는 관심이 없는 듯한 모습이다. 이런 부분은 조속히 개선해야 할 것이다.

사람들이 가장 많이 머무는 공간인 실내의 공기질이 좋아야 건강해진다. 웰빙의 첫째 조건이 쾌적한 실내 공기라는 것은 이 때문이다. 청정한 실내 공기 유지를 위해 정부는 다중이용시설에 대해 엄격하게 법을 적용해야 한다. 기업들은 직장에서 직원들에게 최적의 깨끗한 공기를 제공해주어야 한다. 국민들은 집 안에서 더 맑고 청정한 공기를 만들도록 노력해야 한다.

4. 미세먼지 측정

"중국 당국이 미세먼지 관측치를 조작" 2017년 5월 7일 동방망東方网 등 중국 언론이 보도한 기사 제목이다. 이들에 따르면, 한 시민이 소셜 미디어에 "베이징 올림픽 경기장 인근에 스모그 저감 차량이 공기관측소를 향해 물안개를 분사하고 있었다. 이것은 데이터 조작인가?"라는 의혹을 제기했다는 것이다. 중국 당국은 부인했지만, 베이징 시민들은 믿지 않았다. 시민들은 공기질을 감시하는 웹사이트 '에어 매터스在意空气'를 인용했다. 베이징의 미세먼지 농도가 699㎍/㎥인 날에도 경기장 근처의 미세먼지 농도가 528㎍/㎥밖에 되지 않으니 조작이라는 것이다. 사실 여부는 모른다. 그러나 정말이라면 이것은 매우 심각한 일이 아닐 수 없다. 미세먼지의 영향을 알거나 예측하기 위한 첫 번째가 미세먼지 관측이기 때문이다. 정확한 미세먼지 관측이 이루어지지 않으면 영향도 예측도 불가능하다. 우리나라에서도 정확한 미세먼지를 측정하기 위해서 전국에 측정소를 운영하고 있다.

국가 대기오염 및 미세먼지 측정망

환경부 발표에 따르면, 우리나라에서는 1970년대 말부터 대기환경기준이 설정된 대기오염물질을 감시하기 위해 대기측정소를 설치·운영하기 시작했다. 1980년대에는 기준성 대기오염물질 관측에 반자동 측정기기를 주로 사용했다. 1990년대 말부터는 반자동 측정소가 폐쇄되고 자동 측정기기를 주로 사용했다. 1988년에 자동 대기측정소가 49개소, 반자동 대기측정소가 179개소였는데, 1994년에는 자동 대기측정소 84개소, 1997년에는 자동 대기측정소 142개소를 운영했다.

1990년대에 들어 산성비, 오존, 광화학 스모그 등 2차 오염물질이 새로운 대기오염 문제로 부상했다. 이에 따라 기준성 대기오염물질 측정망과 특수 목적 대기오염물질 측정망으로 구분하여 운영했다. 환경부는 1997년에 대기를 감시하는 '2000년대 대기오염 측정망 기본계획'을 수립했다. 그 후 5년 주기로 측정망 기본계획을 갱신하여 새로운 대기 측정 요구를 반영하고 있다.[7]

2011년에는 일반대기 측정소, 종합대기 측정소, 집중대기 측정소 등 3종류의 측정소를 총 463개 운영했다. 측정망은 기준성 대기오염물질 측정망과 특수 목적 측정망으로 구분된다.[8] 환경부 자체 평가로 측정소의 규모별·기능별 역할 구분과 조성은 세계적 수준이라고 본다. 그러나 측정망 설치·운영·유지보수와 측정 자료의 생성부터 확정까지 절차 등의 체계 및 문서화는 아직 미진하다고 보았다. 따라서 측정망 운영의 비효율화와 자료질의 객관성 신뢰도의 저하를 초래하고 있다고 판단하고 있다. 이후 측정방법 개발, 측정소 설치·운영, 측정소 정도 관리, 측정자료 확정 등 문서화된 체계적 절차 마련 및 과학적 운영 시스템을 구축하기 시작했다.

2016년 12월 현재 환경부 및 지방자치단체에서 운영 중인 총 11개

---

7 환경부, "측정망 설치·운영 실태평가 및 기본계획 조정을 위한 연구", 2004
환경부, "대기오염 측정망 기본계획 조정 및 재수립을 위한 조사연구", 2009

8 기준성 대기오염물질 측정망은 도로변대기·도시대기·교외대기·국가배경농도 측정망으로 구성되며, 특수대기 측정망은 산성강하물·대기중금속·유해대기물질·광화학오염물질·$PM_{2.5}$ 측정망으로 구성된다.

종류[도시대기, 도로변대기, 산성강하물, 국가배경농도, 교외대기, 대기중금속, 유해대기물질, 광화학대기오염물질, 지구대기, 초미세먼지($PM_{2.5}$), 대기오염집중]의 측정망은 전국 96개 시·군에 총 509개소가 있다.

〈표 8〉 환경부 및 지방자치단체에서 운영 중인 11개 종류의 대기측정망 (2016년 12월)

구분	목적	지점수		
		소계	환경부	지자체
도시대기 측정망	도시 지역의 평균 대기질 농도를 파악하여 환경 기준 달성 여부 판정	264 (82개 시·군)	-	264 (82개 시·군)
도로변대기 측정망	자동차 통행량과 유동 인구가 많은 도로변 대기질을 파악	37 (17개 시)	-	37 (17개 시)
국가배경농도 측정망	국가적인 배경농도를 파악하고 외국으로부터의 오염물질 유입, 유출 상태 등을 파악	3 (3개 시·군)	3 (3개 시·군)	-
교외대기 측정망	도시를 둘러싼 교외 지역의 배경농도를 파악	19 (18개 시·군)	19 (18개 시·군)	-
산성강하물 측정망	대기 중 오염물질의 건성 침착량 및 강우·강설 등에 의한 오염물질의 습성 침착량 파악	40 (36개 시·군)	40 (36개 시·군)	-
대기중금속 측정망	도시 지역 또는 공단 인근 지역에서의 중금속에 의한 오염 실태를 파악	54 (22개 시·군)	-	54 (22개 시·군)
유해대기물질 측정망	인체에 유해한 VOCs, PAHs 등의 오염 실태 파악	32 (22개 시·군)	32 (22개 시·군)	-
광화학 대기오염물질 측정망	오존 생성에 기여하는 VOCs에 대한 감시 및 효과적인 관리 대책의 기초자료 파악	18 (12개 시·군)	18 (12개 시·군)	-
지구대기 측정망	지구온난화 물질의 대기 중 농도 파악	1 (1개 군)	1 (1개 군)	-
$PM_{2.5}$ 측정망	인체 위해도가 높은 $PM_{2.5}$의 농도 파악 및 성분 파악을 통한 배출원 규명	35 (28개 시·군)	35 (28개 시·군)	-
대기오염 집중측정망	국가배경지역과 주요권역별 대기질 현황 및 유입·유출되는 오염물질 파악, 황사 등 장거리 이동 대기오염물질을 분석하고 고농도 오염현상에 대한 원인 규명	6 (6개 시·군)	6 (6개 시·군)	-
총계		509 (96개 시·군)	154 (48개 시·군)	355 (82개 시·군)

〈표 9〉 전국 도시별 대기오염 측정망 설치 현황(2016년 12월 대기환경월보 기준)

구분	총계		도시 대기	도로변 대기	국가 배경	교외 대기	산성 강하물	대기 중금속	유해 대기	광화학	지구 대기	$PM_{2.5}$	대기오염 집중 측정망
합계	509		264	37	3	19	40	54	32	18	1	35	6
구분	국가	지자체	지자체	지자체	국가	국가	국가	지자체	국가	국가	국가	국가	국가
계	154	355	264	37	3	19	40	54	32	18	1	35	6
서울	9	44	25	14			2	5	3	1		2	1
부산	10	26	19	2			2	5	2	5		1	
대구	7	17	11	2			2	4	2	2		1	
인천	14	23	15	3	1	2	2	5	3	2		3	1
광주	6	13	7	2			1	4	2			2	1
대전	5	14	8	2			1	4	1			2	1
울산	6	19	14	1			1	4	2			2	1
세종	0	2	2										
경기	16	84	73	7		2	4	4	2	5		3	
강원	15	12	7			4	5	5	2		1	3	
충북	7	13	10	1		1	2	2	2			2	
충남	11	10	7	1		2	3	2	3			3	
전북	9	16	14	1		1	3	1	3			2	
전남	10	18	16			1	3	2	2	2		2	
경북	12	18	14		1	3	5	4	1			2	
경남	12	23	19	1		3	3	3	2	1		3	
제주	5	3	3		1		1					2	1

이 중 미세먼지(PM10)를 측정하는 관측소는 다음과 같다. 환경부 및 지자체에서 자동법으로 미세먼지를 측정하는 측정소는 330개소이고, 기상청에서 측정하는 곳이 28개소다. 초미세먼지(PM2.5)는 환경부 및 지자체에서 자동법으로 측정하는 측정소는 164개소이고 수동법(중량측정법)으로 측정하는 곳은 38개소이며, 2018년까지 287개소로 확대 설치할 계획이다. 현재 공간분포상 취약지역(비수도권) 등에 확대할 계획이다.

그런데 측정망에 문제가 있다는 사실을 사람들은 잘 모른다. 측정망 가운데 높이 기준(1.5~10m)을 충족한 곳은 71개소(26.9%)뿐이다. 대구와 대전, 세종, 제주는 기준에 맞게 설치된 곳이 한 곳도 없다. 공원(서울 성동·송파구)이나 정수시설(서울 광진구, 김포시 고촌면)처럼 지역 대표성이 없는 곳에 설치된 곳도 많다. 2015년에 시작한 초미세먼지(PM2.5)는 181개 도시대기 측정망에서 측정한다. 현재 측정망은 실생활을 잘 반영하는 곳보다는 주민센터처럼 관리가 편한 곳 위주로 설치되어 있다. 따라서 실제 미세먼지에 가장 취약한 곳과 민감한 곳이 빠져 있다. 그렇다 보니 국민들이 체감하는 미세먼지 농도 값이 나오지 않고 국민들의 불신감을 키운다.

국가 대기오염 측정 방법

공기 중에는 다양한 대기오염물질이 존재한다. 이들을 측정하기 위한 다양한 방법이 〈표 10〉에 나와 있다. 이런 측정 방법을 통해 미세먼지도 측정한다. 〈표 11〉은 대기오염 측정망 측정 항목 현황을 정리한 것이다.

〈표 10〉 대기오염 측정 방법 (출처: 환경부)

측정 항목	측정 방법
아황산가스(SO_2)	자외선형광법(Pulse UV Fluorescence Method)
일산화탄소(CO)	비분산적외선법(Non-Dispersive Infrared Method)
이산화질소(NO_2)	화학발광법(Chemiluminescent Method)
오존(O_3)	자외선광도법(UV Photometric Method)
미세먼지(PM_{10})	베타선흡수법(β-Ray Absorption Method)
초미세먼지($PM_{2.5}$)	중량농도법 또는 이에 준하는 자동측정법
납(Pb)	원자흡수분광광도법(Atomic Absorption Spectrophotometry)
벤젠	가스크로마토그래프법(Gas Chromatography)

〈표 11〉 대기오염 측정망 측정 항목 현황 (출처: 환경부)

<table>
<tr><th colspan="3">구분</th><th>운영 주체</th><th>측정 방법</th><th>측정 항목</th></tr>
<tr><td rowspan="13">일반측정망</td><td rowspan="4">일반대기오염측정망</td><td>도시대기</td><td>지자체</td><td>연속</td><td>SO_2, CO, NOx, PM_{10}, O_3,
풍향, 풍속, 온도, 습도</td></tr>
<tr><td>교외대기</td><td>국가</td><td>연속</td><td>SO_2, CO, NOx, PM_{10}, O_3,
풍향, 풍속, 온도, 습도</td></tr>
<tr><td>국가배경농도</td><td>국가</td><td>연속</td><td>SO_2, CO, NOx, PM_{10}, $PM_{2.5}$, O_3,
풍향, 풍속, 온도, 습도</td></tr>
<tr><td>도로변대기</td><td>지자체</td><td>연속</td><td>SO_2, CO, NOx, PM_{10}, O_3,
풍향, 풍속, 온도
※ 필요시 Pb, $PM_{2.5}$, HC, 교통량 추가</td></tr>
<tr><td rowspan="9">특수대기오염측정망</td><td rowspan="2">유해대기물질</td><td rowspan="2">국가</td><td rowspan="2">수동(월1회) →
순차적으로
자동전환(VOCs)</td><td>VOCs(휘발성유기화합물): 14종</td></tr>
<tr><td>PAHs(다환방향족탄화수소): 7종</td></tr>
<tr><td>대기중금속</td><td>지자체</td><td>수동(매월 둘째 주)</td><td>Pb, Cd, Cr, Cu, Mn, Fe, Ni, As, Be
※ 황사 기간 중에는 Al, Ca, Mg 등
3개 항목 추가</td></tr>
<tr><td>광화학
대기오염물질</td><td>국가</td><td>연속</td><td>NOx, NOy, PM_{10}, $PM_{2.5}$, O_3, CO,
VOCs(에탄 등 56종), 풍향, 풍속,
온도, 습도, 일사량, 자외선량, 강수량,
기압, 카르보닐화합물</td></tr>
<tr><td rowspan="3">산성강하물</td><td rowspan="3">국가</td><td rowspan="3">강우시, 6일 간격
※ 수은 항목은 연속
(단, 수은 습성침적량은
수동)</td><td>건성: $PM_{2.5}$ 질량, $PM_{2.5}$ 중 이온성분(Cl^-, NO_3^-, SO_4^{2-}, NH_4^+, Na^+, K^+, Ca^{2+}, Mg^{2+})</td></tr>
<tr><td>습성: pH, 이온성분(Cl^-, NO_3^-,
SO_4^{2-}, NH_4^+, Na^+, K^+, Ca^{2+}, Mg^{2+}),
전기전도도, 강수(설)량</td></tr>
<tr><td>수은: 총가스상 수은 농도, 입자상 수은,
산화수은, 습성침적량</td></tr>
</table>

구분			운영 주체	측정 방법	측정 항목
일반측정망	특수대기오염측정망	지구대기	국가	연속	CO_2, CFC(−11,−12,−113), N_2O, CH_4
		$PM_{2.5}$	국가	연속	$PM_{2.5}$ 질량, 탄소성분(OC,EC), 이온성분(SO_4^{2-}, NO_3^-, Cl^-, Na^+, NH_4^+, K^+, Mg^{2+}, Ca^{2+}), 중금속성분(Pb, Cd, Cr, Cu, Mn, Fe, Ni, As, Be)
집중측정망	백령도 수도권 호남권 중부권 제주권 영남권		국가	연속	SO_2, CO, NOx, PM_{10}, O_3, 풍향, 풍속, 온도, 습도, $PM_{2.5}$ 질량농도, 탄소성분(OC,EC), 이온성분(SO_4^{2-}, NO_3^-, Cl^-, Na^+, NH_4^+, K^+, Mg^{2+}, Ca^{2+}), 중금속성분(Pb, Cd, Cr, Cu, Mn, Fe, Ni, As, Be)

다양한 미세먼지의 측정 방법

미세먼지를 측정하는 방법은 여러 가지가 있다. 직접적으로 중량(질량)을 측정하는 중량(질량)농도법이 있고, 입자의 물리적 특성을 이용한 간접적인 측정 방법으로는 베타선 흡수법, 테이퍼 소자 진동법, 광산란법, 광투과법 등이 있다. 그러나 우리나라는 대표적인 측정 방법인 중량농도법을 사용한다. 우리나라의 환경정책기본법시행령을 보면 미세먼지의 측정 방법은 '중량농도법 또는 이에 준하는 자동측정법'이라고 명시되어 있다. 미국, 일본, 유럽 등 여러 나라에서도 중량농도법을 기준 측정법으로 하여 미세먼지를 측정하고 있다.

중량농도법은 대기 중에 존재하는 입자상 물질의 지름이 10μm 이하인 입자상 물질(PM_{10})을 샘플러를 사용하여 24시간 동안 여지에 포집한 뒤 그 중량을 측정하는 방법이다. 채취된 샘플은 입자상 물질의 물리화학성분 분석에 이용된다. 샘플러는 입경 크기 10μm 이하의 입자상 물질을 관성inertia에 의해 분리할 수 있는 특정한 구조를 갖는 도입부의 입자분리장치를 통해 공기 시료를 규정된 시간 동안 채취한다. 샘플러의 입자분리장치의 입경 크기 분리 특성은 분리 기조입경(10㎛)에서 50% 분리 효율 특성을 갖추어야 한다. 필터 시료는 채취하기 전에 데시케이터에 24시간 이상 보관한 후 무게를 재고, 시료 채취 후에도 여지를 데시케이터에 24시간 이상 보관한 후 무게를 재어 시료 채취 전후의 무게 차를 채취 유량으로 나누어 질량농도를 산출한다. 대기 중의 PM_{10} 질량농도는 PM_{10}의 크기 영역에서 채취된 미세먼지 전체 질량을 샘플링된 유량 부피로 나눈 값으로 계산하고 $\mu g/m^3$으로 표현한다. 샘플링 시의 온도와 압력은 샘플링 기간 동안의 평균온도와 압력으로 계산한다.

베타선법과 같은 자동측정법은 대기 중에 부유하고 있는 10㎛ 이하(단 분립장치에 따라 채취 입자의 크기를 조절할 수 있음)의 입자상 물질을 일정한 시간(1시간 혹은 그보다 짧은 시간) 동안 여지 위에 채취하여 베타선을 투과시켜 입자상 물질의 질량농도를 연속적으로 측정하는 방법이다. 측정 방법은 베타선을 방출하는 광원으로부터 조사된 베타선이 여과지 위에 채취된 먼지를 통과할 때 흡수 소멸되는 베타선의 차로 농도를 계산한다. 자동측정법은 중량농도법보다 정확성이 낮기 때문에 중량농도법과의 등가성 평가를 실시한 후 승인된 자동측정기만을 사용해야 한다. 국립환경과학원은 $PM_{2.5}$ 전국측정기 형식승인을 위한 등가성 평가를 실시하고 있다.

이외에도 다양한 방법이 있는데, 이를 간략하게 소개해보겠다. 자외선형광법은 단파장 영역의 자외선에 의해 여과되어진 아황산가스 분자로부터 발생되는 형광강도를 측정하여 아황산가스 농도를 연속적으로 측정하는 방법이다. 비분산적외선법은 광원에서 방사된 적외선이 시료 셀cell을 통과할 때 최초의 적외선 양과 시료 통과 후의 적외선 양이 시료 중의 측정 성분에 의해 흡수되어 차이가 나게 되는 원리를 이용하여 측정한다. 화학발광법은 시료 중에 포함되어 있는 일산화질소(NO) 또는 질소산화물($NO+NO_2$)을 연속적으로 측정하는 방법이다. 먼저 시료 중의 일산화질소와 오존과의 반응에 의해 이산화질소(NO_2)가 생성될 때 생기는 화학발광강도가 일산화질소(NO) 농도와 비례관계가 있는 것을 이용하여 일산화질소(NO) 농도를 측정한다. 또한 질소산화물($NO+NO_2$)을 측정할 경우 시료 중의 이산화질소(NO_2)를 컨버터converter를 통해 일산화질소(NO)로 변환시킨 후 일산화질소(NO) 농도를 구하는 방법과 동일하게 측정하여 얻은 질소산화물($NO+NO_2$)에서 일산화질소(NO) 농도를 뺀 값이 이산화질소(NO_2)가 된다. 자외선광도법은 파장 254㎚ 부근에서 자외선 흡수량의 변화를 측정하여 대기 중의 오존 농도를 연속적으로 측정하는 방법이다. 가스크로마토그래프법은 기체 시료 또는 기화한 액체나 고체 시료를 운반 가스에 의해 분리관 내에 전개시켜 기체 상태에서 분리되는 각 성분을 크로마토그래피적으로 분석하는 방법이다.

이런 방법 외에 더 정교한 측정 방법을 위한 연구가 진행되고 있다. 기상청을 포함한 대부분의 기관이 수행하는 미세먼지 관측은 지상 직접in-situ 관측이 대부분이기 때문에 에어로졸의 연직 분포와 이동 및 통과 고도 등에 대한 분석은 부족한 실정이다. 이에 김만해 등은 정확한 라이다 관측 자료를 이용한 미세먼지 농도 산정에 대한 연구를 했다.[9] 라이다LIDAR는 대기 중으로 레이저를 발사하여 후방 산란된 빛을 관측함으로써 에어로졸이나 구름의 연직분포를 파악할 수 있는 장비다. 원격 광학장비인 라이다는 일반적으로 대기 중 에어로졸의 광학적인 양

9 김만해 외, “라이다 관측 자료를 이용한 미세먼지 농도 산정”, 서울대학교, 2014

을 나타내는 에어로졸 소산계수나 광학두께를 산출하는 데 사용된다 (e.g., Murayama et al., 2003; Won et al., 2004; Noh et al., 2007; Yoon et al., 2008). 김만해 등은 라이다와 동시에 관측된 스카이 라디오미터 및 지상 PM_{10} 관측 결과를 이용했다. 앞으로 이런 다양한 미세먼지의 관측은 더욱 발전될 것으로 보인다.

환경부에서도 독자적으로 미세먼지 예·경보 개선 및 기술개발을 진행하고 있다. 먼저 $PM_{2.5}$ 측정망 등 미세먼지 예·경보제 운영 인프라를 확충할 계획이다. 2015년부터 법정 기준으로 신설된 $PM_{2.5}$ 측정망을 PM_{10} 수준으로 단계적으로 확대할 것이다. 즉, 2016년 4월에 152개소였던 것을 2018년에는 287개소, 2020년에는 293개소로 늘릴 계획이다. 이것은 2015년부터 $PM_{2.5}$의 신규 환경기준이 제정되었기 때문이다. 따라서 전국적으로 도시대기 측정망 및 도로변대기 측정망에 대한 $PM_{2.5}$ 측정장비의 확충이 필요해졌다. $PM_{2.5}$ 측정장비는 PM_{10} 측정지점과 동일한 측정소에 설치하는 것을 원칙으로 하고 도시대기-도로변대기 순으로 배치하기로 했다. 이러한 계획이 대기오염 측정망 운영계획(2016-2020)으로 확정되었다.[10]

국가 미세먼지 관측 장비와 민간 IoT 미세먼지 측정기

우리나라에서는 현재 공식적인 미세먼지 측정 장비로 국가 미세먼지 관측 장비를 사용한다. 그러나 국가 미세먼지 관측 장비는 워낙 고가이

---

10 운영 계획의 대강은 첫째 대기오염 측정망 운영 실태 파악을 통한 대기오염 측정망의 확충 및 재조정, 둘째 기능 확대를 통한 체계적 측정망 운영체계 마련, 셋째 측정망 운영체계 개선을 통한 대기정책 지원의 실효성 제고, 넷째 대기오염 현상의 원인 규명 및 대기질 개선 성과 평가 지원, 다섯째 지자체 대기개선대책 및 기후변화대응정책의 수립, 여섯째 지원공간 분포상 취약지역(비수도권)과 예·경보 권역을 고려하여 전국적 오염도를 파악할 수 있도록 확충, 일곱째 내용연한(10년) 도래에 따라 기존 노후 장비를 교체하고 측정 자료의 전산망 확충 등이다.

기 때문에 실제 미세먼지 자료를 필요로 하는 곳에 설치하기가 어렵다.

때문에 외국에서는 학교나 병원, 유치원, 사무실 등에 간이공기측정기를 설치하여 실내 공기질 관리에 성공하고 있다. 그러나 우리 정부는 민간 기업이 만드는 간이공기측정기의 정확도가 낮다는 이유로 불신하고 있다. 이는 시대적 흐름에 역행하는 처사가 아닐까? 간이공기측정기를 활용하여 실내 공기질 관리에 성공한 외국의 다양한 사례들이 이를 잘 입증해주고 있다.

최근 《뉴스위크Newsweek》 한국어판에 UC버클리의 스미스 연구팀이 UCB 미세먼지·온도 센서 플러스라는 신형 측정 장비를 개발한 내용이 실렸다. 이 신형 측정 장비의 가격은 수백 달러 선이며 올해 중반쯤 시판될 예정이라고 한다. 이 측정 장비는 인도에서 공기 세제곱리터당 5만㎍을 초과하는 상당히 높은 미세먼지 오염 농도를 측정해냈다. 이 측정 장비는 이처럼 매우 높은 초미세먼지($PM_{2.5}$) 농도를 측정하는 데는 유용하지만, 비교적 공기가 깨끗한 곳에서는 유용성이 떨어진다. 이런 단점을 보완하기 위해 낮은 농도의 미세먼지를 상당히 정확하게 측정할 수 있는 신형 측정기도 시중에 나와 있다고 한다. 다만 간이공기측정기 형태의 이 장비들은 아직 걸음마 단계로 정확도가 미흡하므로 통계로 활용되거나 정교한 수치를 필요로 하는 곳에서 사용하기는 어렵다는 의견이 많다. 하지만 보급형 간이공기측정기들이 과학 연구에 쓰일 만큼 정확한 데이터를 내놓지는 못해도 상당수가 실내 공기질 및 공기의 흐름을 파악하고 관리하는 데 도움이 된다고 말한다. 따라서 필터가 없는 진공청소기를 사용하거나 베이컨을 튀기는 등의 행위나 외부 공기의 유입으로 실내 공기질이 나빠지는 것을 감지하는 데는 간이공기측정기가 적합하다. 사람들의 행동을 바꾸려면 행동의 직접적인 결과를 데이터로 보여줘야 효과적이다. 그래서 스미스 박사는 "메시지의 효과적인 전달에는 실시간 피드백만한 게 없다. 데이터가 완벽하지는 않더라도 이런 측정기들이 변화를 가져올 수 있다"고 주장한다.

이런 간이공기측정기들은 현재 세계적인 건축회사들이 사용하고 있다. 1950년대 이후 건물들이 에너지 효율을 이유로 밀폐 구조로 바뀌면서 각종 오염물질이 실내에 축적되어 '새집증후군'을 유발하고 있다. 그래서 최근에는 공기질을 염두에 두고 건물을 설계한다.

우리나라에서도 2017년 5월에 경인방송이 이 문제를 다루었다. 김장환 기자가 보도한 내용을 보자.

"요즘 황사와 미세먼지가 건강을 위협하면서 미세먼지 농도를 꼭 찾아보게 되는데요. 환경부에서 발표한 수치가 실시간이 아닌 1시간 전의 측정치라는 사실 아셨습니까? 김장환 기자가 보도합니다.

미세먼지 농도를 볼 수 있는 대표 앱 '우리 동네 대기질'입니다. 시도별 대기질을 들어가보니 시간 단위로 실시간 농도가 나옵니다. 그러나 실시간이라고 보기 어렵습니다. 예를 들어 오후 3시 기준 정보면 2시~3시의 평균농도를 말하는데 이마저 20~30분 정도 늦게 뜨기 때문에 실제로는 1시간 이전 농도를 보는 셈입니다. 꾸준히 농도가 높을 때는 큰 문제 없지만 문제는 농도가 높아지기 시작할 때입니다. 한 예로 지난달 24일, 출근길인 오전 8시부터 미세먼지 농도가 치솟았지만 출근이 다 끝난 9시 반이 되서야 '나쁨'이란 걸 알 수 있었습니다. 원인은 측정 방식 때문입니다. 환경부는 먼지 무게를 측정하는 중량법을 쓰는데 수동으로 먼지를 모으기 때문에 시간이 오래 걸립니다. 반면 빛의 산란을 이용하는 방식은 실시간 농도를 알 수 있고 비용이 적어 민간업체에서 많이 쓰지만 정확도는 20% 가량 떨어집니다. 환경부 관계자는 먼지의 모양도 다르고 비중도 다르고 해서 그것을 광산란법으로 하면 오차가 굉장히 커진다고 말합니다. 그러나 요즘처럼 미세먼지가 심각할 때는 신속한 정보 제공이 더 중요하다는 반론이 나옵니다. 민간업체 관계자는 과학적인 데이터로서는 부정확하지만 주민들이 외출해야 하는지 환기해야 하는지 판단하기에는 적절한 정도의 오차 범위 내에 있다고 본다고 말합니다."

아래 〈표 12〉는 방송에서 보여준 민간 IoT간이측정기와 국가 미세먼지 관측 장비의 장단점이다.

〈표 12〉 국가 관측망과 민간업체 간이측정기 비교 (출처: 경인방송)

	환경부 측정기	민간업체 간이측정기
측정 방법	중량법: 수동으로 먼지 측정, 무게로 농도 측정	광산란법: 빛의 산란을 이용해 농도 측정
장점	정확도가 높음	실시간 농도 측정 가능 가격이 저렴(수십만 원)
단점	실시간 농도 측정 불가 가격이 고가(수천만 원)	정확도가 20% 정도 낮음

민간 IoT 간이공기측정기

현재 선진국들은 언제 환기를 하고 언제 공기청정기를 가동시켜야 하는지 판단하는 근거로서 간이공기측정기를 실내에 설치하는 추세다. 이런 흐름 속에서 우리나라에서도 케이웨더가 IoT(사물인터넷)를 기반으로 실내 공기질IAQ, Intdoor Air Quality을 측정할 수 있는 실내간이공기측정기를 출시했다. 그리고 이어서 실외 공기질OAQ, Outdoor Air Quality을 측정할 수 있는 실외간이공기측정기도 출시했다. 〈표 13〉은 케이웨더가 출시한 실내간이공기측정기의 제원을, 〈표 14〉는 케이웨더가 출시한 실외간이공기측정기의 제원을 정리한 것이다.

〈표 13〉 케이웨더의 실내간이공기측정기의 상세 제원

측정 요소	측정 방식	측정 범위	오차 범위
온도	반도체(Band Gap)	–40~125	±0.3℃(20~40℃) ±1.0℃ 이하 (0~70℃)
습도	정전용량(Capacitive Polymer)	0~100%(상대습도)	±2.0%(20~80 %) ±4.0% 이하(0~100 %) @ 25℃
미세먼지	광산란 방식(적외선)	0~500μg/㎥	±10% (PM_{10} 기준기와의 차의 표준편차)
CO_2	비분산적외선(NDIR) 검출 방식	0~10,000ppm	±20ppm ± 측정값의 3%
TVOC	MEMS 금속산화(metal oxid) 반도체	125~3,500ppb (1ppb = 1μg/㎥ 적용)	±10~30% [FID(불꽃이온화검출기) 기준기와의 비교]
소음	무지향성 MEMS마이크로폰	30~90dB	±5dB

〈표 14〉 케이웨더의 실외간이공기측정기의 상세 제원

미세 먼지 (PM_{10}, $PM_{2.5}$)	• **센서 형식:** 광산란(적외선) 검출 • **측정 범위:** 0~500 μg/㎥ • **출력 신호:** PWM(Pulse Width Modulation) 기준기와의 비교 및 연구자료에 근거한 PM_{10} 및 $PM_{2.5}$ 농도(μg/㎥) 변환값 • **오차 범위:** RMSE±15μg/㎥ 이내 – 미세먼지 농도 변환 오차	TOVC	• **센서 형식:** MEMS 금속산화(metal oxide) 반도체 • **측정 범위:** 125~3,500 ppb (1ppb = 1μg/㎥ 적용) • **출력 신호:** 디지털(I2C) • **오차 범위:** ±10~30% – FID 기준기와의 비교
온도	• **센서 형식:** 반도체(Band Gap) • **측정 범위:** –40~125℃ • **출력 신호:** 디지털(I2C) • **오차 범위:** ±0.3℃(20~40℃), ±1.0℃ 이하(0~70℃)	습도	• **센서 형식:** 정전용량(Capacitive Polymer) • **측정 범위:** 0~100%, 상대습도 • **출력 신호:** 디지털(I2C) • **오차 범위:** ±2.0%(20~80 %), ±4.0% 이하(0~100 %) @ 25℃ • **온도 상수:** 최대 0.13%/℃
소음	• **센서 형식:** 무지향성 MEMS 마이크로폰 • **측정 범위:** 30~90dB • **감도 정수:** –42dB (@ 1kHz, 94dB SPL) • **출력 신호:** 아날로그 전압 • **오차 범위:** ±5dB • **주파수 반응:** 100~15,000Hz (평탄 구간)	전원 및 운용 환경	• **공급 전원:** 220VAC • **소모 전력:** 0.5W(LTE 모델) 1.0W(유선 모델) • **작동 온도:** –20~60℃ • **운용 환경:** 비, 눈에 대한 보호 기능 구비, 필터 내장으로 심한 먼지로부터 센서 보호, 필터는 교환 가능

IoT 기반으로 실외 환경을 측정하여 스마트폰의 앱과, PC로 측정값을 실시간 확인이 가능하다. 설치된 장소에 정확한 실외 공기질 상태를 실시간으로 확인 가능하여 야외활동 가능 여부를 판단하는 데 매우 실용적인 장비다. 케이웨더 실내간이공기측정기와 실외간이공기측정기를 설치하면 실내외 공기 상태를 비교하여 환기 가능 여부 정보를 제공받을 수 있다. 만일 실외 공기가 실내 공기보다 나쁘다면 환기를 보류하게 해준다. 실내 공기가 나쁜 경우에는 공기청정기 및 기타 환기시설의 가동을 권유한다.

그리고 케이웨더가 야심차게 출시한 것이 통합공기관리시스템TAQMS, Total Air Quality Management System이다. 이 통합공기관리시스템은 전적으로 학교에서 많은 시간을 보내는 학생들을 생각해서 실내 공기를 실시간으로 관리하고 야외활동 가부를 판단하는 데 도움을 주기 위해 만들었다.

현재 환경부의 국가 대기 관측망 자료는 실시간 자료가 아닌 시간 차가 있는 자료이기 때문에 이것을 학교에서 그대로 이용하기에는 무리가 있는 것이 사실이다. 실시간으로 실외활동 가능 여부를 판단하고 실외활동 가능 시간을 예측할 수 있는 근거가 필요하다.

또 많은 학생들이 생활하는 학교나 취학 전 어린이들이 다니는 유치원의 실내 공기는 관리 소홀로 실외 공기보다 오염도가 심각한 수준이다. 심지어 실내 공기 오염도가 실외 공기 오염도의 1,000배가 넘는 경우도 있다. 이로 인해 활동량과 호흡량이 성인보다 많은 청소년들에게 학습 능력 저하 및 성장 장애가 발생할 가능성이 있다.

따라서 학교가 위치한 곳의 정확한 실외 및 실내 공기 측정과 모니터링을 통해 야외활동 시간 조정 및 적절한 실내 환기 결정이 필요하다. 이것을 통합공기관리시스템이 해결해준다. 통합공기관리시스템을 구

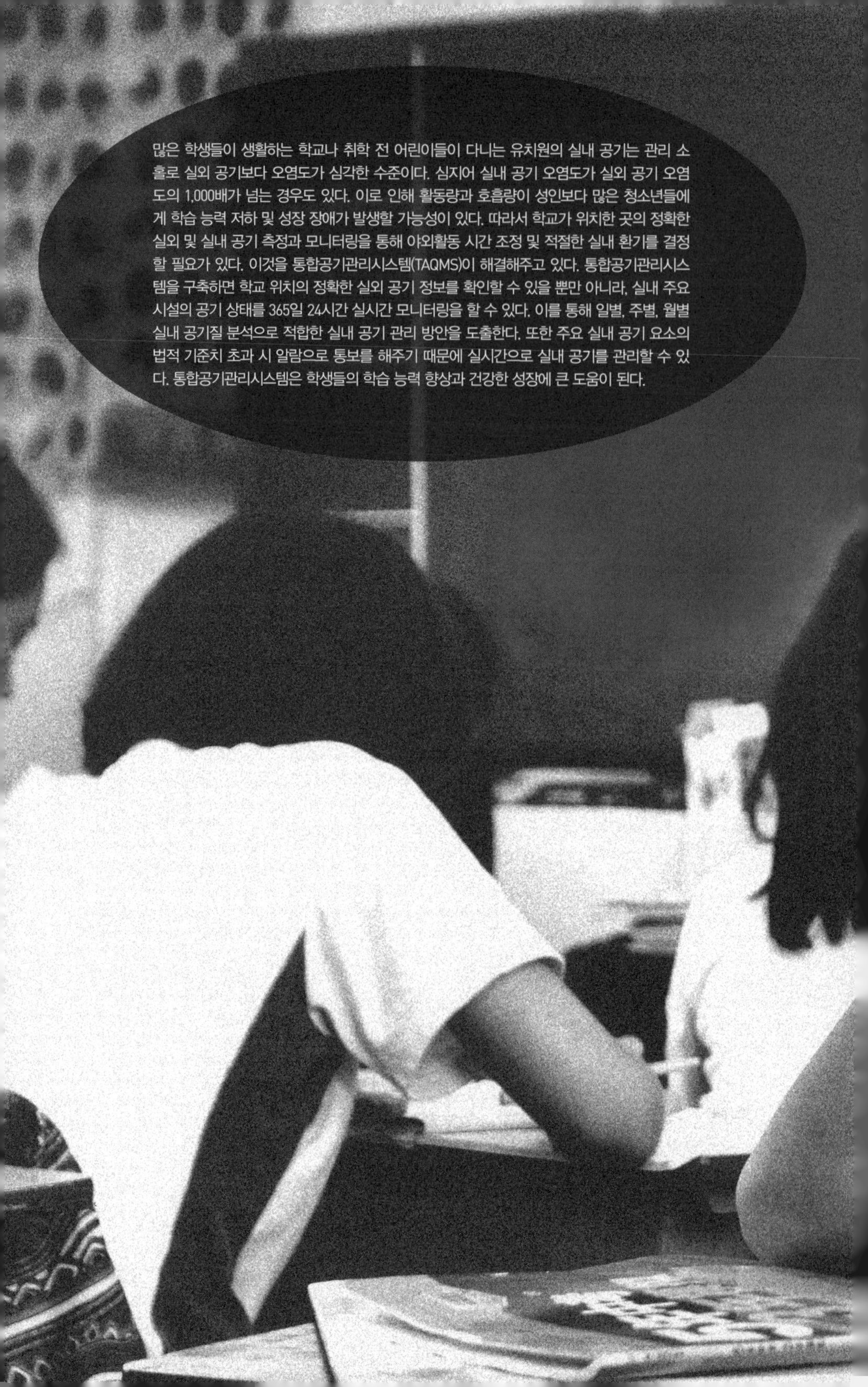

많은 학생들이 생활하는 학교나 취학 전 어린이들이 다니는 유치원의 실내 공기는 관리 소홀로 실외 공기보다 오염도가 심각한 수준이다. 심지어 실내 공기 오염도가 실외 공기 오염도의 1,000배가 넘는 경우도 있다. 이로 인해 활동량과 호흡량이 성인보다 많은 청소년들에게 학습 능력 저하 및 성장 장애가 발생할 가능성이 있다. 따라서 학교가 위치한 곳의 정확한 실외 및 실내 공기 측정과 모니터링을 통해 야외활동 시간 조정 및 적절한 실내 환기를 결정할 필요가 있다. 이것을 통합공기관리시스템(TAQMS)이 해결해주고 있다. 통합공기관리시스템을 구축하면 학교 위치의 정확한 실외 공기 정보를 확인할 수 있을 뿐만 아니라, 실내 주요 시설의 공기 상태를 365일 24시간 실시간 모니터링을 할 수 있다. 이를 통해 일별, 주별, 월별 실내 공기질 분석으로 적합한 실내 공기 관리 방안을 도출한다. 또한 주요 실내 공기 요소의 법적 기준치 초과 시 알람으로 통보를 해주기 때문에 실시간으로 실내 공기를 관리할 수 있다. 통합공기관리시스템은 학생들의 학습 능력 향상과 건강한 성장에 큰 도움이 된다.

축하면 학교 위치의 정확한 실외 공기 정보를 확인할 수 있다. 학교 근거리에 있는 국가 대기관측망과 학교 실외공기측정기의 관측값을 통합하여 제공하기 때문이다. 또한 실내 주요 시설의 공기 상태를 365일 24시간 실시간 모니터링을 한다. 이를 통해 일별, 주별, 월별 실내 공기질 분석으로 적합한 실내 공기 관리 방안을 도출한다. 또한 주요 실내 공기 요소의 법적 기준치 초과 시 알람으로 통보를 해준다. 한국외식과학고등학교는 통합공기관리시스템을 설치해 학생들의 실내 학습은 물론 실외 학습까지 도움을 받고 있다.

Tip 4
미세먼지 마케팅

미세먼지가 만든 기발한 상품들

미세먼지가 심각해지다 보니 새로운 기술로 무장한 제품이 만들어지고 있다. 미국 뉴욕의 한 스타트업은 투명 플라스틱 재질에 공기순환 기능을 갖춘 첨단 마스크 '오투오투(O2O2)' 시제품을 공개했다. 이 마스크는 양쪽 귀 아래에 작은 환풍기와 필터가 붙어 있어 마스크 안에 습기가 차지 않고 쾌적하게 숨을 쉴 수 있는 것이 특징이다. 40시간에 한 번씩 필터만 갈아주면 일회용인 천 마스크와는 달리 반영구적으로 사용할 수 있다. 공기질을 측정하는 센서가 있어서 IoT(사물인터넷)와 연동이 가능하다. 정말 기발한 상품이다.

괴짜 억만장자 일론 머스크Elon Musk가 이끄는 테슬라Tesla는 '생물무기 방어' 기술을 개발했다. 테슬라의 공기 여과 시스템 헤파HEPA는 미국 환경보호청EPA의 공기질 '좋음' 기준인 12㎍/㎥을 8,200% 초과하는 심각한 대기오염 상태에서도 순식간에 공기를 정화하는 것이 특징이다. 이용자가 차 안에서 '생물무기 방어 모드'를 누르면 단 2분

만에 차내 공기오염 농도가 990㎍/㎥ 수준에서 0㎍/㎥까지 떨어진다. 정말 꿈 같은 상품이다. 이미 테슬라는 중국 시장에 이 제품을 선보였다.

생뚱맞은 물 캡슐 이야기를 해보자. 미세먼지 농도가 높을 때 물을 자주 마셔주면 정말 좋다. 그런데 물을 마시기 위해 필요한 것이 페트병이다. 페트병은 환경오염의 주범으로 미국에서는 공공청사에서 페트병을 사용하지 못하게 한다. 그런데 아예 병을 먹을 수 있는 물병을 영국의 '스키핑 락스 랩Skipping Rocks Lab' 사가 출시했다. 비누방울처럼 생긴 이 캡슐형 물병의 이름은 '오호Ooho'로 얇은 막 안에 생수가 들어 있다. 통째로 입 안에 넣어 삼키면 된다. 식용 해조류에서 추출한 물질로 만들었기 때문에 먹어도 안전하다고 한다. 오염도 줄이고 환경 친화적인 이런 비즈니스 시장이 더욱더 커졌으면 좋겠다.

Chapter 5

미세먼지 극복 사례

1. 엔젤숲 유치원 등의 미세먼지 극복 사례

유치원에 미세먼지 측정기를 설치하는 것이 대세다

장안수의 "미세먼지가 건강에 미치는 영향"에 대한 연구를 보면 미세먼지가 어린아이들의 호흡기에 매우 나쁜 영향을 미치는 것을 알 수 있다.[1] 그의 어린이 연구에서 실내 초미세먼지 노출이 폐 기능 감소와 밀접한 관계가 있었다는 것이다. 미세먼지는 어린이의 폐 성장에 악영향을 미치고 폐의 선천면역을 떨어뜨려 호흡기질환 및 만성 폐쇄성 폐질환을 일으킨다. 어린이의 폐 손상은 평생을 살아가면서 만성 폐질환의 가능성을 높인다. 미세먼지는 어른보다 아이들에게 훨씬 더 심각한 폐해를 준다는 말이다.

2017년 3월 9일 MBC-TV는 "어린이 시설 10% '실내 공기 오염' 중금속 위험 수위"라는 제목의 뉴스를 보도했다. 그 내용을 여기에 소개해본다.

[기자] "경기도의 한 야산 자락에 위치한 숲 유치원. 숲길을 걷는 자연탐방은 물론, 교실마다 공기질측정기를 설치해 실내 환경도 신경을 썼습니다. 미세먼지나 폼알데하이드 같은 발암물질의 노출량을 실시간으로 확인할 수 있어 학부모들에게 인기입니다."

[정은우/유치원 교사] "(아이들이) 교실에서 놀이를 하다가 교실에 설치된 측정기 색깔로 '아, 오늘 교실 공기가 어떻다'라고 가끔 표현을 하기도 합니다."

놀라운 것은 환경부가 2016년에 어린이집과 유치원, 학교 같은 어린

---

1 장안수, "미세먼지가 건강에 미치는 영향", 순천향대학교 의과대학, 2015

이 활동 공간 1만 8,000여 곳의 실내 공기를 조사한 결과, 10곳 가운데 1곳만이 안전기준을 초과했다고 한다. 서울시 노원구의 한 공립 유치원은 납이 기준치의 400배를 초과했고, 카드뮴 같은 중금속도 200배를 넘었다. 그 당시 점검에서는 430㎡ 약 130평 미만의 소규모 사립 어린이집과 유치원은 제외되어 실제 기준 미달 시설은 더 많을 것으로 보인다는 보도다.

유치원의 미세먼지 관련 보도는 줄을 잇는다. SBS-TV에서도 유치원 사례를 2017년 4월 20일에 보도했다. 내용을 보자.

[기자] "미세먼지와 황사가 심해서 공기질에 대한 관심도 갈수록 높아지고 있습니다. 깨끗한 공기를 만들어주는 기계와 관련 산업이 커지고 있습니다. 정호선 기자입니다. 유치원 아이들의 야외 수업시간. 유치원 교사는 스마트폰으로 미세먼지 수치를 수시로 확인합니다."

[유치원 교사] "교실에서 나올 때는 하늘에 먼지가 없었는데 이제 먼지가 많아져서 교실로 들어가야 될 것 같아."

[기자] "이 유치원은 교실 안팎에 공기측정기를 설치해 실내외 활동 여부를 결정합니다."

[유치원 원감] "부모님들도 요즘에는 기관지나 이런 쪽으로 좀 안 좋은 아이들이 많고 하니까 굉장히 예민하신 편이에요."

위에서 보도된 유치원에서 실시간으로 미세먼지를 확인할 수 있는 장비는 우리나라의 한 기상서비스기업이 만든 실내공기측정기다.

어린이집 미세먼지 극복 성공 사례

"IoT(사물인터넷)을 기반으로 한 '실내 공기질 모니터링 시스템'을 전국 최초로 어린이집에 지원합니다."

기상서비스기업 한 곳은 2015년 12월 서울시 서초구(구청장 조은희)와 어린이집 프로젝트를 협력하기로 했다. 서초구가 정한 어린이집 50곳을 선정하여 실내공기측정기를 제공한 것이다. 이로써 2016년 3월부터는 어린이집 원장이나 교사가 인터넷과 스마트폰으로 언제 어디서나 실내 공기질 상태를 확인하고 관리할 수 있게 되었다. 24시간 365일 측정이 가능한 실내 공기질 모니터링 시스템은 미세먼지, 일산화탄소(CO), 폼알데하이드 등을 실시간으로 측정한다. 만일 위험요소가 발견될 경우 즉시 스마트폰으로 알림 메시지를 전달하며 실내 환경 개선 행동 요령까지 제시하고 있다. 이후 서초구는 실내뿐만이 아니라 실외의 공기질을 관리하기 위한 통합 모니터링 사업도 추진했다.

2016년 3월에 실내공기측정기가 50대 설치되어 어린이집의 실내 공기 모니터링이 시작되었다. 실시간으로 어린이집의 미세먼지나 공기질 모니터링이 가능해졌고, 어린이집 분석보고서를 통해 대응방안을 강구할 수 있도록 했다. 다른 설치 사례보다 거의 1년 이상 앞선 것으로 지자체의 어린이들에 대한 관심을 잘 보여주는 사례라 할 수 있다.

LG유플러스도 어린이집 실내 공기 관리에 발 벗고 나섰다. 대형 통신업체인 LG유플러스는 한 기상서비스기업, 어린이집안전공제회와 손잡고 어린이집 보육 환경을 개선하는 데 동참했다. 2016년 4월 21일자 전자신문에 보도된 내용이다.

"LG유플러스는 어린이집안전공제회가 선정한 전국 55곳 어린이집에 한 기상서비스기업의 IoT 기반 실내 공기질 모니터링 장비 '에어가드K LTE'를 보급하고 3년간 통신료를 무상 지원키로 했다. '에어가드K LTE'는 환경관측센서를 통해 실내 미세먼지, 온도 및 습도, 이산화탄소, 휘발성유기화합물(VOCs), 소음 등 6가지 실내 환경 요소를 측정

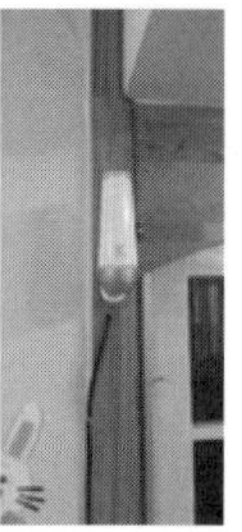

어린이집 실내공기측정기 설치 모습. 어린이집 원장이나 교사가 인터넷과 스마트폰으로 언제 어디서나 실내 공기질 상태를 확인하고 관리할 수 있다. 24시간 365일 측정이 가능한 실내 공기질 모니터링 시스템은 미세먼지, 일산화탄소(CO), 폼알데하이드 등을 실시간으로 측정한다. 만일 위험요소가 발견될 경우 즉시 스마트폰으로 알림 메시지를 전달하며 실내 환경 개선 행동 요령까지 제시하고 있다.

하는 IoT 장비다. 어린이집은 스마트폰과 PC로 실내 공기질 상태를 확인하고 관리할 수 있게 된다. 강학주 LG유플러스 상무는 'IoT 시장 선도 사업자로서 LG유플러스만의 IoT 서비스 강점을 기반으로 안전, 에너지 절감 등의 사회적 가치를 제공하는 다양한 지원 사업을 펼칠 것'이라고 말했다. 김동식 기상서비스기업 대표는 '황사, 미세먼지 등 공기오염이 심해져 실내 환경도 영향을 받고 있다'며 'IoT 기반 실내 공기질 모니터링 장비가 보육시설 환경 개선에 큰 도움이 될 것'이라고 설명했다. 김기환 어린이집안전공제회 사무총장은 '공제회에서 수행하는 안전관리 컨설팅사업과 연계해 실내 공기질의 중요도가 높은 영아들이 있는 가정·민간 어린이집을 우선으로 제공할 예정'이라며 '이를 통해 실내 보육환경이 보다 쾌적하게 유지·관리되기를 기대한다'고 말했다."

경기 고양시에 있는 엔젤숲 유치원 공기는 뭔가 좀 특별하다

2016년 12월 13일에 작성된 삼성전자 뉴스룸의 기사 내용을 소개해보겠다. "자, 선생님이랑 노래 불러볼까요?" 아름다운 오르골 소리가 스피커를 통해 울려 퍼지자, 아이들은 반주에 맞춰 목청껏 노래를 따라 부르기 시작했다. 노래가 끝나자마자 교사의 시선이 옆에 놓여 있던 스마트폰으로 향했다. 애플리케이션(이하 '앱')으로 교실의 현재 공기 상황을 한눈에 파악하기 위해서다. 교실의 공기질을 스마트폰으로 손쉽게 확인하는 모습은 원생 180여 명 규모의 이곳, 엔젤숲 유치원(경기 고양시 덕양구 일영로)에서 흔히 마주할 수 있는 광경이다.

엔젤숲 유치원은 북적거리는 도심에서 벗어나 한적한 북한산 자락 아래에 자리 잡고 있다. 주변이 울창한 산으로 둘러싸여 있어 원훈園訓도 "숲에서 자라나는 아이들"이다. 실제로 맑은 날, 유치원 바깥 공기는 '숨 한 번 크게 들이쉬면 콧속이 찡해질' 정도로 깨끗하다. 하지만 실내로 들어오면 얘기는 좀 달라진다. 더욱이 최근 미세먼지가 많은 날이 점점 늘고 있어 교사도, 학부모도 걱정이 이만저만 아니다. 고심 끝에 경영진이 내놓은 대안이 바로 한 기상서비스기업이 만든 실내공기측정기와 '에어가드 K', 삼성전자 공기청정기 '블루스카이'의 조합이었다. 정은우 엔젤숲 유치원감은 "우리 유치원 아이들이 바깥의 쾌적한 공기를 실내에서도 느꼈으면 하는 생각에서 에어가드K와 블루스카이를 설치하게 되었다"고 말했다.

엔젤숲 유치원에 설치된 블루스카이는 에어가드K와 연동된다. 둘 사이를 잇는 시스템은 삼성전자가 자체적으로 개발한 무료 스마트가전 연동기술 '스마트홈 클라우드 API'[2]다. (공기측정기와 공기청정기라는) 전혀 다른 두 제품이 삼성전자 기술로 연계되어 새로운 시장을 창

2 Application Program Interface. 운영체제와 응용 프로그램 간 통신에 쓰이는 언어(혹은 메시지) 형식.

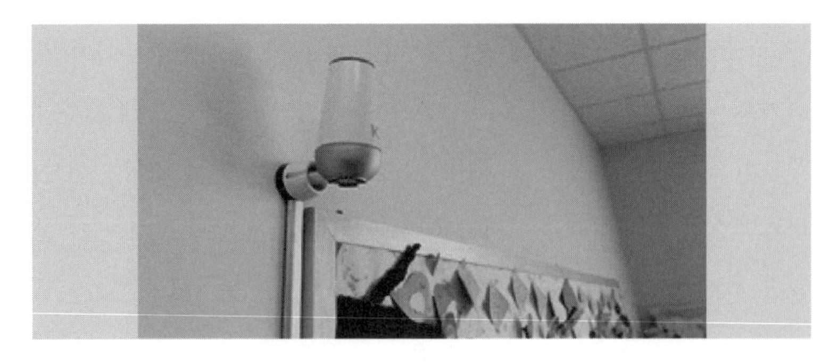

엔젤숲 유치원에 설치된 실내공기측정기 모습 〈출처: 삼성전자〉

출한 것이다. 이에 따라 엔젤숲 유치원 관리자는 에어가드K로 실내 공기 상태를 측정한 후, 실제 실내 공기 오염 정도에 따라 블루스카이를 작동시켜 실내 공기의 질을 보다 효율적으로 관리할 수 있다.

에어가드K의 기획·영업 업무를 담당하고 있는 김만 과장에 따르면 "에어가드K는 에어컨이나 공기청정기에 부착된 여느 센서와는 차원이 다른 성능을 자랑한다. 당장 공기질과 밀접하게 관련된 6대 요소, 즉 온도, 습도, 소음, 미세먼지, 이산화탄소, 휘발성유기화합물(VOCs)[3] 수치를 정밀하게 측정할 수 있다. 미세먼지나 이산화탄소 측정 결과는 블루스카이와 연동했을 때 효과를 발휘하지만 온도나 습도 측정 결과는 삼성 무풍에어컨과 연동, 온도 조절 시 요긴하게 사용할 수 있다. 어떤 기기와 만나느냐에 따라 활용성이 얼마든지 확장될 수 있는 구조다."

스마트홈 클라우드 API 덕분에 에어가드K로 측정된 실내 공기질은 에어가드K 앱으로 언제 어디서나 확인할 수 있다. 정은우 원감은 "요

---

3 Volatile Organic Compounds. 대기 중에 휘발되어 악취나 오존을 발생시키는 탄화수소화합물을 일컫는다.

즘 부쩍 유치원 실내 공기질 수치를 궁금해하는 학부모가 많다"며 "추후 이 앱을 적극 활용하여 모든 학부모가 시간과 장소에 구애받지 않고 자녀가 다니는 유치원의 공기질을 확인할 수 있도록 할 계획"이라고 말했다. 이날 수업이 계속되는 동안에도 에어가드K와 블루스카이는 교실 한편에서 묵묵히 제 몫을 다하고 있었다.

블루스카이 곁에서 친구들과 둘러앉아 책을 읽던 윤지효(7)양은 "여기 앉아 있으면 코가 시원해지는 기분이 들어 좋다"고 말했다. 실제로 이곳 원생들은 이제 블루스카이에 파란색 램프가 켜지기만 해도 "오늘은 미세먼지 없는 날"이라며 좋아한다. 얼마 전에는 한 학부모가 유치원 측에 "아이에게 비염 증세가 있었는데 유치원에 보낸 후 많이 좋아졌다"며 감사 인사를 전해오기도 했다. 정은우 원감은 "아이들마저 미세먼지라는 단어를 알고 예민하게 받아들이는 현실이 안타깝지만 우리 원생들만큼은 깨끗한 공기를 들이마시며 생활할 수 있어 다행"이라고 말했다.

에어가드K와 블루스카이, 그리고 무풍에어컨. 서로 무관해 보였던 이들 기기는 '삼성 스마트홈 클라우드 API'라는 연결고리를 만나 진정한 스마트가전으로 다시 태어났다. 정유성 삼성전자 생활가전사업부 스마트가전TF 과장은 "오늘 엔젤숲 유치원 아이들의 건강한 모습을 보니 감회가 새롭다"며 "향후 스마트홈 클라우드 기술을 적극 활용해 패밀리 허브 냉장고와 로봇청소기 등 다양한 스마트가전에 변화가 일어났으면 좋겠다"고 말했다.

2. 도서관과 병원의 미세먼지 극복 사례

맑은 공기가 학습 성적을 올린다

실내 공기가 맑을수록 학생들의 학습 효과는 높아진다. 로런스 버클리 국립연구소Lawrence Berkeley National Laboratory는 "올바른 환기를 할 시, 학생들의 성적은 5~10% 향상된다"고 밝혔다. 그러면서 "올바른 환기를 할 시, 결석률을 35% 가량 감소시킬 수 있다"고도 주장했다. 2014년에 덴마크 공대의 실내환경에너지센터는 "실내 온도를 4℃(25℃에서 21℃로) 낮추면 학습 능력은 8% 향상된다"고 주장했다. 2014년에 영국 레딩대학은 "상대적으로 더 나은 환기 시설이 설치된 교실에서 시험을 본 학생들은 그렇지 않은 학생들에 비해 약 15% 이상 더 높은 점수를 받았다"는 흥미로운 연구 결과를 발표했다. 미국 환경보호청은 "미국 내 학교 50%는 실내 공기 오염 문제를 갖고 있다"면서 이를 시급히 개선해야 한다고 주장했다. 이런 연구들이 나타내는 것은 무엇일까? 자녀들이 공부를 잘하기를 원한다면 실내 공기를 관리해주어야 한다는 말이다.

2016년 7월 3일 전자신문에 실린 "공부 잘 되는 실내 공기 상태를 유지해주는 IoT 솔루션 등장"이라는 기사를 보자.

"공부가 잘 되도록 최적의 공기 상태를 유지시켜주는 솔루션이 등장했다. 부모가 신경 쓰지 않아도 공부가 잘 되는 학습 환경을 유지하도록 에어컨과 공기청정기를 자동으로 제어한다.

삼성전자는 한 기상서비스기업과 함께 사물인터넷(IoT) 기술을 공기개선제품과 접목한 '에어가드K 공기 개선 솔루션'을 출시했다. 이 제품은 삼성전자 스마트가전 연동 기술인 스마트홈 클라우드 API를 활용해 개발되었다. 에어가드K 공기측정기로 내 위치의 공기 상태를 측정하고 이를 기준으로 에어컨, 공기청정기를 제어하는 공기 개선 솔루션이다. 에어가드K 공기측정기는 실내외 미세먼지를 비롯한 오염물질과 소음을 모니터링 해 모바일이나 PC에서 언제든지 공기 상태를 확인할 수 있다.

에어가드K 공기 개선 솔루션은 에어가드K 공기측정기 위치의 공기 상태를 기준으로 에어컨, 공기청정기를 제어하는 '에어가드K 무풍에어컨'과 '에어가드K 블루스카이 공기청정기'로 구성되었다. 공기측정기와 에어컨, 공기청정기가 연동된 복합상품이다. 에어가드K 공기측정기를 만든 기상서비스기업은 각종 실내 환경 요소들이 학습능률에 미치는 영향과 쾌적성, 실내 오염도를 고려한 학습능률지수[CSEI]를 개발해 이번에 출시한 공기 개선 솔루션에 함께 제공한다. 학습능률지수는 공기측정기로 측정된 온도, 습도, 소음, 미세먼지, 이산화탄소 등 요소들

사물인터넷(IoT) 기술을 접목한 에어가드K 공기 개선 솔루션은 에어가드K 공기측정기 위치의 공기상태를 기준으로 에어컨, 공기청정기를 제어하는 '에어가드K 무풍에어컨'과 '에어가드K 블루스카이 공기청정기'로 구성되었다. 공기측정기와 에어컨, 공기청정기가 연동된 복합상품이다. 에어가드K 공기측정기를 만든 기상서비스기업은 각종 실내 환경 요소들이 학습능률에 미치는 영향과 쾌적성, 실내 오염도를 고려한 학습능률지수(CSEI)를 개발해 이번에 출시한 공기 개선 솔루션에 함께 제공한다.

이 학습수행능력에 영향을 주는 정도에 따라 가중치를 적용해 산출한 것이다.

적정 온도보다 1℃ 높아질 때마다 인지 속도와 정확도 등 학습수행 능력이 2~4% 감소한다는 국내외 연구 자료를 토대로 학습을 위한 실내 적정온도를 계절에 따라 설정한다. 미세먼지는 실내통합쾌적지수 5단계에 맞춰 관리된다. 학습능률지수는 에어가드K 앱에서 부가적으로 서비스되며 '좋음', '보통', '약간 나쁨', '나쁨', '매우 나쁨' 5단계와 단계별 행동 요령도 서비스된다. 거실에 설치된 에어컨 온도가 아니라 아이의 위치에 놓인 공기측정기의 온도를 기준으로 에어컨의 '냉방 모드'가 구동되어 학습 쾌적 온도를 '좋음' 단계로 맞춰준다. 미세먼지도 '좋음' 단계를 벗어나면 에어컨이 '청정 모드'로 바뀌면서 공기청정기가 작동되고, 습도가 높으면 에어컨의 '제습 모드'가 작동되어 최적 학습 환경을 유지시켜준다. 김동식 사장은 '공기측정기에 사물인터넷(IoT) 기술을 융합해 새롭게 개발한 '에어가드K 공기 개선 솔루션'은 최적의 학습 환경을 유지해 학습능력 향상뿐 아니라 건강도 지킬 수 있도록 도와준다'고 말했다."

현재 강서도서관(서울 강서구), 푸른들도서관(서울 강서구), 관악문화관도서관(관악구), 해오름도서관(서울 성북구)은 실내공기측정기를 설치해 효율적으로 실내 공기를 관리하고 있다. 이 실내공기측정기는 도서관을 찾는 사람들의 학습능률 향상과 건강 증진에 큰 도움이 되고 있다.

병원의 환자들에게 미세먼지는 최악이다

박경호 등은 미세먼지 농도와 사망률의 상관관계를 연구하면서 다양한

실내 공기가 맑을수록 학생들의 학습 효과는 높아진다. 현재 강서도서관(서울 강서구), 푸른들도서관(서울 강서구), 관악문화관도서관(관악구), 해오름도서관(서울 성북구)은 실내공기측정기를 설치해 효율적으로 실내 공기를 관리하고 있다. 이는 도서관을 찾는 사람들의 학습능률 향상뿐만 아니라 건강 증진에도 큰 도움이 된다.

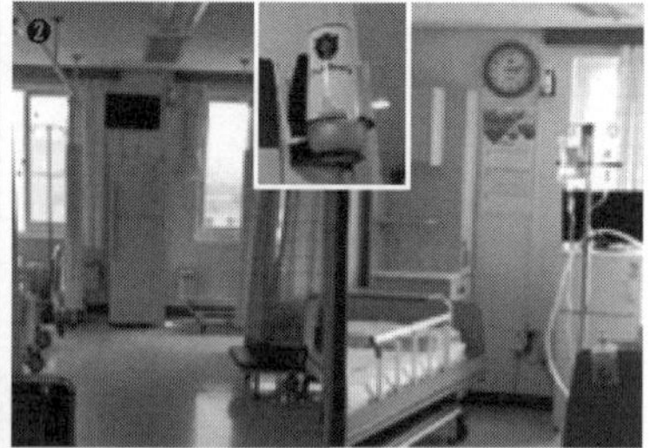

❶ 종합병원 외부에 설치한 실외공기측정기
❷ 병실에 설치한 실내공기측정기
❸ 병원 지원공간에 설치된 실내공기측정기
병원 외부와 병실, 지원공간에 설치한 공기측정기는 병원의 공기질을 효율적으로 관리하고 개선하여 환자들의 면역력을 증강시키는 데 큰 도움이 되고 있다.

외국의 사례를 소개했다.[4] 미국 매사추세츠 주에서 실시한 2000~2008년 추적 조사에서 초미세먼지 농도가 10$\mu g/m^3$ 상승할 때 급성 노출 시 심장이나 호흡기 사망률이 2.8% 증가한다. 만일 장기간 노출되면 1.6배 증가한다. 이 연구에서는 미세먼지가 미치는 심장호흡기 사망률이 8%, 폐암 사망률이 12.8%, 허혈성 심장질환 사망률이 9.4%인 것으로 밝혀졌다. 일반인의 경우에도 미세먼지는 나쁘지만 병원에 입원해 면역력이 떨어져 있는 환자들에게 미세먼지는 최악일 수 있다. 따라서 최근에는 병원에서 실내 미세먼지 농도를 측정하여 대비하는 곳이 하나 둘 생기고 있다.

순천향대학교병원은 환자들의 건강을 위한 병실, 지원공간, 병원 외부에 공기측정기를 설치했다. 병원 측은 병원 내외부 실시간 측정으로

4 박경호 외, "미세먼지 농도와 악성 신생물 사망률과의 상관관계", 한서병원가정의학과, 2017

특정 지점의 정확한 공기 상태 정보를 확인할 수 있다고 한다. 공기 상태 비교를 통해 환기 가능 여부 및 시간을 판단하고 적절한 행동을 취하고 있다. 이렇게 병원 외부와 병실, 그리고 지원공간에 설치한 공기측정기는 병원의 공기질을 효율적으로 관리하고 개선하여 환자들의 면역력을 향상시키는 데 큰 도움이 된다고 한다. 특히 중환자실과 호흡기환자 병실에는 반드시 공기측정기가 필요하다. 좀 더 여유가 있다면 모든 병실과 지원인력 근무실에도 설치하는 것이 좋을 것 같다.

3. 백화점과 대형 매장의 미세먼지 극복 사례

쾌적한 실내 공기 관리로 소비자를 사로잡다

소비자들은 실내 공기가 쾌적하다고 느끼거나 점주들이 실내 공기를 관리하고 있다는 것을 알게 되면 더 많이 찾게 된다. 최근에는 미세먼지 문제가 심각해 실내 공기에 더욱더 민감해진 소비자들을 위해 실내 공기를 관리하는 백화점이나 대형 마트가 속속 생기고 있다.

먼저 롯데마트의 사례를 소개해본다. 이곳은 다중이용시설 법적측정서비스를 받아야 하는 곳이다. 또 밀폐된 공간과 진열상품의 묵은 먼지 등으로 인한 실내 공기질 개선이 필요한 곳이다. 이에 롯데마트는 한 기상서비스기업과 손잡고 전국 117개 롯데마트 매장 및 실내주차장에 대한 법적측정서비스를 실시했다. 또한 마트 매장 내에서 어린이들이 머무는 수유실과 키즈카페에 실내공기측정기를 설치했다. 실내 공기 상태는 DID Digital Information Display를 통해 모니터링하고 있다. 롯데마트는 실시간 실내 공기 측정치를 이용하여 공기 상태를 확인한 후 공기질을

롯데마트 매장 내 설치된 실내공기측정기 및 DID 모니터. 롯데마트는 실시간 실내 공기 측정치를 이용하여 공기 상태를 확인한 후 공기질을 개선하고 있다. 이런 시스템으로 인해 쾌적한 실내 환경을 유지할 수 있으며 반응이 좋은 고객들의 재방문을 유도할 수 있다. 공기질 관리를 이용한 좋은 마케팅의 예라고 할 수 있다.

개선하고 있다. 이런 시스템으로 인해 쾌적한 실내 환경을 유지할 수 있으며 반응이 좋은 고객들의 재방문을 유도할 수 있다. 공기질 관리를 이용한 좋은 마케팅의 예라고 할 수 있다.

두 번째 사례는 영화관인 메가박스다. 영화관도 다중이용시설 법적 측정서비스 대상장소다. 밀폐된 공간에서 많은 인원이 2~3시간 함께 있는 곳으로 공기질 개선 필요성이 큰 장소다. 메가박스는 한 기상서비스기업과 협력하여 매장에 대한 실내 공기 측정을 실시했다. 또한 상영관과 매장 내부 등에 실내공기측정기를 설치하여 실시간 모니터링을 했다. 이를 통해 그동안 해왔던 단발성 실내 공기질 측정의 한계를 넘어설 수 있었다. 실내 공기질 관리를 통한 쾌적한 환경으로 고객들의 반응이 좋아진 사례다.

세 번째 사례는 현대백화점 압구정점이다. 이 백화점은 효율적인 공기질 관리를 통한 고객만족도 향상을 위해 실내 공기질 측정을 실시했다. 먼저 현대백화점 압구정점은 시범적으로 지하2층 식품매장에 실내

메가박스 매장 내 설치한 실내공기측정기와 모니터 장비. 영화관은 하루 종일 밀폐된 공간에 수많은 사람들이 드나드는 곳으로 어느 곳보다 공기질 개선이 필요한 장소다. 메가박스는 상영관과 매장 내부에 실내공기측정기를 설치하여 실시간 실내 공기를 측정하고 모니터링함으로써 그동안 해왔던 단발성 실내 공기질 측정의 한계를 넘어서 쾌적한 환경의 영화관으로 거듭났다.

공기측정기 2대를 설치해 운영했다. 효율적 공기 관리 및 고객만족도 향상에 효과가 있음을 확인한 후 실내공기측정기가 측정하는 온도, 미세먼지, 휘발성유기화합물, 이산화탄소 등 공기 상태에 따라 공조기를 연동했다. 식품매장과 의류매장이 근접해 있어 공기질 관리 소홀 시 불쾌함을 느끼는 고객이 있었는데, 공기를 진단하고 개선함으로써 고객들의 만족도를 향상시키고 재방문의 가능성을 높이는 계기가 되었던 사례다.

네 번째 사례는 파리바게뜨다. 고객들의 만족도 향상과 에너지 절약을 위해 LG전자 공조 시스템과 한 기상서비스기업의 실내공기측정기를 연계했다. 파리바게뜨는 2017년 2월에 고객만족도 향상을 위해 실내공기측정기를 통한 공기질 관리를 시작했다. 실내공기측정기를 설치한 대리점은 광명역사점, 사당역점, 한남더힐점, 이수태평점이었다. 파리바게뜨는 전국에 가맹점이 3,500개나 된다. LG전자 클라우드센터에서는 실내 공기질 빅데이터를 수집 중에 있으며 LG전자 시스템 에어

현대백화점 압구정점 실내공기측정기 설치 모습. 현대백화점 압구정점은 시범적으로 지하2층 식품매장에 실내공기측정기 2대를 설치해 효율적 공기 관리 및 고객만족도 향상에 효과가 있음을 확인한 후 실내공기측정기가 측정하는 온도, 미세먼지, 휘발성유기화합물, 이산화탄소 등 공기 상태에 따라 공조기를 연동했다. 식품매장과 의류매장이 근접해 있어 공기질 관리 소홀 시 불쾌함을 느끼는 고객이 있었는데, 공기를 진단하고 개선함으로써 고객들의 만족도를 향상시키고 재방문의 가능성을 높이는 계기가 되었다.

파리바게뜨 매장에 설치된 실내공기측정기 모습. 파리바게뜨는 2017년 2월에 고객만족도 향상을 위해 실내공기측정기를 통한 공기질 관리를 시작했다.

컨이나 공조기상품과 LTE에 기반을 둔 실내공기측정기 결합상품을 공동개발할 예정이다. 측정과 동시에 실내 공기 관리가 이루어지는 시스템으로 많은 식품매장에 설치될 것으로 보인다.

교보리얼코는 보유 건물들에 대한 실내 공기 관리 사업을 시작했다.

사업을 하게 된 이유는 실내 공기질 개선으로 직원의 건강관리에 도움이 되고 최적화된 근무 환경을 만들어 업무능률을 향상시키기 위해서였다. 이를 위해 광화문 본사와 서초동에 있는 교보타워, 부산과 광주에 있는 교보생명과 천안에 있는 교보생명연수원에 각 2대씩 실내공기측정기를 설치했다.

교보 측은 실내공기측정기를 통해 실시간으로 측정해 얻은 측정값을 이용하여 사용자나 관리자가 자발적으로 실내 공기질을 관리할 수 있도록 했다. 앞으로 교보생명, 교보문고를 포함한 전국 65개 시설물에 실내공기측정기를 설치하여 직원들의 업무능력 향상 및 건강 케어에 도움이 되게 할 예정이다.

이 밖에도 많은 카페나 장애인복지시설, 체육시설에서 실내공기측정기나 실외공기측정기를 설치하여 운영하고 있다. 더 많은 사람들이 더 좋은 공기를 누릴 수 있도록 하기 위해서다. 팀에이스 유소년 스포츠센터와 리치칼튼 휘트니스는 실내공기측정기를 설치하여 운동하는 사람들의 건강을 돕는다.

휘트니스센터에서 운동을 하게 되면 호흡 유속이 빨라진다. 이 경우 인체에 침착되는 미세먼지의 양은 늘어난다. 통상 성인 남성이 미세먼지 농도 50㎍/㎥ 하에서 5.5km/h(속보) 속도로 1시간 동안 걸으면 120㎍의 미세먼지를 들이마신다. 그런데 9.5km/h 속도로 달리면 240㎍의 미세먼지를 들이마시게 된다. 이것은 동 시간 움직이지 않고 휴식을 취할 경우 경보 발령 수준인 300㎍/㎥ 농도 하에서 흡입하는 108㎍보다 훨씬 더 많은 양이다. 또 운동 강도가 셀수록 호흡하는 미세먼지의 양은 기하급수적으로 증가한다. 그렇기 때문에 이런 운동센터에서는 반드시 실내 공기 관리가 필요하다.

교보 건물에 설치된 실내공기측정기 모습. 교보리얼코는 보유 건물들에 대한 실내 공기 관리 사업을 시작했다. 사업을 하게 된 이유는 실내 공기질 개선으로 직원의 건강관리에 도움이 되고 최적화된 근무 환경을 만들어 업무능률을 향상시키기 위해서였다. 이를 위해 광화문 본사와 서초동에 있는 교보타워, 부산과 광주에 있는 교보생명과 천안에 있는 교보생명연수원에 각 2대씩 실내공기측정기를 설치했다.

카페나 장애인복지시설 등 다양한 곳에 설치된 실내공기측정기 모습. 이제 실내공기측정기는 쾌적한 공기가 매출액 상승에 도움을 주는 카페나 미세먼지나 실내 공기 오염물질에 취약한 장애인들의 건강을 지켜야 하는 장애인복지시설에서는 필수품이 되었다.

그리고 쾌적한 공기가 매출액 상승에 도움을 주는 카페도 여러 곳에서 실내공기측정기를 설치하고 있다. 대표적인 카페로는 던킨 도너츠, 아이스프링, 탐앤탐스 등이 있다. 장애인복지시설인 화성아름마을도 실내공기측정기를 설치하여 미세먼지에 취약한 장애인들의 건강을 지켜주고 있다.

4. 고속도로 휴게소와 공기업의 미세먼지 극복 사례

도로공사, 고속도로 휴게소 '미세먼지 잡는다'

한국도로공사는 고속도로 휴게소를 이용하는 고객들을 위한 미세먼지 저감 사업을 벌였다. 2017년 4월 29일 YTN 보도를 보자.

"고속도로에서 잠시 쉬어가기 위해 휴게소 이용하시는 분들 많으시죠? 휴게소 내 공기질 상태를 확인해 미세먼지를 줄이기 위한 환경 개선 작업이 시작되었습니다. 이상곤 기자입니다."

[이상곤 기자] "고속도로 휴게소 식당 한쪽 벽이 온통 식물들로 꾸며졌습니다. 실내 공기를 정화하기 위해 설치한 겁니다. 수유실에는 별도의 공기청정기가 마련되었습니다. 실시간으로 공기질을 측정해 쾌적한 환경을 유지해줍니다."

[장잉잉 / 휴게소 이용객 (중국인)] "매우 좋은 것 같아요. 공기청정기도 있고 미세먼지도 관리 잘 되고 아기랑 편하게 잘 이용할 수 있을 것 같아요."

"충청지역 고속도로 휴게소에서 실내 환경을 개선해 미세먼지 줄이기에 나선건데요. 미세먼지와 이산화탄소 농도 등을 측정하는 센서가 휴게소 곳곳에 설치되었고, 각종 정보는 한곳에 모여 관리됩니다."

[한상학 / 망향휴게소 휴게사업본부장] "미세먼지는 30~40% 정도 저감을 시켰고요. 그러다 보니까 근무하는 직원들도 만족도가 상당히 높아지고 있고……."

[이상곤 기자] "공기 질 상태는 조만간 휴게소 이용객들에게도 제공될 예정이며, 환경이 열악한 휴게소는 각종 설비를 전부 교체하게 됩니다."

[홍용계 / 한국도로공사 대전충청본부 고객팀 팀장] "24시간, 365일

데이터를 수집하기 때문에 이것을 기반으로 해서 미세먼지 취약 요인을 찾고요. 집중적으로 환경 개선을 실시할 계획입니다."

[이상곤 기자] "미세먼지가 건강을 해치는 주범으로 떠오르면서 고속도로 휴게소 공기 질 개선을 위한 노력이 시작됐습니다."

실내 공기질을 측정할 수 있는 에어가드K의 센서가 측정한 정보는 스마트폰 앱을 통해 실시간으로 확인할 수 있다. 그리고 이렇게 모인 정보를 이용해 휴게소의 공기질을 개선할 수 있도록 해서 평균 미세먼지 농도가 30% 정도 줄어드는 놀라운 성과를 거두었다. 이 프로젝트에서 한국도로공사 26개소 휴게소에 미세먼지 간이측정기가 설치되었다(경부선, 중부선, 서해안선). 그리고 도로공사 전용 모니터링 화면을 통해 실시간 휴게소의 미세먼지나 실내 공기 상태를 모니터링할 수 있도록 했다. 이와 함께 휴게소의 실내 공기질 분석 보고서와 함께 분석 내용에 따른 개선 솔루션을 제공함으로써 도로공사에서 효과적으로 공기질 관리가 가능해졌다. 환기나 미세먼지를 제거하는 수직녹화 이용과 함께 미세먼지 간이측정기와 공기정화기를 연동함으로써 쾌적한 공기 제공이 가능해진 것이다.

워낙 고객들의 반응이 좋다 보니 각종 언론에서 이 내용을 다룬 기사가 쏟아졌다. 2017년 3월 21일《충북일보》는 음성휴게소 사례를 보도했다.

"미세먼지 측정기는 휴게소 내 고객들이 가장 많이 이용하는 곳을 선정 후 설치해 측정된 데이터값을 고객들이 어플리케이션을 통해 실시간으로 확인할 수 있다. 음성휴게소 소장은 '최근 들어 미세먼지의 유해성이 알려지고 있음에 따라 고객들이 조금 더 안심하고 건강한 휴게소를 이용하실 수 있도록 미세먼지 측정기 데이터값을 활용해 미세먼지 저감

고속도로 휴게소에 설치된 실내공기측정기 모습. 실내 공기질을 측정할 수 있는 에어가드K의 센서가 측정한 정보는 스마트폰 앱을 통해 실시간으로 확인할 수 있다. 그리고 이렇게 모인 정보를 이용해 휴게소의 공기질을 개선할 수 있도록 해서 평균 미세먼지 농도가 30% 정도 줄어드는 놀라운 성과를 거두었다.

을 위한 환경 개선 등 쾌적한 휴게소 조성에 노력하겠다'고 전했다."

2017년 3월 5일《충청일보》에 보도된 인근 오창휴게소 사례도 소개한다.

"한국도로공사 오창휴게소(하남 방향)는 청정한 환경을 구축하기 위해 수유실 등 매장 내부에 실내공기측정기를 설치했다고 5일 밝혔다. 실내공기측정기는 실내 환경의 각종 오염물질과 소음을 모니터링해 실내 공기질을 쾌적하게 유지하도록 하는 모니터링 스테이션이다. 오창휴게소 관계자는 '미세먼지 저감 및 청정 휴게소를 구축해 휴게소 이용객들에게 보다 쾌적하고 편안한 분위기를 제공할 수 있도록 정기적인 점검과 관리를 통해 최선을 다하겠다'고 말했다."

제주도도 대기오염에 발 벗고 나섰다

"KT, 제주도와 협력하여 국내 최초 IoT '공기질 환경 개선' 구축". 2017년 4월 28일 CBS 노컷뉴스의 기사[5] 제목이다. 기사 내용을 보자.

---

5 http://www.nocutnews.co.kr/news/4776564#csidxc7f4e46bda98c978d7550078903a9aa

"KT는 제주도 내 미세먼지 등 대기오염 문제를 체계적으로 해결하고, 지역의 효율적인 공기질 관리를 위한 'IoT 활용 공기질 환경 개선 협약'을 체결했다고 28일 밝혔다. KT는 이번 협약에 따라 '스마트 공기질 측정 관리 솔루션'을 기지국, 전화부스, 전주, 주민센터, 버스정류장 등 제주도 전역에 저비용으로 구축해 미세먼지, 초미세먼지, 소음, 온도, 습도 등 공기질 상태를 24시간 내내 실시간으로 수집한다. 설치된 실외공기측정기는 한 기상서비스기업과 협력했다.

측정한 데이터는 지자체에서 웹Web관제를 통해 실시간으로 확인할 수 있다. 누적된 공기질 데이터는 KT 트래픽 정보 등과 결합해 빅데이터 분석 뒤 제주도에 제공함으로써 대기오염 발생 지역 도출 외에도 신속한 공기질 관리 대응체계 구축이 가능하다. 또한 KT는 제주도와 실무협의체 공동 구성을 통해 미세먼지 선진 관리체계 마련, 공간정보와 결합해 취약지역 분석, 대기오염 배출원 환경감시업무 지원, 고비용의 국가측정망 데이터 보완, 지역·계절·시간대별 미세먼지 현황지도 제공, 관측 정보 분석에 기반한 청소차의 동선 최적화 등을 수행한다.

제주도청 관계자는 "제주도의 지역적 특성에 맞춘 IoT 기반 공기질 측정망을 통해 청정 제주와 도민의 건강 관리가 가능해질 것"이라며 "경제적인 IoT 측정망을 활용해 기존 공기질 국가측정망의 데이터를 보완하고, 미세먼지 저감 정책에도 활용할 수 있을 것으로 보인다"고 말했다. 김준근 KT GiGA IoT 사업단장은 "KT는 미세먼지 등 대기오염의 위협으로부터 깨끗한 제주도를 만들 수 있도록 IoT 공기질 측정망을 구축하고 빅데이터 분석을 제공할 것"이라며 "앞으로도 사람을 위한 다양한 혁신 기술을 지속 선보이며 환경문제 개선과 사회적 비용 절감에 기여할 수 있도록 노력하겠다"고 말했다. 제주도에서 도민들에게 맑은 공기를 제공하기 위한 혁신적인 정책을 펴는 것을 보면서 감동을 받았다.

정부서울청사, 한국우편사업진흥원, K유통도 공기 개선에 나섰다

《뉴스위크》 기사 중에 공기질이 두뇌의 능력에 많은 영향을 미친다는 기사가 있다.

"2016년 10월 《환경보건전망Environmental Health Perspectives》에 발표된 논문에서 공기질과 인지능력 간에 뚜렷한 상관관계가 밝혀졌다. 환기가 잘 되고 이산화탄소와 VOCs(휘발성유기화합물) 농도가 낮은 그린 환경LEED에서 생활하는 참가자들의 인지능력 점수는 재래식 업무용 건물에서 생활하는 참가자들에 비해 61%나 높았다. LEED 인증에서 요구하는 기준의 2배로 환기된 공기에 노출되었을 때, 즉 '그린 플러스'로 명명한 환경에서는 피험자들의 인지 점수가 100% 이상 상승했다. 테스트는 지적능력의 다양한 영역을 측정했다. 공기질이 개선되었을 때 특히 더 향상되었는데, 논문의 대표 작성자 조지프 앨런Joseph Allen은 공기질이 좋은 환경에서는 더 현명한 결정을 내리고 생산성이 높아졌다고 말한다. 특정 목표 달성을 위해 정보를 수집하고 적용하는 '정보 활용' 능력 점수는 그린과 그린플러스 환경에서 각각 172%와 299% 상승했다. 또한 계획하고 우선순위와 실행순서를 정하는 '전략 능력'에 있어서는 기존의 공기질 환경에서보다 그린과 그린플러스 환경에서 각각 183%와 288%가 상승했다."

성과를 올리기 원하는 CEO는 공기질 개선부터 시작할 일이다.

정부서울청사는 내부에 있는 사무실과 보육시설, 교육시설의 실내 공기질을 체계적으로 관리하기 위해 법적측정서비스를 한 기상서비스기업에 의뢰했다. 정부서울청사 본관 및 후생관, 청소년자립관, 관내 어린이집 등에 대한 측정 서비스를 완료한 후 미래부장관실 등에 실내 공기측정기를 설치하여 운영 중이다. 측정기를 통해 실시간으로 표출되는 측정값 덕분에 이용자 및 관리자가 자발적으로 실내 공기질을 체계적으로 관리할 수 있게 되었다. 이를 통해 직원의 건강관리에 도움을 주고, 맑은 실내 공기로 업무능률이 향상되었다.

농수산유통의 K몰도 직원 및 고객들에게 쾌적한 실내 환경을 제공하기 위해 실내공기측정기와 DID를 설치했다. 지하1층 과일, 채소 도매상인 부근에 실내공기측정기를 설치하고 실외공기측정기도 설치했다. 이를 통해 외부와 내부의 실시간 측정치를 이용하여 공기 상태를 파악할 수 있다. 실내와 실외를 비교함으로써 공기청정기 가동 및 환기 가능 여부도 판단이 가능하게 되었다. 무엇보다 쾌적한 실내 환경을 유지할 수 있게 된 것이 가장 큰 소득이라고 한다.

또 다른 성공적인 실내 공기 관리 기관은 한국우편사업진흥원이다. 한국우편사업진흥원은 실내 공기질 개선 사업을 실시했다. 일명 '하츠Haatz의 봄'[6]이라는 프로젝트에 국내 기상서비스기업의 측정기가 지원된 사례다. 직원 및 고객들에게 쾌적한 실내 환경을 유지시켜주기 위한 것이다. 한국우편사업진흥원 2~4층 고객센터 각 층에 실내공기측정기를 1개씩 설치하고2층 콜센터에 DID를 설치해 모니터링할 수 있도록 했다. 이 프로젝트 진행 후 실시간 공기질 확인이 가능하여 에너지 절감 및 공기정화, 습도 조절 등 효과적으로 공기질 관리를 할 수 있게 되었다.

---

6 레인지 후드 전문업체 하츠의 세대환기, 수직녹화를 통해 깨끗한 공기를 제공하고, DID(Digital Information Display)와 에어가드K로 공기질을 모니터링하는 실내 공기질 개선 솔루션 시스템으로, 하츠가 진행하는 청정사업이다.

정부서울청사에 실내공기측정기가 설치된 모습. 정부서울청사는 청사 내 실내 공기질을 체계적으로 관리하기 위해 본관 및 후생관, 청소년자립관, 관내 어린이집 등에 대한 측정 서비스를 완료한 후 미래부장관실 등에 실내공기측정기를 설치하여 운영 중이다. 이를 통해 직원의 건강관리에 도움을 주고, 맑은 실내 공기로 업무능률이 향상되었다

농수산유통 K몰의 실내 공기 측정치 디스플레이 표출 장면. 농수산유통 K몰은 직원 및 고객들에게 쾌적한 실내 환경을 제공하기 위해 실내공기측정기와 실외공기측정기, DID를 설치했다. 이를 통해 실내와 실외를 비교함으로써 공기청정기 가동 및 환기가능 여부를 판단할 수 있게 되었다. 무엇보다 쾌적한 실내 환경을 유지할 수 있게 된 것이 가장 큰 소득이다.

한국우편사업진흥원에 설치된 실내공기측정기 모습. 직원 및 고객들에게 쾌적한 실내 환경을 유지키셔주기 위해 실내 공기질 개선 사업을 실시한 한국우편사업진흥원은 2~4층 고객센터 각 층에 실내공기측정기를 1개씩 설치하고2층 콜센터에 DID를 설치해 모니터링할 수 있도록 했다.

Tip 5
미세먼지 마케팅

공기 컨설턴트를 아시나요?

미세먼지가 국민의 관심사로 떠오르면서 공기와 관련된 환경산업이 급부상하고 있다. 중국 베이징에서는 미세먼지로 인해 기러기아빠가 생겼다. 임신을 한 아내를 공기가 맑은 시골로 보내고 남편은 베이징에서 기러기아빠로 산다. 여기에다가 맑은 공기를 찾아 떠나는 '폐 정화 관광' 같은 재미있는 상품도 나왔다.

미세먼지 농도가 점점 높아지다 보니 공기산업이 급격하게 성장하고 있다. 기업들은 공기질 측정, 공기질 개선, 공기질 관리 등 공기 관련 상품을 앞다퉈 내놓고 있다. 최근에는 사물인터넷(IoT) 기반의 실내공기측정기가 등장했고, 새집증후군, 헌집증후군 등을 없애주는 서비스도 나왔다. 가정뿐 아니라 기업의 수요도 계속 높아지고 있다. 직원들의 건강과 복지를 위해 더 많은 돈을 공기 개선을 위해 투자한다. 한국환경산업기술원에 따르면, 전 세계 공기산업 매출액은 지난 2014년 기준으로 약 60조 원 정도다. 우리나라 국내 공기산업 규모도 점차 커져 오는 2020년에는 3조 7,000억 원 규모가 될 것으로 예측된다.

그런데 이런 공기산업의 확대는 신종 직업을 만들어내고 있다. 한 종합기상서비스기업에서 실내 공기질을 측정하고 깨끗하게 맞춤형 관리를 해주는 '공기 컨설턴트'라는 새로운 직군을 선보인 것이다. 공기 컨설턴트는 가정과 작업장을 방문해 고객의 공기질 패턴을 분석한 뒤 건강 증진, 학습능력 및 생산성 향상 등에 필요한 컨설팅과 이와 연관된 서비스를 제공하는 사람을 말한다. 한국도로공사 대전·충청본부 산하 27개의 고속도로 휴게소와 교보생명, 교보문고 등은 공기 컨설턴트를 고용해 공기질 개선 효과를 봤다. 또한 이 종합기상서비스기업은 고용노동부의 '일학습병행제'를 활용하여 공기 컨설턴트를 위한 교육과정과 교안(커리큘럼)을 작성하여 전문 인력의 자체 양성에도 나서고 있다. 앞으로 미세먼지 문제가 심각해질수록 공기 컨설턴트의 역할은 더욱 중요해질 것이다.

Chapter 6

강력한 미세먼지 정책이 필요하다

1. 중국에 미세먼지 감축을 요구하라

필자는 여러 언론 기고를 통해 줄기차게 우리나라의 미세먼지 정책이 바뀌어야 한다고 주장해왔다. 이런 내용들이 여기에 담겨 있다. 다행히 문재인 정부나 박원순 서울시장의 미세먼지 정책이 필자가 계속 주장해온 내용과 일치하고 있어 무척 고마운 한편, 좀 더 강력한 미세먼지 정책이 필요하다는 생각을 한다.

"메슥거리는 영국의 석탄 구름이 / 이 지방에 검은 장막을 씌우고 / 신선한 녹음으로 빛나는 초목을 모조리 상처 입히며 / 아름다운 새싹을 말려 죽이고 / 독기를 휘감은 채 소용돌이치며 / 태양과 그 빛을 들에서 빼앗고 / 고대의 심판을 받은 저 마을에 / 재의 비처럼 떨어져 내린다."

우리에게 『인형의 집A Doll's House』의 작가로 유명한 헨릭 입센Henrik Ibsen의 소설 『브랜트Brand』에 나오는 말이다. 19세기의 영국은 전 세계에서 가장 공업이 발달한 국가였다. 주로 석탄 연료를 사용하면서 영국은 대기오염으로 몸살을 앓고 있었다. 그런데 대기오염은 영국만의 문제가 아니었다. 대기오염물질이 편서풍을 타고 노르웨이 등의 북유럽 국가까지 날아온 것이다. 입센은 영국의 대기오염이 북유럽의 하늘에 검은 장막을 씌운다고 말한다. 그는 강력한 환경 메시지를 전하면서 유럽의 환경운동을 개척한 작가 및 선구자로 알려지게 되었다.

우리나라 대기오염 수준과 미세먼지가 건강에 미치는 영향

최근 전 세계적으로 대기오염에 관한 관심이 높아지고 있다. 대기오염물질은 무엇일까? 백과사전에 따르면, "대기의 물질 중에서 인공적 또는 천연적으로 발생한 것으로 생물이나 물질에 악영향을 끼치는 미량물질로 정의한다. 가스 상태의 오염물질과 분진으로 나누어지는데, 전자에는 아황산가스, 일산화탄소 등이 있으며, 후자에는 미량 중금속, 규산, 유기물질 등이 있다. 분진에는 가스의 흡착도 있어 복잡한 오염물질의 형태를 띠는 것이 많다. 또 대기 중에서 오염물질이 서로 반응하여 새로운 오염물질을 생성하기도 한다." 황사나 미세먼지는 분진형 대기오염물질에 속한다.

우리나라의 대기오염 수준은 세계에서 최악의 그룹에 속한다. 미국 항공우주국NASA이 2005년부터 2014년까지 10년 동안 고해상도 위성 자료를 이용해 전 세계 195개 도시의 이산화질소(NO_2) 농도를 추적한 결과를 발표했다. 이산화질소는 자동차나 발전소, 각종 산업 활동 과정에서 배출되는 대표적인 대기오염물질이다. 그런데 전 세계에서 서울이 나쁜 순서로 5위에 올랐다. 수도권 및 대산 지역도 비슷한 수준으로 매우 나빴다.

경제협력개발기구OECD는 한국에서 대기오염이 개선되지 않는다면 2060년까지 한국인 900만 명이 조기 사망할 수 있다고 경고했다. 2017년 3월 28일 영국의《파이낸셜 타임스Financial Times》는 한국의 서울과 중국의 베이징, 인도의 델리가 공기오염이 가장 심한 3대 도시에 올랐다고 보도했다. 2017년 세계경제포럼WEF에서도 우리나라의 초미세먼지 수준이 대상국 136개국 중에서 130위로 최하위권이었다고 밝혔다. 이런 연구가 실감나는 것은 실제로 필자가 미세먼지 예보를 하면서 우리나라의 공기질이 점점 더 심각해지고 있는 것을 보고 있기 때문이다. 2017년의 경우 3월까지 2016년보다 미세먼지 주의보가 무려 2배 이상 많이 발령되었을 정도로 우리나라 공기 상태는 상당히 나빠졌다.

미세먼지가 국민들의 관심을 끄는 가장 큰 이유는 건강 때문이다. 특히 중국발 스모그가 북서풍 계열의 약한 바람을 타고 우리나라로 날아올 때 미세먼지 농도가 높아진다. 중국발 스모그는 우리나라에서 배출된 오염물질과 함께 혼합·축적되어 고농도의 미세먼지 상태를 만든다. 고농도 미세먼지는 시계visibility를 악화시키고 건강에 악영향을 미친다.

세계보건기구 산하의 국제암연구소는 2013년에 미세먼지를 1군 발암물질로 규정했고, 2014년에는 세계보건기구가 미세먼지로 인해 기대수명보다 일찍 사망한 사람이 전 세계에서 한해 약 700만 명이라고 밝혔는데, 이것은 흡연으로 인한 사망자 600만 명보다 더 많은 수치다. 앞에서도 이미 언급했듯이 국내외의 많은 연구를 통해 미세먼지가 건강에 나쁜 영향을 미친다는 것이 밝혀졌고, 또 계속해서 밝혀지고 있다. 서울 지역에서 초미세먼지 농도가 10㎍/㎥ 증가하면 사망 발생 위험이 0.95% 증가하고(한국환경정책·평가연구원 연구), 미세먼지 농도가 ㎥당 10㎍ 상승할 경우, 기형아를 출산할 확률이 최대 16%나 높아지며(이화여대 병원 연구), 미세먼지가 증가할수록 노인들의 폐 기능이 저하되었고(고려대 환경보건학 이종태 교수), 수도권 미세먼지로 연간 폐질환 약 80만 명 발생했다(경기개발연구원 연구)는 충격적인 국내 연구들이 발표되었다.

또 외국에서도 미세먼지가 10㎍/㎥ 상승할 때마다 폐암 발생 위험은 22% 증가하고(덴마크 암학회 연구센터), 초미세먼지 농도가 증가(10㎍/㎥씩)할 때 폐암 발생 위험성은 25~30% 높아지며 초미세먼지가 폐를 통해 혈관 속으로 침투하면 뇌졸중·심장병 같은 심혈관 질환과 노인 치매까지 일으킨다(중국공정원의 연구)는 연구 등이 발표되었다.

미세먼지로 인한 우리나라의 사회적 비용이 연간 12조 3,000억 원이나 된다고 하니 미세먼지 문제는 거의 재앙급이라 할 수 있다.

대기오염이 심한 것은 중국의 영향이 크다

우리나라가 세계적으로 최악의 대기오염 오명국으로 찍힌 원인은 무엇일까? 학자들의 연구 방법이나 주관에 따라 다르지만, 대부분의 학자들은 40~60% 정도의 오염물질이 중국에서 오는 것으로 본다. 서울대 허창회 교수 연구팀은 한반도 하늘을 뒤덮는 악성 스모그(연무)는 중국에서 유입된 오염물질에 의한 것이라는 연구 결과를 발표했다. 논문 내용을 보자.

"서울에서 최악의 스모그가 발생하는 날에는 어김없이 2~3일 전부터 중국 동부·중부 지역에서 미세먼지 오염도가 상승한다. 오염된 공기덩어리는 편서풍을 타고 한반도로 동진東進하며, 이때 강력한 고기압이 만들어지고 중국 동부와 한반도 상공에서 정체하는 등 악성 스모그가 발생할 조건이 갖춰진다. 고기압이 중국 오염물질을 지속적으로 끌어들이는 '펌프'의 역할을 하는 바람에 중국의 베이징, 텐진 등 대도시 공업지대의 오염된 공기가 한반도로 유입되는 것이다."

그런데 이와 같은 중국발 악성 스모그에 미세먼지가 많이 실려온다. 환경부는 중국의 영향에 대한 정량적 분석을 실시하고 2017년 3월에 '미세먼지 국외 영향 분석 결과'(3월 17~21일)를 발표했다.

"3월 17~21일 미세먼지 국외 기여율은 60%를 훌쩍 뛰어넘었다. 수도권 미세먼지(PM_{10})의 국외 기여율은 62%에서 많게는 80%까지 올라갔고, 먼지의 입자가 더 작아 인체에 더 나쁜 초미세먼지($PM_{2.5}$)의 기여율은 17일에는 84%, 가장 높았던 21일에는 86%까지 올라갔던 것으로 나타났다."

여기서 국외라는 표현은 사실상 중국으로 보면 된다. 환경부는 그동안 중국발 미세먼지가 평상시 30~50%, 심할 때는 60~80%라고 밝혀왔었다.

그런데 중국은 미세먼지가 많이 발생하는 원인이 다른 나라에 있다고 호도하고 있다. 2017년 3월, 중국 칭화대와 베이징대, 미국 캘리포니아어바인대, 캐나다 브리티시컬럼비아대 등이 참여한 국제공동연구진이 연구 결과를 발표했다. 초미세먼지의 이동이 세계인의 건강에 미치는 영향을 분석한 것이다.

연구진은 2007년 한 해 동안 228개국에서 제조업으로 발생한 초미세먼지 농도와 유입 경로를 분석했다. 그 다음 초미세먼지가 발병 위험을 높인다고 알려진 심장질환, 뇌졸중, 폐암, 만성 폐쇄성 폐질환으로 일찍 사망한 사람 수 등의 자료를 이용해 모델을 만들고 이를 이용해 초미세먼지 유입과 조기사망률의 상관성을 분석했다.

그 결과 초미세먼지로 인한 심장질환, 폐질환으로 조기 사망한 사람이 총 345만 명이라는 추정값을 얻었다. 이 중 12%인 41만 1,100명은 다른 지역에서 날아온 초미세먼지의 영향으로 사망한 것으로 분석되었다. 한국과 일본의 경우 중국발 초미세먼지의 영향으로 3만 900명이 사망한 것으로 계산되었다. 언뜻 보면 미세먼지에 대한 중국의 책임을 인정하는 것처럼 보인다.

그러나 자세히 들여다보면 중국의 음흉한 술수가 숨어 있다. 캘리포니아어바인대 스티븐 교수는 "많은 기업이 값싼 노동력을 찾아 중국에 공장을 세우는 바람에 중국의 초미세먼지 배출량이 세계에서 가장 많다"며 "인접국인 한국과 일본은 인구밀도가 높아 더 큰 영향을 받게 된다"고 주장하고 있다. 실제 연구는 거의 중국 과학자들이 참여했고 다른 나라 학자들은 곁다리 역할만 했다. 그리고 발표에는 이들을 앞세웠다. 이게 무슨 말이냐 하면 "중국의 미세먼지는 미국 등의 선진국이 만든 공장에서 발생한다는 거다. 그 때문에 중국이 가장 많은 피해를 보고 있다"고 말하고 있는 것이다. 자기 책임이 아닌 선진국의 책임이니 자기들 잘못이 아니라는 것이다. 한국과 일본은 가까운 거리에 위치하고 있기 때문에 더 많은 영향을 받을 뿐이라고 강변한 것이다.

중국에 미세먼지 저감을 요구해야 한다

"왜 우리 정부는 중국에 항의 한번 못 하나요?", "중국에 미세먼지 보상금 요구해야 합니다." 2017년 4월에 미세먼지 농도가 높아지면서 중국에 대한 불만이 커졌다. 그러자 4월 5일 최열 환경재단 대표와 안경재 변호사는 한국과 중국 정부를 상대로 "미세먼지가 심해 천식이 생겼다"며 300만 원 손해배상을 청구하는 소송을 냈다. 대통령에 출마했던 안철수 후보도 중국에 할 말을 하겠다고 했다.

그런데 최근 어떤 사람이 중국에 미세먼지 대책을 요구하는 것이 유감이라는 뉘앙스의 글을 기고했다. 그분의 글을 여기에 소개해본다. 첫 번째로 우리나라의 미세먼지가 중국으로부터 온 것이 얼마나 되는지 증명해낼 수 있는가 하는 문제를 제기했다. 중국은 위성이나 슈퍼컴 등 미세먼지를 관측하는 하드웨어의 능력이 우리나라보다 뛰어나다는 것이다. 우리는 미국 등에 의존해야 한다면서 어느 정도 기본 소스를 얻을 수 있겠는가 의문을 제기한다. 두 번째로 국경을 넘는 대기오염물질에 관한 국가 간 규제나 책임에 관해 국제법적으로 얼마나 정립되어 있는가 하는 문제를 제기했다. 책임을 지울 수 있을지도 의문이 든다고 말하면서 감정싸움이 될 것이라는 걱정을 한다. 또 중국이 미세먼지 문제 해결을 위해 적극적으로 나서고 있다고 말한다.

이분의 주장에도 어느 정도는 일리가 있다. 그러나 너무 우리나라의 능력을 무시하는 것 같아 자존심이 상한다. 우리나라의 기상 능력은 세계 10위권 이내로 특히 소프트웨어 부분은 뛰어나다. 중국으로부터 미세먼지가 월경하는 것에 대한 논문만 해도 수를 헤아리기 힘들 정도로 많다. 중국이 미세먼지 문제 해결에 최선을 다한다는 이야기도 현실과는 동떨어져 있다.

예를 들어보자. 중국 환경보호부는 북부 지역 28개 도시의 기업과 공장을 대상으로 조사한 결과를 2017년 6월 14일 발표했다. 무려 70%에 달하는 1만 4,000개 기업이 대기오염 관련 환경기준을 충족시키지 못했고, 4,700여 곳은 무허가였다고 한다. 기업들의 환경오염은 대기뿐만 아니라 수질과 토양에도 악영향을 미치고 있다고 한다. 리커창李克强 중국 총리는 '오염과의 전쟁'을 선포하기까지 했다. 그러나 환경오염을 통제할 수 있는 하부 시스템이 제대로 갖춰져 있지 않다 보니 정책으로는 미세먼지 문제 해결을 하겠다고는 하나 실제로 개선되기가 어렵다. 여기에 오염 처리 시설이나 기술이 미비하다는 점도 있다. 물론 국가 간 오염물질 분쟁에 대한 해결이 쉽지 않다는 것은 사실이다. 그렇다고 중국에 아무 말도 하지 않고 처분만 기다리는 것이 옳은 일인가?

지금까지 다른 나라에서 넘어온 대기오염물질로 인한 국가 간 실랑이는 20세기에 들어와 몇 차례 발생했다. 최초의 분쟁은 1930년대에서 1940년대에 걸친 미국과 캐나다의 대기오염분쟁이다. '트레일 제련소 사건'으로 불리는데 공동위원회 및 2차례의 중재재판을 통해 구체적 배상이 제시되어 해결되었던 사례다. 캐나다 브리티시 컬럼비아 British Columbia에 위치한 트레일 제련소에서 배출된 아황산가스가 바람을 중국 환경보호부는 북부 지역 28개 도시의 기업과 공장을 대상으로 조사한 결과를 2017년 6월 14일 발표했다. 무려 70%에 달하는 1만 4,000개 기업이 대기오염 관련 환경기준을 충족시키지 못했고, 4,700여 곳은 무허가였다고 한다. 기업들의 환경오염은 대기만 아니라 수질과 토양에도 악영향을 미치고 있다고 한다. 리커창 중국 총리는 '오염과의 전쟁'을 선포하기까지 했다. 그러나 환경오염을 통제할 수 있는 하부 시스템이 제대로 갖춰져 있지 않다 보니 정책으로는 미세먼지 문제 해결을 하겠다고는 하나 실제로 개선되기가 어렵다. 여기에 오염 처리 시설이나 기술이 미비하다는 점도 있다. 물론 국가 간 오염물질 분쟁에 대한 해결이 쉽지 않다는 것은 사실이다. 미세먼지 문제는 결코 짧은 시간에 해결될 문제는 아니다. 장기적이면서 실질적인 대책을 마련해나가는 노력이 필요하다. 그러나 중요한 것은 미세먼지에 관한 한 당당하게 중국에 "NO!"라고 말할 수 있어야 한다는 것이다.

타고 미국 워싱턴 주에 유입되어 사과농장에 피해를 주었다. 그러자 당시 대기오염 인과관계의 입증 및 손해배상액 선정이 어려워 정부 차원의 외교적 교섭으로 해결했다. 양국의 협의 하에 중재법정이 만들어졌고 이곳에서 캐나다에 42만 8,000달러의 배상금을 미국에 지급하도록 판결했다.

두 번째가 북유럽 국가와 영국, 독일 간의 대기오염분쟁이다. 1950년대부터 북유럽 스칸디나비아 반도의 숲이 사라지기 시작했다. 스웨덴의 9만 개에 이르는 호수 가운데 4만 개가 생물이 살 수 없을 정도가 되었다. 스웨덴의 과학자인 스반테 오덴Svante Oden은 바로 외국으로부터 날아온 아황산가스(SO_2)가 원인이라고 주장했다. 1971년 OECD가 영국과 서독이 스칸디나비아 산성비의 주요 원인이라는 연구 결과를 발표했다.

그러나 영국과 서독은 이러한 연구에 대해 부정했다. 양측 간의 갈등이 깊어지면서 1972년부터 OECD 주도 하에 유럽의 11개국이 참여하는 '대기오염물질 장거리 이동 측정에 관한 협동 기술 프로그램'이 시작되었다. 러시아가 참여하는 등 정치적으로 이슈화되고 여러 우여곡절 끝에 1979년 11월 13일 당시 유엔유럽경제위원회UNECE 34개 회원국 가운데 31개국이 '월경성 장거리 이동 대기오염에 관한 협약CLRTAP'에 서명했다. 협약 체결 과정에서도 영국과 서독은 오염물질 배출감축 의무에 반발했다. 그러나 체결된 CLRTAP는 이후 대상 오염물질의 확대, 감축 목표의 설정, 감축 방법 및 비용 분담 등을 골자로 하는 8개 의정서를 단계적으로 체결했다. 이런 과정을 거치면서 유럽의 산성비 문제는 거의 해결되었다.

세 번째 사례가 싱가포르와 인도네시아의 '연무 갈등'이다. 1997년 강력한 엘니뇨의 영향으로 동남아 지역에 큰 가뭄이 들었다. 가뭄으로 인해 열대우림에 대형 산불이 발생했고 이곳에서 발생한 심각한 연무로 수만 명이 호흡기 장애를 일으켰다. 항공기 운항이 취소되고 관광수입이 줄어드는 등 피해 추정치는 최대 93억 달러나 되었다. 그러자 가장 큰 피해를 입은 말레이시아, 싱가포르, 그리고 브루나이와 인도네시아 간에 갈등이 발생했다. 이들은 산불을 일으킨 범법자들에게 인도네시아의 국내법을 집행하여 상응한 조치를 취할 것을 촉구했다. 그러나 법적 소송을 하거나 배상을 요구하지는 않았다.

이후에 싱가포르 정부가 취한 대응은 눈여겨볼 필요가 있다. 싱가포르 정부는 강력한 연무오염법을 법제화하고 이와 함께 아세안ASEAN이라는 다국가 지역공동체를 활용한 공동 해결책을 모색했다. 무엇보다도 인상 깊은 시책은 국민 건강을 위한 마스크 무상공급 및 착용 캠페인이다. 사전 예방적인 마스크 무상공급 비용(투자)을 통해 사후적인 병·질환 비용 부담을 국민건강보험에서 경감시킬 수 있다는 논리다.

이러한 사례들을 보면 몇 가지 공통적인 것이 있다. 우선 대기오염을 일으킨 나라들이 처음에는 자신들의 대기오염 책임을 적극적으로 부정한다는 것이다. 그 다음에 해결 방식에서 대개 힘 있는 나라의 의도대로 끝이 난다는 것이다. 미국과 캐나다의 소송도 미국이 힘이 약했으면 해결하기 어려웠다는 의견이 많다. 영국과 독일의 오염물질이 북유럽을 오염시킨 문제도 결국 러시아나 OECD가 개입해 해결되었다. 인도네시아와 싱가포르와의 연무 갈등도 결국 힘 있는 인도네시아의 의도대로 끝이 났다. 국가 간의 문제에서 힘과 정치의 논리가 지배한다는 말이다. 여기에 문제가 해결되기 위해서는 많은 시간이 필요하다는 점도 있다.

지금 중국은 어용학자들을 동원해 책임을 회피하려고 하고 있다. 그리고 미세먼지가 중국에서 날아갔다는 증거가 있느냐고 말한다. 손바닥으로 하늘을 가리면 하늘이 가려질까? 정부 차원에서 중국에 미세먼지 감축을 요구하기 어렵다면 전략적으로 NGO 차원에서 지속적으로 미세먼지 문제를 국제적으로 제기하여 중국으로 부담을 갖게 만들어야 한다. 또한 유럽의 산성비 사건처럼 국제기구 등을 통해 해결해 나가는 방법도 있다. 마지막으로 조금 속상하기는 하지만 우리나라의 공해 저감 기술과 비용을 중국에 제공하는 방법도 있다. 미세먼지 문제는 결코 짧은 시간에 해결될 문제는 아니다. 장기적이면서 실질적인 대책을 마련해나가는 노력이 필요하다. 그러나 중요한 것은 미세먼지에 관한 한 당당하게 중국에 "NO!"라고 말할 수 있어야 한다는 것이다.

2. 미세먼지의 주범인 석탄 사용을 줄여야 한다

오늘날 석탄은 미세먼지 주범 중 하나로 지목되고 있다. 미세먼지는 연료를 태우면 발생하는데, 화석연료 중에 제일 나쁜 게 석탄이다. 석탄이 고체다 보니까 미세먼지 등 대기오염물질을 다량 배출한다. 석탄화력발전소 측은 집진장치로 미세먼지 배출을 최소화한다고 하지만 한계가 있기 때문에 환경에 악영향을 미친다. 석탄은 미세먼지를 가장 많이 발생시키는 연료인데 가격이 저렴하다는 경제적인 이유만으로 석탄화력발전소를 많이 가동하고 있다. 석탄화력발전소에서 배출되는 미세먼지나 초미세먼지는 건강에 정말 해롭다.

"대한민국은 매년 1,600명이 석탄화력발전소에서 나오는 초미세먼지로 인해 조기사망하고 있다." 그린피스가 2014년 하버드대학교 다니엘 제이콥Daniel Jacob 교수 연구진의 글로벌 대기조성 모델GEOS-Chem과 미국 환경보호청의 미세먼지 건강위험성 정량적 평가, 세계질병부담 연구를 토대로 석탄화력발전소의 초미세먼지로 인한 조기사망자 수를 연구했다. 그랬더니 매년 최대 1,600명이 조기 사망하더라는 것이다.

특히 초미세먼지는 공기 중에 떠다니는 유해물질로 눈에 보이지 않는 데다가 건강에 아주 해롭다. 세계보건기구의 '세계건강관측' 자료를 보면 연간 820만 명이 대기오염에 의한 질환으로 숨지고 이 가운데 320만 명은 초미세먼지로 인해 사망한다.

2017년 5월 15일 문재인 대통령은 미세먼지 감축 응급대책으로 "30년 이상 노후 석탄화력발전소에 대한 일시 가동 중단(셧다운)"을 지시했다. 문 대통령은 이날 서울 양천구 은정초등학교를 방문해 '미세먼지 바로 알기 교실'에 참석해 이런 내용의 미세먼지 대책을 발표했다. 대통령의 지시에 따라 30년 이상 된 노후 석탄화력발전소 중 8기는 6월 한 달간 일시적으로 가동이 중단되었다. 30년 이상 된 노후 석탄화력발전소는 10기다. 문 대통령은 노후 석탄화력발전소 10기의 폐쇄 시기를 앞당기고 임기 내 모두 폐쇄하겠다고 말했다. 실제 이것은 문 대통령의 선거공약 중에 언급되었던 내용이다.

"저는 2월 7일 충남 당진에 가서 화력발전소를 다녀왔습니다. 수도권 미세먼지의 약 3분의 1이 당진 화력발전소에서 나온다는 통계도 있습니다. 안희정 충남지사와 협력해 신규 화력발전소 건설은 중단하고, 설계 수명이 다한 낡은 발전소는 가동을 중단시키겠습니다. 재생에너지 산업을 육성하여 국민 건강은 물론 미래 먹거리와 일자리도 만들겠습니다."

이런 모습을 보면서 올해 초 중국 베이징 시가 환경경찰을 만들었다는 보도가 떠올랐다. 미세먼지로 심각한 몸살을 앓고 있는 중국의 베이징은 환경오염 문제를 전담하는 경찰을 만들었다. 중국은 스모그와의 전쟁을 선포했지만 좋아질 기미조차 보이지 않자, '환경경찰'이라는 극약 처방을 내놓은 것이다. 환경경찰은 환경법 위반자를 잡아들이는 등 강력한 권한을 행사한다. 그러나 이런 처방으로 중국의 대기오염이나 미세먼지가 좋아질 것 같지는 않다. 중국은 전 세계 석탄의 반 이상을 사용하는 석탄 최대 사용국이다. 공장과 난방 과정과 발전소에서 뿜어져나오는 석탄 스모그는 환경경찰로 해결될 문제가 아니다.

현재 노후 석탄화력발전소 가동 중단이 거론되면서 전기세가 인상될 것이라는 우려의 목소리도 함께 들린다. 석탄을 대체할 수 있는 저렴하면서도 친환경적인 에너지원을 상용화하지 못한다면 석탄화력발전소를 없애자는 구호는 그 실효성을 거두기 어려울 것이다. 그 어느 때보다 우리에게 무거운 숙제가 앞에 놓여 있다. 외국은 석탄 사용을 줄이기 위해 어떤 석탄 정책을 펴고 있고, 우리나라는 어떤 석탄 정책을 펴고 있는지 살펴보자.

외국의 석탄 정책

석탄에서 온실가스와 오염물질이 많이 배출되면 환경 부담이 증가한다. 선진국을 포함한 중국 등은 석탄 사용을 줄이려고 노력하고 있다. 우선 석탄을 가장 많이 사용하는 석탄화력발전소의 신설 및 증설을 하지 않는 것이다.

"동아시아의 석탄화력발전소 증설 계획은 전 세계에서 환경비용이 가장 높은 사업이다."

이는 2013년 트러코스트Trucost Plc 등이 발간한 보고서[1]에 나온 내용이다. 석탄은 사용하기에는 저렴하고 좋은데 막상 배출되는 오염물질과 온실가스를 처리하기 위해서는 더 많은 비용이 든다는 것이다. 그러다 보니 미세먼지 배출 주범으로 지목된 중국은 석탄화력발전소를 폐쇄해나가기 시작했다. 2017년 2월에 베이징의 마지막 석탄화력발전소가 운영을 중단했다. 베이징은 가스와 풍력발전 등 청정에너지에만 의존하는 첫 번째 도시가 되었다. 베이징 시는 석탄을 연료로 때는 화력발전시설 5곳을 운영했다. 그동안 연 84만 5,000kW의 전기를 생산하고 2,600만㎢ 지역에 난방을 공급해왔다. 매년 석탄 소비량만 800만 톤에 달할 정도로 거대한 발전소였다. 중국은 베이징의 발전소 가동 중단만으로도 매년 이산화황 91톤과 질소산화물 285톤, 분진 110톤 등의 오염물질 배출이 감소할 것으로 전망하고 있다.

중국이 우리나라보다 더 강한 석탄화력발전소 폐쇄를 진행하는 것은 대기오염의 무서움 때문이다. 베이징 시는 2017년까지 4곳의 대형 석탄화력발전소를 폐쇄하고 4곳의 가스화력발전소 건설 계획을 마련했다. 그리고 이어서 베이징 시의 마지막 석탄화력발전소를 폐쇄한 것이다. 중국은 발전소를 없애는 것에서 한 발 더 나아가 추가 건설 계획도 백지화하고 있다. 지방정부에도 석탄화력발전소 건설을 중지하라고 명령한 것이다. 중국의 리커창 총리는 석탄화력발전소의 대규모 구조 조정을 통해 2020년까지 연간 석탄 사용을 1억 톤 가량 줄인다는 비전을 내놓았다. 이렇게 될 경우 이산화탄소 배출량이 1억 8,000만

1 최근 트러코스트와 TEEB for Business Coalition가 공동으로 발간한 보고서 「위기에 처한 자연자본: 비즈니스의 상위 100대 외부비용」은 온실가스 배출, 물 이용, 폐기물, 대기오염, 토양 및 수질오염, 토지 이용 등을 핵심 지표로 사용해 세계 500개 산업 분야를 분석한 결과를 담고 있다.

톤이나 줄어들 것으로 본다. 전력산업에서 오염물 배출량은 2005년에 비해 60% 수준으로 낮아진다는 것이다. 미국은 이미 석탄화력발전소 655기의 문을 닫았고 앞으로 619기를 더 폐쇄할 예정이다.

영국도 석탄화력발전소 확장이라는 손쉬운 방법을 거부하고 청정에너지 시설에 투자를 늘려왔다. 2015년 2분기 영국 전력 생산의 25%는 재생에너지에서 나왔고, 석탄화력발전 비중은 20%밖에 안 되었다. 영국에서 재생에너지를 이용한 전력 생산은 지난 4년 사이 2배 이상 는 것이다.

"영국은 석탄, 석유 등 온실가스를 배출하는 에너지원과 거리를 두면서 해상풍력 분야에 투자하기에 매력적인 국가로 자리 잡았습니다."

상공회의소가 주재한 기후 컨퍼런스에서 영국대사 찰스 헤이Charles Hay가 한 말이다. 영국은 다른 나라와 손잡고 재생에너지 분야에 획기적인 성과를 거두고 있다는 것이다. 예를 들어 세계 최대 해상풍력발전 시설인 런던 어레이London Array 같은 혁신적 프로젝트는 독일 대형 발전 회사 이온E.ON과 덴마크 국영에너지 회사 동 에너지Dong Energy 등 여러 회사가 참여해 일궈낸 성과다. 미국의 경우 강력한 석탄화력발전소 폐쇄 정책을 오바마 정부가 주도했다. 그러나 트럼프 행정부는 석탄의 온실가스 증가에 부정적인 견해를 가지고 있기 때문에 향후 어떻게 진행될지는 두고 봐야 할 것 같다.

기후변화가 국제 경제에 심각한 위협이 되고 있다. 그렇기 때문에 적절한 배출가스 정화설비 없이 석탄을 사용하는 화력발전소의 신축 및 확장에 대한 자금 지원을 줄이는 추세다. 국제 금융시장에서 석탄 관련 기업에 대한 투자 철회 방침이 이어지고 있다. 2015년에 뱅크오브아메리카Bank of America와 씨티그룹Citigroup이 석탄기업에 대한 투자 철회를 공식화했다. 이 해 12월에는 다국적 은행인 모건스탠리Morgan Stanley와 웰스파고은행Wells Fargo Bank도 석탄업체에 자금을 지원하지 않겠다고 공식 발표했다. 자산 규모 1,000조 원이 넘는 노르웨이 국부펀드는 2016년 1월부터 석탄기업에 대한 투자 철회 방침을 밝혔다. 노르웨이 의회는 이미 2015년 6월 매출액이나 전력 생산량의 30% 이상을 석탄에서 얻는 기업에 대한 투자 회수를 결정했다. 노르웨이가 한국전력에 투자한 1,600억 원과 포스코도 포함될 것으로 예상된다. 또 세계적인 에너지 회사들도 이 대상에 포함될 것으로 보인다.

우리나라의 석탄 정책

"우리나라 전체 전력 생산량의 3분의 1은 석탄이 만들어낸다."

우리나라 국민 1인당 석탄 소비량은 중국, 미국, 일본을 제치고 세계 5위다. 우리나라가 왜 이렇게 석탄화력발전소가 많은 나라가 되었을까? 2012년 박근혜 정부가 시작되면서 새 전력 계획이 만들어졌다. 그런데 민간 기업들을 대거 참여시키면서 문제가 시작되었다. 전력 생산을 하게 된 삼성물산, GS에너지, SK가스, 포스코에너지 등 주요 에너지 기업들은 석탄화력발전을 택했다. 연료 원가가 싸고 설비가 단순해 투자금 대비 이익이 많기 때문이다. 2015년 파리기후협정Paris Climate Change Accord 당시 우리나라는 2030년 온실가스 배출 전망치 대비 약 37%를 줄이겠다고 약속했다. 전력산업연구회는 이 약속을 지키기 위해서는 12기의 석탄화력발전소를 폐쇄해야 한다고 주장했다. 그러나 정책은 파리기후협정과 반대로 20기를 더 짓겠다는 쪽으로 흘러갔다. 정부가 이런 정책을 택했던 것은 앞으로도 전력소비량이 상당한 비율로 늘어날 것으로 보았기 때문이다. 따라서 전력 수요를 충당하기 위해 저렴한 석탄화력발전소를 늘려나가려 했던 것이다.

"석탄 사용 축소에 역행하는 한국, 환경·경제적으로 위험한 선택을 하고 있다."

제니퍼 리 모건Jennifer Lee Morgan 그린피스 국제 사무총장의 주장[2]이다. 선진국을 비롯한 전 세계 많은 나라들이 석탄 사용을 줄이고 있고, 신재생에너지 확대에 박차를 가하고 있다. 그런데 유독 한국 정부만 그 변화에 역행하는 선택을 했던 것이다. 제니퍼 리 모건 그린피스 국제 사무총장은 왜 석탄화력발전소를 운용해서는 안 되는지에 대해 "그럴 수밖에 없고, 그래야 하며, 그래야 더 좋다"고 말한다. 그의 주장을 보면 일리가 있다. 이미 경제적인 관점에서 재생가능에너지의 경제성이 화석연료를 뛰어넘었다는 것이다. 현재 전 세계적으로 재생에너지 투자가 늘어나고 있는 것은 바로 이 때문이라는 것이다. 참고로 2015년 재생가능에너지 투자액은 2,860억 달러로 화석연료 투자액(1,300억달러)의 2배에 달한다.

석탄은 미세먼지뿐만 아니라 이산화탄소도 많이 배출하는 전형적인 환경파괴물질이다. 하버드 대학의 환경성과지수 연구에서도 우리나라는 전력 생산 'kW당 이산화탄소 배출'은 48.47점으로 170위였다. 그러니까 실제 우리나라는 전력 생산에서 많은 이산화탄소를 배출하고 있다는 것이다. 석탄 사용을 줄이면 공기가 맑아지고 경제도 나아지고 국민의 삶의 질도 개선된다. 에너지 전문가들은 지금 전력도 남아돌고 있고 과거처럼 고도성장 기간이 아니라고 주장한다. 또 산업계의 에너지 효율도 높아지고 있다고 말한다. 여기에 에너지 수요가 상당하게 부

---

2 http://biz.khan.co.kr/khan_art_view.html?artid=201703241915001&code=920100#csidx9c1ddb66ce7c1399ca2260d6ff77374

풀려지고 있다고도 한다. 그러다 보니까 신규 석탄화력발전소가 대기업이나 재벌기업들에게 부당한 이익을 주기 위한 것이 아니냐는 시선도 있는 것이 사실이다. 석탄 사용으로 인한 기후변화와 미세먼지는 우리에게 위협으로 다가오고 있다. 이제 정부는 과감하게 석탄을 사용하지 않는 패러다임을 다시 짜야 한다. 기업들이 손쉽게 돈을 벌고 환경부담은 국민에게 전가해서는 안 된다. 지금은 조금 손해 보더라도 미래를 보아야 한다. 석탄화력발전소를 증설하는 돈으로 재생에너지 산업을 일으켜야 한다는 말이다.

석탄산업에 투자한 대기업들은 지금까지 투자한 돈이 얼마인데 하며 위기를 맞았다고 생각할지도 모른다. 그러나 이번 기회에 이런 위기를 기회로 바꾸려는 창의적인 노력을 해주었으면 한다. 하나의 예를 들어본다.

뉴욕 메트로폴리탄 오페라단이 위기에 빠졌다. 오페라가 젊은 사람들에게 맞지 않고 관람비용이 너무 비싸다는 평가가 지배적이었다. 언제 오페라단이 문을 닫느냐 하는 문제만 남아 있었다. 이런 와중에 2006년에 피터 겔브Peter Gelb가 오페라단 단장으로 취임했다. 그는 위기에 처한 상황에서 남의 탓을 하거나 외부 여건을 변명으로 삼지 말자고 말하고는 노조를 설득한 후 전 세계 영화관을 통해 오페라를 생중계로 배급했다. 고화질카메라 12대로 오페라 공연실황을 촬영하여 7개 위성을 통해 전 세계에 송출한 것이다. 관람료 300~400달러인 오페라를 22달러로 관람이 가능하게 했다. 그러자 이들의 오페로 공연은 64개국에서 평균 25만 명이 함께 즐기는 공연으로 발전했다. 그와 더불어 당연히 엄청난 수익을 올리게 되었다. 기업을 하는 많은 사람들은 어려워지면 남의 탓을 한다. "정부가 도와주지 않는다", "정책이 조삼모

석탄은 미세먼지뿐만 아니라 이산화탄소도 많이 배출하는 전형적인 환경파괴물질이다. 선진국을 비롯한 전 세계 많은 나라들이 석탄 사용을 줄이고 있고, 신재생에너지 확대에 박차를 가하고 있다. 이미 경제적인 관점에서도 재생가능에너지의 경제성이 화석연료를 뛰어넘었다. 현재 전 세계적으로 재생에너지 투자가 늘어나고 있는 것은 바로 이 때문이다. 기업들이 손쉽게 돈을 벌고 환경 부담은 국민에게 전가해서는 안 된다. 지금은 조금 손해 보더라도 미래를 보아야 한다. 석탄화력발전소를 증설하는 돈으로 재생에너지 산업을 일으켜야 한다는 말이다.

개한다" 등등. 그러나 외부 여건이나 남 탓을 한다고 문제가 해결되는가? 절대 아니다. 기업인들은 어느 경우든 변명하거나 남을 탓하지 마라. 그럴 때일수록 창의적으로 사고하고 최선의 노력을 다하라. 위기가 곧 기회이기 때문이다.

신재생가능에너지는 양질의 일자리를 만들고, 깨끗한 공기를 보장하며 기후변화를 막을 수 있다는 장점이 있다. 또 석탄 사용으로 인한 대기오염·기후변화·건강권 침해 등의 비용보다 훨씬 싸다. 기업들의 분발과 석탄화력발전소를 없애나가겠다는 정부의 정책을 기대해본다.

3. 미세먼지 제거에 지구공학을 이용해보자

2010년 나고야名古屋에서 열린 유엔 생물다양성협약회의에서 지구공학 문제가 논의되었다. 태양복사열을 조절하는 방법, 대기 중에서 온실가스를 흡수하는 방법 등이 그것이다. 2012년에 부산에서 열린 IPCCIntergovernmental Panel on Climate Change 총회에서도 지구공학Geoengineering[3] 이야기가 나왔다. 대기 중에 미세입자를 뿌리고 지구 궤도에 거대 거울을 설치해 햇빛을 차단하거나, 대기 중 이산화탄소를 분리해 심해나 암반에 저장하는 등의 기술이 제안된 바 있다. "지구를 구하는 일곱 가지 지구공학"이라는 보도가 한 언론지에 실렸다.

"구름의 밀도를 높여 태양 광선의 반사율을 높인다. 황산 입자를 상공에 올려 태양빛을 차단하는 구름을 만든다. 지구와 태양 사이의 궤도

---

3 지구공학이란 공학 기술을 이용해 지구 기온이 상승하는 것을 방지하려는 연구 분야

에 원반을 설치하여 태양 빛을 굴절·변류시킨다. 대기 중의 탄소를 모아 저장한다. 바다에 철을 뿌려 플랑크톤의 생장을 촉진시켜 이산화탄소를 흡수하게 한다. 바이오 숯을 다량 땅에 묻어 이산화탄소를 빨아들인다. 사막을 하얗게 만들어 지구를 식힌다."

하나같이 쉽지는 않은 방법이다. 기술적인 문제도 있고 비용도 엄청나다. 그러나 이런 아이디어나 연구가 제안되는 것은 지구온난화로 인한 기후변화가 심각하기 때문이다. 그런데 최근 미세먼지 문제가 심각해지면서 미세먼지 저감을 위한 다양한 지구공학 논의가 이루어지고 있다. 과연 실현 가능성 있는 방법일까?

미세먼지를 걷어낼 수 있는 기발한 아이디어

2017년 4월 6일자 《중앙일보》에 강찬수 환경전문 기자의 글이 실렸다. 여기에 기사 전문을 소개해본다.

"미세먼지 오염이 일상화되면서 건강을 해치지 않을까 하는 시민들의 걱정이 커지고 있다. 잿빛 하늘을 뒤덮는 미세먼지를 단번에 걷어내는 방법은 없을까 하는 고민도 하게 된다. 자동차나 공장·발전소 굴뚝에서 나오는 오염물질이 대기 중으로 배출되기 전에 미리 걸러내는 것이 미세먼지를 없애는 근본 해결책이다. 하지만 쉽지 않은 게 현실이다. 더욱이 그게 국내가 아닌 중국에서 배출된다면 말이다. 이미 대기 중에 흩어져 있는 미세먼지를 빨아들이거나 가라앉히는 방법은 없는 것일까? 실제로 국내외에서 미세먼지를 걷어낼 수 있다는 기발한 아이디어들이 제시되고 있다.

대표적인 것이 2014년 1월 국제 학술지 《환경 화학 레터스Environmental Chemistry Letters》에 소개된 논문이다. 미국에서 활동하고 있는 중국계 학자유 사오카이는 이 논문에서 '도심의 고층 빌딩 꼭대기에서 아래쪽으로 미세한 물방울을 뿌린다면 중국의 극심한 초미세먼지(PM2.5) 오염도를 ㎥당 35㎍(마이크로그램, 1㎍=100만 분의 1g)까지 낮출 수 있다'고 주장했다. 빠르면 몇 분 이내에, 길면 며칠 내에 초미세먼지 농도를 미국의 연평균 기준(35㎍/㎥)까지 낮출 수 있다는 것이다. 공학으로 지구 기후 문제를 해결한다는 이른바 '지구공학'으로도 분류될 수 있는 이 방법은 현재 기술로도 실현할 수 있고, 비용도 저렴하기 때문에 중국뿐 아니라 다른 지역에서도 적용할 수 있다고 유 박사는 덧붙였다. 하지만 자세히 따지고 들면 문제도 없지 않아 보인다. 고층 빌딩에서 물을 분사하면 아래를 지나는 시민들은 우산을 사용해야 하는 불편이 따른다. 더욱이 도로가 얼어붙을 우려가 있어 추운 겨울에는 사용하기 어렵다. 가뭄이 심해 물이 부족하면 적용하기도 힘들다.

빌딩 위에서 뿌리는 방식은 아니었지만 베이징에서는 2016년 겨울 '물안개 대포'가 실제로 등장했다. 중국 관영 차이나 데일리China Daily에 따르면 지난해 12월 베이징 시 당국이 스모그 저감을 위해 건설 현장이나 광산에서 먼지를 줄일 때 사용하는 물대포를 개량한 물안개 대포를 도입했다. 물안개 대포를 차에 싣고 다니면서 도로 위로 뿌리는 방식이다. 하지만 물안개 대포 한두 대로 베이징의 극심한 스모그를 잡기에는 역부족이었을 게 분명하다.

그렇다면 서울에서는 한강 다리에서 분수를 뿌려보면 어떨까? 이미 서울의 한강 다리 일부에는 분수가 설치되어 있다. 이 분수를 미세먼지 방지용으로 좀 더 강력하게 개량하자는 아이디어를 일부에서 제시하고 있다. 서울 한강에 있는 10여 개 다리 양쪽 난간에 수십~수백 개의 노즐을 설치하고, 강을 향해 높이 물을 분사한다는 것이다. 강물을 그대로 사용한다면 물이 부족할 염려도 없고, 도로가 얼어붙을 염려도 없다. 한두 곳 시범 적용해서 효과가 있다면 점차 확대하는 것도 방법일 것이다. 그렇지만 대규모로 가동할 경우 전기요금이 문제가 될 수 있다. 이화여대 김용표 환경공학과 교수는 '한강에서 분수로 미세먼지를 제거하면 효과가 전혀 없지는 않겠지만, 서울 전체에서 한강의 면적을 감안하면 확실한 효과를 기대하기는 어려울 것'이라고 말했다.

경기도는 지난 2월 미세먼지 제거를 위해 인공강우 실험을 본격적으로 실시하겠다고 밝힌 바 있다. 기상청에서 추진하는 다목적 항공기 도입이 이뤄진다면 이를 이용해 실험을 한다는 계획이다. 항공기가 서해 상공으로 나가서 인공강우를 시행, 중국으로부터 수도권으로 들어오는 미세먼지를 미리 차단하겠다는 실험이다. 인공강우는 요오드화은(AgI)이나 액체질소 같은 구름 씨앗을 공중에 뿌리면 수증기가 응결되어 빗방울이 떨어지는 원리를 이용한다. 과거 2012년 베이징 올림픽 당시 중국에서 맑은 하늘을 보이기 위해 인공강우를 시행했다. 베이징으로 들어오는 비구름을 막을 목적이었다. 맑은 하늘은 공장 가동을 중단했기 때문일 수도 있다. 중국은 1960년대부터 인공강우 연구를 해왔고, 한국은 아직 시작 단계다. 경기도는 올해 안에 3차례 정도 실험을 해서 사업을 지속할지를 검토할 방침이다.

인도 뉴델리 화력발전소 주변의 미세먼지 제거를 위해 미국 MIT 연구팀에서는 제트엔진 분사를 활용할 것을 제안했다. 물을 뿌려 미세먼지를 가라앉히는 방법이 아니라 기계장치를 이용해 미세먼지를 흐트려뜨리거나 빨아들이는 방법도 있다. 2016년 12월 영국 BBC 등의 보도에 따르면, 미국 매사추세츠공과대학MIT 모셰 앨러마 교수팀은 인도 뉴델리의 대기오염을 제트엔진 분사로 해결할 수 있다고 주장한 바 있다. 스모그가 심한 화력발전소 주변에 제트엔진을 수직으로 세워 공기를 강하게 내뿜는다면 대기오염물질이 흩어질 것이라는 생각이다. 특히 대기오염물질이 확산되는 것을 막는 '대기 역전층'이 만들어진 경우 이를 깨뜨리면 미세먼지도 사라진다는 것이다. 대기 역전층은 일반적 경우와는 반대로 오히려 위로 갈수록 공기가 따뜻해지면서 대류가 일어나는 것을 방해하는 공기층을 말한다. 하지만 이 역시 효과가 제한적일 수밖에 없다. 도시 전체에 적용하려면 엄청난 비용이 들 수 있다.

BBC 보도에 따르면 러시아의 건축가 알렉세이 우마로프는 빌딩 형태의 거대한 필터를 설치해 주변 공기오염을 정화하도록 하는 아이디어를 내놓았다. 사람이 거주하는 빌딩이 아니라 수십 층 높이의 빌딩처럼 생긴 커다란 골격에 구멍이 많은 벽으로 이루어진 '하이퍼 필터'다. 벽의 구멍과 내부의 긴 파이프를 연결하고, 파이프를 통해 빨아들인 공기는 필터로 정화를 하고 오염물질은 별도로 분리해서 처리한다는 개념이다. 우마로프는 외국의 대기업이 이 아이디어를 채택해 베이징이나 뉴델리, 모스크바 등에 설치해주기를 바라고 있으나 아직 꿈이 실현되지는 못한 상태다.

서울시에서는 최근 필터를 설치한 드론 수십, 수백 대를 공중에 띄워 미세먼지를 제거하는 방법까지 검토하고 있다고 밝혀 화제가 되었다. 드론으로 미세먼지를 걸러낼 수도, 화학약품을 뿌려 미세먼지를 가라앉힐 수도 있다는 것이다. 또 드론을 인공강우에 활용할 수도 있다. 이처럼 미세먼지를 제거하는 아이디어는 다양하게 제시되지만 대부분 비용에 비해 효과는 크지 않을 것이라는 평가가 나온다. 김용표 교수는 '이런 방법을 적용하려면 에너지를 사용해야 하고, 그 때문에 발전시설을 돌리다 보면 또 다른 대기오염을 유발할 수도 있다'고 지적했다."

이처럼 미세먼지는 전 세계인의 뜨거운 관심사로 떠올랐고, 미세먼지를 제거하기 위한 기발한 아이디어들이 쏟아지고 있다. 물론 아직은 이러한 아이디어들을 실제로 적용하기에는 문제점이 있는 것도 사실이다. 하지만 미세먼지의 심각성을 깨닫고 계속해서 미세먼지 문제를 해결할 수 있는 좋은 아이디어를 생각해내다 보면 언젠가는 지구공학을 이용한 이러한 기발한 아이디어들이 실제로 미세먼지 문제를 해결할 수 있는 날이 오지 않을까?

지구공학을 이용한 미세먼지 제거 아이디어에 대한 고찰

앞에서 강찬수 기자가 기사에서 언급한 아이디어들에 대해 좀 더 자세히 살펴보자. 첫 번째 도심의 고층 빌딩 꼭대기에서 아래쪽으로 미세한 물방울을 뿌리는 방법과 두 번째 '물안개 대포'나 한강 다리에서 분수를 이용하는 방법은 물방울에 의한 세정효과를 활용하는 것이다. 신희우 등은 미세먼지가 비에 의해 어느 정도 세정효과가 있는지에 대해 연구했다.[4] 일반적으로 대기에 미세먼지는 항상 존재한다. 이때 비가 내리기 시작하면 부유하고 있던 미세먼지들이 지상으로 떨어지게 되고 대기 중 미세먼지 농도가 감소하게 된다. 이러한 현상을 세정효과washout effect 또는 습성침적이라고 한다. 이러한 습성침적은 에어로졸의 주요 소멸 과정 중 하나로서 화학-수송 모델 등에 포함되어 있다. 어느 정도의 습성침적이 있는지를 계산하기 위해 입력되어지는 변수들은 미세먼지 입자의 크기와 빗방울의 크기 그리고 온도와 기압 등이다. 이 변수들을 이용하여 계수를 도출하고 계수만큼 미세먼지가 제거

---

4 신희우 외, "강수강도와 시간에 따른 PM_{10} 농도의 시간적 변화 특성", 강릉원주대학교·이화여자대학교, 2015

되는 형태다. 신희우 등은 기상청에서 측정하는 자동기상관측장비AWS, Automatic Weather System의 강수자료와 환경부에서 운용하고 있는 지상오염 관측소로부터 측정된 미세먼지(PM_{10}) 자료를 이용했다. AWS와 PM_{10} 관측소의 거리차가 3km 미만인 지역을 계산하여 총 101 지점이 연구에 사용되었다. 이들은 연구를 통해 PM_{10} 농도가 강수에 의해 세정되어 농도가 낮아진다는 결론을 얻었다.

확실히 고층 빌딩에서 물을 뿌리거나 한강 다리에서 분수를 활용하는 방법은 물방울의 세정효과 덕분에 미세먼지 농도 저감에 어느 정도 도움이 될 것이다. 강찬수 기자가 앞에서 지적한 문제점을 무시할 수는 없다. 다만 한강이야 결빙의 문제가 없지만 고층 빌딩에서 물을 뿌릴 때는 결빙이 문제가 된다. 우리나라 미세먼지 농도는 겨울철에 급격히 높아지기 때문이다. 그 외에 미세먼지가 우리나라에서 만들어졌을 때는 어느 정도 효과가 있겠지만 우리나라의 경우 초미세먼지는 중국에서 서서히 이동해오는 경우가 많다. 수많은 에너지와 물을 소비하며 물을 뿌리더라도 지속적으로 미세먼지가 중국에서 유입될 것이다. 그렇다 보니 큰 실효성은 없지 않겠는가 하는 생각이다. 최근 한 자치구에서 물자동차를 이용해 물을 뿌려 미세먼지를 저감하는 방법을 사용하고 있지만 땅에 가라앉은 미세먼지가 마를 경우 다시 공중으로 비산된다는 점도 고려하지 않을 수 없다.

네 번째로 제시된 인공강우는 우리나라에서는 현실적으로 어려운 방법이다. 기상항공기가 도입되어 정상적으로 운영된다고 하더라도 우리나라 인공강우 기술이 초보 수준이라 쉽지 않다. 여기에 인공강우는 비를 내릴 만한 구름이 있어야만 가능하다. 그런데 미세먼지 농도가 높아지는 날은 이동성 고기압권 내에서 대기가 안정할 때가 많다. 구름이 거의 없고 희뿌연 연무가 많이 끼기 때문에 인공강우 방법은 많은 효과를 기대하기 어렵다.

그나마 기상학적으로 타당성 있는 방법이 제트엔진분사 방법이다. 미세먼지가 심한 날은 대기가 역전층이 만들어져 매우 안정하고 바람도 약한 경우가 많다. 그렇다 보니 미세먼지가 상공으로 확산되지 못하고 정체하는 가운데 새로운 미세먼지가 더해지게 된다. 이럴 경우 강력한 제트엔진으로 역전층을 소산시키고 바람을 강하게 하면 확산되거나 소산될 것이다. 그러나 이런 정도의 기상장을 만들기 위해 어느 정도의 에너지가 필요할 것인지 전혀 상상이 되지 않는다. 미세먼지를 줄이기 위해 더 많은 전력을 생산해야 한다면 그것은 더 많은 미세먼지를 만드는 것 아닐까?

마지막으로 서울시의 드론을 이용한 미세먼지 제거 방법은 더 초보적인 방법이 아닐까 한다. 도대체 어느 정도 크기의 드론을 얼마나 많이 서울시 상공에 띄워 올린다는 것일까? 또 화학약품을 이용한다고 했는데 화학약품으로 인한 2차적 피해는 어떻게 감당할 것인가? 원래 지구공학은 지구온난화 문제를 해결하기 위한 여러 가지 방법으로 제안되었다. 그러나 지금까지 나온 방법을 사용하기 위해서는 엄청난 돈, 환경파괴, 예상치 못한 현상 발생 가능성으로 인해 실시하지 못하고 있는 것이다. 물론 지구온난화를 해결하기 위한 지구공학은 대기권을 대상으로 하지만 미세먼지 지구공학은 대류권의 낮은 고도를 대상으로 하기 때문에 문제는 작을 것이다.

알렉세이 우마로프가 제안한 빌딩 형태의 거대한 필터를 설치해 주변 공기오염을 정화하도록 하자는 것은 현재로서는 아이디어 차원에 지나지 않는다. 안철수 국민의당 대선후보가 선거 기간 동안 미세먼지 공약을 발표했었다. 이때 그는 태블릿 PC를 들고 '스모그 프리 타워'를 소개했다. 스모그 프리 타워는 높이 7m 정도의 탑으로, 주변 3만㎡ 지역의 공기를 다른 지역 대비 60% 정도 정화하는 효과가 있다는 것이다. 그러나 언론에서 검증해본 결과 텐진에서 가동 중이라는 안철수 후보의 말은 사실이 아니었다. 베이징에 설치되었던 '스모그 프리 타워'는 공기 정화를 목적으로 설치된 시설이 아니라, 국제 디자인 페스티벌에 출품된 전시품으로 2016년 11월에 철거되었다. 설치자는 매우 훌륭한 공기 정화 성능이 있다고 했지만 중국환경언론인포럼CFEJ은 타워가 스모그를 걸러내는 데 효과가 없었다고 평가했다. '스모그 프리 타워'가 아니라 '스모그 경고 타워' 정도라는 것이다. 타워 옆에서 측정해보니 타워 반경 5m 안에서도 미세먼지 농도가 89㎍/㎥이나 되었다는 것이다. 실질적 효과가 없다는 뜻이다.

'스모그 프리 타워'를 기획한 네덜란드 디자이너 단 로세하르데(Daan Roosegaarde)는 "41일 동안 3,000만㎥의 공기를 정화했으며, 전시 기간 동안 초미세먼지($PM_{2.5}$) 입자 수십억 개를 포집했다"고 설명했다. 그는 포집된 초미세먼지를 압축시킨 결정체로 반지를 만들어 판매하기도 했다. 실외에서 가동되는 공기정화기는 사실 새로운 아이디어는 아니다. 2013년에 정부에 제안되었지만 실효성이 낮다는 이유로 채택되지는 못했다. 많은 학계의 교수들은 실외공기정화기에 대해 부정적이다. 그러나 서울시립대 김신도 교수는 오염이 심한 곳에 국지적으로 설치하는 것을 시도해볼 필요가 있다고 말한다.

살펴본 바와 같이 미세먼지를 저감할 지구공학 기술은 현재로서는 실현이 어려운 부분들이 많다. 그럼에도 급속한 과학의 발전은 지금 우리가 생각한 것 이상의 성능을 만들어낼 수가 있다고 본다. 특히 우리나라의 과학기술력은 세계 상위권에 있지 않은가? 지구공학을 뒷받침하는 IT기술과 설치산업도 마찬가지다.

필자는 가끔 불가능을 가능으로 바꾸는 모습을 보면서 감동을 받을 때가 있다. 필자가 좋아하는 실례를 소개해본다. 디어 앤 컴퍼니Deere & Company라는 회사가 있다. 세계적인 미국계 농기계 제조회사다. 이 회사는 인도에 진출하기 전에 소비자의 니즈를 파악했다. 그랬더니 트랙터는 미국보다 10배 이상 오래 사용할 수 있어야 한다고 했다. 15년 무사고의 내구성이 있어야 한다는 것이었다. 그리고 기존 제품의 3~4배 넘는 연비를 요구했다. 도저히 말도 안 되는 요구였다. 모든 직원들이 포기하자고 했을 때 이 회사 CEO는 인도 소비자의 니즈에 맞추기 위해 노력해보자고 했다. 먼저 초소형 35마력 제품 개발에 착수했다. 2년 보증 관행을 과감히 깨고 1년 무상유지보수와 3년 품질보증을 약속했다. 그리고 디자인 개발 과정에 인도 고객을 참여시켰다. 결과는 대성공이었다. 말도 안 되는 여건을 뛰어넘는 창의적인 사고와 노력이 거둔 놀라운 열매였다.

앞에 제시된 아이디어들은 잘만 하면 새로운 미세먼지 저감 비즈니스로 자리 잡을 것으로 보인다. 지금은 실용화가 어렵지만 앞으로 새로운 기술력과 든든한 경제력이 투입되면 반드시 미세먼지 제거에 아주 효과적인 방법이 될 수 있을 것이다. 경제협력개발기구OECD는 중국이 미세먼지문제를 적극적으로 해결한다고 해도 2022년까지는 미세먼지 농도가 높아진다고 한다. 그렇다면 결국 중국의 영향을 받는 우리나라는 미세먼지의 피해를 줄이기 위한 새로운 시도를 많이 해야 한다. 미래의 유망한 비즈니스인 미세먼지 제거 기술에 기업들이 투자할 수 있도록 정부에서도 적극적으로 지원했으면 좋겠다.

4. 미세먼지 관리 기준을 상향해야 한다

정부의 미온적인 대책

미세먼지가 높아지면 다음과 같은 행동 요령을 따르라고 환경부는 말한다. ① 외출은 가급적 자제하기, ② 보건용 마스크 착용하기, ③ 대기오염이 심한 곳은 피하고 활동량 줄이기, ④ 외출 후 깨끗이 씻기, ⑤ 물과 비타민C가 풍부한 과일·야채 섭취하기, ⑥ 환기 및 물청소 등 실내 공기질 관리하기, ⑦ 폐기물 태우기 등 대기오염 유발 행위 자제하기 등이다.

정부가 개입하지 않는 아주 일반적인 내용들이다. 미세먼지가 나쁘면 국민들이 알아서 외출을 자제하고 미세먼지 마스크를 알아서 쓰라는 것이다. 2017년 봄에 이례적으로 미세먼지 농도가 매우 높았다. 그러자 많은 국민들이 정부의 무능과 무관심에 분노했다. 도대체 정부는 국민들의 건강권에 대한 관심조차 없다는 것이다.

그러자 2017년 1월에 환경부는 부랴부랴 '건강취약계층 보호를 위한 고농도 미세먼지 대응 매뉴얼'을 시행하겠다고 밝혔다. 주요 내용을 살펴보자. 건강취약계층인 영유아나 노인시설에서 고농도 미세먼지가 발생할 경우 대응조치를 하도록 한다는 것이다. 주의보가 발령되면 학교에서 야외수업을 단축 및 금지하고, 등하교 시간을 조정하겠다고 한다. 미세먼지 경보가 발령되면 휴업을 권고하고 질환자들의 조기 귀가 등을 실시한다는 것이다. 지금까지 나 몰라라 하던 환경부가 조금 적극적인 방향으로 나간 것은 맞다. 그런데 정말 어린이집이나 학교, 노인복지시설 등 현장에서 제대로 이런 매뉴얼이 반영될 것이라고 생각한 것일까? 그리고 일반 국민들은 고농도 미세먼지에 노출되어도 괜찮다는 것일까?

미세먼지 업무 3원화 시스템의 문제점

우리나라 미세먼지 관측은 환경부에서 하고 예보는 기상청과 환경부가 공동으로 한다. 그런데 특보는 지자체에서 발령한다. 미세먼지 업무 자체가 3원화되어 있다.

일단 관측부터 보자. 현재 전국에 설치된 미세먼지 관측장비에서 나오는 관측값은 실시간 자료가 아니다. 분석을 거쳐 1시간 30분 정도 후에 발표된다. 그러니까 이미 서울은 나빠져 있는데도 불구하고 나쁘다고 발표되는 것은 1시간 반 후라는 것이다. 중국에서 미세먼지가 날아올 때 이 차이는 매우 크다.

두 번째 예보를 보자. 미세먼지 예보 경력이 짧다 보니 아직은 기상청과 환경부의 예측 능력이 큰 신뢰를 받고 있지 못한 것이 사실이다.

그런데 정말 큰 문제는 따로 있다. 문제는 미세먼지 예측 능력이 기상청과 환경부보다 훨씬 떨어지는 지자체에서 미세먼지 특보를 발령한다는 것이다. 그렇다 보니 이미 미세먼지가 나빠져 몇 시간이 지난 다음에 특보가 발령되는 경우가 많다. 관측 후 분석에 1시간 반이 소요되고, 이것을 가지고 예측하는 부서에서 또 시간이 지체되고, 그런 다음 이것을 가지고 지지체가 특보를 발령하니 실시간 대응이 늦을 수밖에 없는 것이다. 특보가 발령되어도 유아원, 노인시설에서 권고사항대로 따르는 데 또 시간이 걸린다. 그러니까 국민들이 이미 미세먼지를 많이 마시고 난 다음에야 조치를 취하게 된다는 말이다. 이와 같은 미세먼지 업무 3원화 시스템의 문제점을 재고해볼 필요가 있다.

각국의 미세먼지 특보 기준

눈가림식의 미세먼지 대책보다 더 중요한 것은 미세먼지 특보 기준이다. 우리나라는 10㎛ 이하인 미세먼지(PM_{10}) 농도가 150㎍/㎥ 이상인 상태가 2시간 지속될 때, 2.5㎛ 이하인 초미세먼지($PM_{2.5}$) 농도가 90㎍/㎥ 이상인 상태가 2시간 지속될 때 미세먼지 주의보가 발령된다. 경보는 이보다 기준이 높아 미세먼지 농도가 300㎍/㎥ 이상인 상태가 2시간 지속, 초미세먼지 농도가 180㎍/㎥ 이상인 상태가 2시간 지속될 때 발령된다. 두 가지로 분류되던 미세먼지는 2018년부터는 한 가지로 통일된다. 환경부는 PM_{10}은 '부유먼지'로 그리고 $PM_{2.5}$는 미세먼지로 부르기로 했다. 내년부터는 초미세먼지는 없어지고 미세먼지만 남는다. 입자가 큰 미세먼지(PM_{10})는 부유입자로 불린다.

미세먼지 이름을 개정하는 것은 세계적인 추세를 따른 것으로 보인다. 세계보건기구는 미세먼지를 PM_{10}과 $PM_{2.5}$의 두 단계로 분류한다. 미국은 PM_{10}을 inhalable particles로, $PM_{2.5}$는 fine inhalable particles로 분류한다. 일본은 PM_{10}을 부유입자로, $PM_{2.5}$는 미소입자로 분류한다. 중국은 PM_{10}을 가흡입과립물可吸入顆粒物로, $PM_{2.5}$는 세과립물細顆粒物이라고 부른다. 그러니까 우리나라는 내년부터 일본식으로 바꾸겠다는 것이다. 아무래도 건강에 치명적인 초미세먼지를 미세먼지로 바꾸어 집중적으로 관리하면 오히려 더 도움이 될 것으로 보이기 때문이다.

그런데 문제는 우리나라의 미세먼지 권고 기준이나 특보 기준이 너무 높다는 것이다. 세계보건기구는 미세먼지를 1군 발암물질로 규정했는데, 1군 발암물질이라면 확실하게 암을 일으킬 수 있는 물질이라는 뜻이다. 그만큼 건강에 해롭다는 것이다. 그래서 세계보건기구는 미세먼지 권고 기준을 건강에 맞춰 설정했다. 현재의 초미세먼지 기준을 살펴보자.

세계보건기구의 초미세먼지($PM_{2.5}$)의 권고 기준은 일평균농도 25㎍/㎥이다. 이 기준을 설정한 이유가 총사망위험율 및 심폐질환과 폐암에 의한 사망률 증가가 가장 낮은 수준이기 때문이다. 만일 일평균농도가 잠정목표 1의 일평균농도 75㎍/㎥을 넘으면 권고 기준에 비해 사망위험율이 약 15% 증가하는 수준이라고 본다. 세계보건기구는 잠정목표 1보다 단계가 낮은 잠정목표 2(일 평균농도 50㎍/㎥ 이하)와 잠정목표 3(일평균농도 37.5㎍/㎥)의 건강 영향도 발표했다. 그러니까 세계보건기구는 일평균농도 75㎍/㎥ 이상의 고농도는 아예 상정조차 하지 않는 것이다.

그렇다면 우리나라의 기준은 어떨까? 초미세먼지의 경우 50㎍/㎥ 이하일 경우는 보통으로 본다. 세계보건기구의 정의로 볼 때 이미 잠정목표 2의 상태에 있음에도 우리나라는 건강에 문제가 없다고 보는 것이다. 여기에다가 미세먼지 주의보는 90㎍/㎥이 넘어야 발령된다. 이때부터 유치원, 학교, 노인시설은 주의하라는 것이다. 이미 세계보건기구의 가장 나쁜 단계인 잠정목표 1을 넘어섰는데도 말이다. 많은 논문에서 초미세먼지 농도가 10㎍/㎥ 이상 상승해도 건강에 매우 나쁘다고 말한다. 사망률 증가, 심혈관질환, 폐질환, 호흡기질환, 치매, 임산부 등에 치명적인 영향을 미친다.

이형숙은 우리나라의 현재 대기환경 기준이 안전한지에 대해 의문을 제기한다.[5] 문제는 수도권 지역과 각 주요 도시 및 공단 지역을 중심으로 단기 환경기준 초과가 집중되고 있다는 것이다. 한국환경공단은

---

5 이형숙, "서울지역 미세먼지 농도가 호흡기계 및 심혈관계의 외래 방문 및 입원과 진료비에 미치는 영향", 서울여자간호대학교, 2016

미세먼지 농도가 151$\mu g/m^3$ 이상일 때 일반인의 장시간 또는 무리한 실외활동 자제를 권고하고 있다. 그러나 이형숙의 연구 결과로 볼 때 일반적으로 안심하는 수준인 50$\mu g/m^3$에서도 마스크 없이 야외활동이나 운동을 할 경우 위험 수준에 노출될 수 있다는 것이다. 임종한 인하대학교 직업환경의학과 교수는 "산출된 결과만 봐도 우리 미세먼지 기준을 행정적 측면보다 건강에 초점을 맞춘 세계보건기구의 수준으로 낮춰야 할 이유는 분명하다"고 말한다. 경기도의 생활환경복지지표 개발 연구에 따르면, 미세먼지 연평균농도를 $PM_{2.5}$ 농도 15$\mu g/m^3$, PM_{10} 농도 25$\mu g/m^3$ 수준으로 달성하면 초과사망자는 2만 명에서 5,000명으로 75.2%나 줄일 수 있다고 발표했다. 호흡기질환 입원 초과 건수와 만성기관지염 진단 초과 건수도 각각 73%와 73.4% 감소할 것으로 추정되었다. 미세먼지 기준을 강화하면 우리나라 국민들은 훨씬 더 건강하게 살 수 있는 것이다.

다행히도 문재인 대통령은 공약을 통해 현재 미세먼지 환경 기준을 최소 선진국 수준, 최대 세계보건기구 권고 수준까지 강화해나가겠다고 약속했다. 또한 기준마저 없던 초미세먼지는 기준을 신설하겠다고도 했다. 이것이 국민을 위하는 정치라는 생각을 하면서 꼭 공약이 실현되기를 기대해본다.

미세먼지 특보 기준을 강화해야 한다

우선 가장 급한 것은 미세먼지 일평균농도 권고 기준을 상향시키는 것이다. 현재 미세먼지 일평균농도 권고 기준을 보면 세계보건기구와 호주가 25$\mu g/m^3$를 적용한다. 미국과 일본은 35$\mu g/m^3$이다. 세계에서 가장 높은 기준을 적용하는 나라는 중국과 홍콩으로 일평균농도가 75$\mu g/m^3$

이다. 가장 낮은 기준을 적용하는 나라는 캐나다로 일평균농도가 15㎍/㎥이다. 그래서 캐나다는 세계에서 공기가 가장 청정한 국가로 꼽힌다.

최근 3년(2014~2016년)간의 서울특별시 미세먼지 및 초미세먼지의 평균 관측값을 환경부와 세계보건기구 권고 기준으로 분석해보았다. 그랬더니 미세먼지의 경우 환경부의 나쁨 기준인 81㎍/㎥ 이상인 날수가 30일이었다. 그러나 세계보건기구의 나쁨 기준인 51㎍/㎥ 이상인 날수는 127.3일로 무려 4배 이상 증가했다. 초미세먼지의 경우 환경부의 나쁨 기준인 51㎍/㎥ 이상인 날수가 13.7일인 데 반해, 세계보건기구의 나쁨 기준인 26㎍/㎥ 이상인 날수는 무려 141.0일로 10배 이상 증가했다. 우리나라 기준으로 보면 서울시의 경우 초미세먼지가 나쁜 날은 겨우 14일도 안 되지만 국제 기준으로 보면 미세먼지가 나쁜 날이 10배 증가한다. 국민들이 느끼는 체감 미세먼지 농도와는 엄청난 차이가 있다. 기준이 높으면 모든 대책도 이에 따라간다. 이미 국민들은 미세먼지에 고농도로 노출되어 있음에도 얼마나 나쁜지를 모른다는 것이다. 물론 정부는 2020년부터는 미세먼지 농도 권고 기준을 강화하겠다고 한다. 그러나 가장 먼저, 그리고 쉽게 할 수 있는 것이 권고 기준을 국제적인 수준까지 높여야 한다는 것이다.

미국 환경보호청은 1999년 초미세먼지 대기질 기준을 마련했다. 그리고 2006년 환경역학 연구 결과를 토대로 초미세먼지의 24시간 농도 기준을 65㎍/㎥에서 35㎍/㎥으로 개정했다. 또한 2013년 초미세먼지의 단기 및 장기 노출로 인한 조기사망, 병원 입원, 응급실 방문, 호흡기계 발달 저해 등 건강 위험을 줄이기 위해 초미세먼지의 연평균농도 기준을 15㎍/㎥에서 12㎍/㎥로 강화했다.

모든 나라가 미세먼지 농도 기준을 강화해나가고 있다. 우리나라도 이젠 세계적인 흐름에 동참해야만 한다. 문재인 정부도 미세먼지 농도 기준의 심각성을 인식하고 미세먼지 농도 기준을 선진국이나 세계보건기구 수준으로 강화하겠다고 하니 다행스런 일이다.

5. 미세먼지를 줄이려는 지속적인 정책이 필요하다

미세먼지 문제 해결을 위해 다양한 방식을 함께 동원해야 한다

미세먼지 문제를 해결하기 위해서는 다각도의 노력이 필요하다. 정부는 무엇보다 강력한 미세먼지 감축 정책을 추진해야 한다. 먼저 예·경보제 체계를 혁신해야 한다. 여기에는 인공지능을 활용한 모델 구축이 포함된다. 또한 2018년부터 미세먼지로 이름이 바뀔 예정인 초미세먼지의 측정망을 지금보다 2배 이상 확충해야 한다.

박근혜 정부의 미세먼지 정책을 살펴보자.

"국내 미세먼지 배출원을 감축하기 위한 방안도 적극적으로 실시한다. 에너지상대가격 조정 방안을 마련하고, 건설 중인 석탄화력발전소의 배출 기준을 좀 더 강화한다. 2016년부터 실시해온 노후 경유차 조기 폐차를 확대하고 수도권 운행 제한을 실시한다. 미세먼지가 고농도 시 비상조치를 취한다. 수도권의 행정 및 공공기관 차량 2부제와 공사 중지, 사업장 가동률 조정 등을 실시한다. 야외수업 중지 및 휴교 권고 등 대응 조치도 강화하고 취약계층 보호 매뉴얼도 개정한다.

그리고 현재 미세먼지 문제를 해결하기 위한 국제 협력을 진행한다. 현재 중국 동북부 지역의 대기오염 공동연구에 착수했고, 중국 대기질 정보의 실시간 수신 지역을 2016년에 35개 도시에서 2017년에는 74

개 도시로 확대한다. 또한 중국의 5개성과 저감사업을 확대할 예정이다. 한·일이 협력하여 미세먼지 측정 자료의 공유, 배출 특성 관련 공동연구 등을 실시한다. 미세먼지에 공동대응하기 위해 중국, 일본 등 주변국과의 협력도 강화해나간다. 우수한 대기정책과 대기오염 저감기술을 공유하기 위해 대기 분야 전문인력도 교류한다."

문재인 정부로 들어서면서 아직 디테일한 미세먼지 대책은 나오지 않았다. 현재 석탄화력발전소와 경유차 정책 등은 바뀌고 있다. 그러나 기존 정책에서 활용할 것은 적극적으로 진행하고, 부족한 것은 보충하여 미세먼지 정책이 일관되게 진행되어야만 한다.

문재인 대통령도 "많은 국민께서 국제 공조도 차기 정부의 숙제로 내주셨습니다. 중국발 황사와 미세먼지를 해결하기 위해 한·중·일 환경협약을 체결하고 공조해나가겠습니다"라고 국민과 약속했다. 쉽지는 않겠지만, 정부의 이런 노력은 지속되어야 한다.

다만 환경전문가들은 미세먼지 문제를 해결하기 위해서는 다양한 방식이 함께 동원되어야 한다고 말한다. 첫째는 중국과 인근 국가들이 협의체를 구성해 국제적 합의를 도출하는 것이다. 둘째는 당사국들이 미세먼지 저감을 위한 공동연구를 진행해 중국에 저감 기술을 이전해주는 것이다. 셋째는 한국과 일본 등이 자금과 기술을 중국에 제공해 저감시설을 설치해주는 방법도 있다. 마지막으로 경유차에서 배출되는 정도의 미세먼지로 우리나라에 영향을 미치는 북한과도 협력이 필요하다.

2017년 6월 1일 서울시는 "'미세먼지는 재난', 조례 개정…서울형 초미세먼지 민감군 주의보 도입"이라는 보도자료를 내놓았다. 서울에 미세먼지가 심한 날에는 차량 2부제를 자율로 하는 대신 출퇴근시간 대중교통요금이 면제된다. 또 미세먼지에 취약한 노약자를 보호하기 위해 기준을 강화한 서울형 초미세먼지 민감군 주의보[6]가 생긴다. 초미세먼지 민감군 주의보 발령 시에는 영·유아, 어린이, 65세 이상 어르신, 임산부, 호흡기 및 심혈관질환자 등 취약계층 105만 명에게 보건용 마스크를 보급한다. 여기에 내년부터 연간 29억 원을 편성해 어린이집 6,284곳과 아동복지시설 488곳에 공기청정기 설치·운영비를 지원한다는 것이다. 현재 환경부 정책보다는 파격적이고 실제 가슴에 와닿는 정책이다. 미세먼지에 대해서는 서울시의 정책을 정부가 따라갈 필요가 있다고 본다.

마지막으로 나무와 숲을 동시에 보는 정책이 필요하다. 세계적인 기후변화 연구기관 모임인 '기후행동추적Climate Action Tracker'이 2016년에 한국을 사우디아라비아, 호주, 뉴질랜드와 함께 세계 4대 기후 악당climate villain 국가로 선정했다. 우리나라의 대기질이 매우 악화되었다는 말이다. 그러다 보니 안병옥 기후변화행동연구소장은 '새 정부 환경·에너지 정책의 방향과 과제' 시민환경포럼에서 "미세먼지, 온실가스, 원전, 석탄가스, 가스, 재생에너지 문제는 한 묶음이기에 통합정책이 필요하다"고 주장했다. 너무 디테일하게 미세먼지에만 매달리다 보면 기후나 온실가스 문제를 간과하게 된다는 말이다.

미세먼지 배출 허용 기준을 선진국 수준으로 강화하라

정부는 미세먼지 배출 규제를 강화해나가고 있다. 자동차에 대한 오염

---

6 초미세먼지 시간평균농도가 75㎍/㎥이상으로 2시간 지속되면 초미세먼지 민감군 주의보를 발령한다. 이는 WHO(세계보건기구) 잠정목표 1단계 수준이다. 현재 미세먼지 주의보 기준은 1단계에 맞춰져 있었지만 초미세먼지는 더 느슨했다. 일반 초미세먼지 주의보는 시간평균 90㎍/㎥ 이상이 2시간 이어질 때 발령된다.

물질 규제 기준이 매우 중요하다는 말이다. 우리나라의 휘발유·가스차의 오염물질 배출 허용 기준은 세계 최강 기준인 미국의 초저배출 차량 기준으로 적용하여 2009년부터 2015년까지 관리해왔다. 2016년부터 2025년까지는 초저배출 기준보다 오염물질을 70% 이상 감소시킨 극초저배출 차량 기준을 적용하기로 했다. 자동차 배출 가스를 단계적으로 줄여나갈 계획인 것이다.

국내 경유차의 배출 허용 기준은 유럽연합의 기준을 적용한다. 대형 경유차의 경우 2009년에 유로 5 기준을 적용했고, 2014년부터는 유로 5 대비 미세먼지는 66%, 질소산화물은 77%까지 줄인 유로 6 기준을 적용하고 있다. 앞으로 노후 대형 버스·화물차를 대상으로 입자상 물질과 질소산화물을 동시에 저감하는 장치를 부착하고, 노후화된 휘발유·가스차를 대상으로 삼원촉매장치를 교체할 것이다. 운행차 검사기준도 강화해나가고 있다. 경유차는 종전에는 매연 검사만 받게 했으나, 향후에는 질소산화물도 검사받게 할 계획이다. 또한 2016년부터 휘발유·가스차의 운행차 탄화수소 배출 허용 기준을 미국 등 선진국 수준으로 강화했다. 그간 상대적으로 관리 사각지대에 있었던 이륜자동차와 건설기계, 농기계, 선박 등 비도로 이동 오염원에 대한 관리도 강화하고 있다. 2014년 4월부터 260cc 이상의 이륜차에 대해 정기검사를 받게 하고 검사대상을 확대해나가는 것도 좋은 예다. 비도로 이동 오염원인 건설기계와 농기계에 대한 배출 허용 기준을 강화하고, 기준 적용 대상 범위도 건설기계의 경우 6종에서 30종으로 확대하여 미세먼지와 질소산화물 배출량을 90% 이상 줄여나갈 예정이라고 한다. 선박도 2016년부터 국제해사기구의 배출 허용 기준 중 가장 강한 수준을 적용하여 질소산화물 배출량을 현재보다 75% 정도 줄여나가고 있다.

수도권 등 대도시 지역은 인구밀도가 높고 자동차가 많아 이로 인한 미세먼지를 줄이는 노력이 더욱 필요하다. 이를 위해 대중교통 이용객이 늘어나도록 지하철, 버스 등 대중교통의 편리성을 높여야 할 것이다. 또한, 직장별, 학교별 통근·통학버스 운영을 활성화하고, 전기차 등 친환경 자동차를 공동으로 이용할 수 있는 카 쉐어링 문화도 확산시킬 계획이다.

이런 정책들이 계획한 대로 잘 진행된다면 미세먼지나 오염물질 배출이 상당히 줄어들 것으로 보인다. 그러나 그동안 홍보 따로, 정책 따로를 자주 봐오다 보니 신뢰가 떨어지는 것도 사실이다. 무엇보다 미세먼지 저감 정책에 동참하려는 국민 공감대를 형성하고 일관성 있는 정책을 지속적으로 펴나는 것이 중요하다.

공격적인 친환경차 정책을 시행해야 한다

"2030년까지 개인용 경유 승용차 운행을 전면 금지하겠습니다." 문재인 대통령의 미세먼지 공약 중 가장 파격적인 내용은 '경유차 퇴출'이다. 2025년부터 경유차 판매 금지를 선언한 노르웨이, 휘발유·경유 신차 판매를 금지한 네덜란드보다 더 강력하다. 왜 각국은 경유차를 퇴출시키는 걸까?

노후 경유차량이 얼마나 많은 미세먼지를 배출하는지 국립환경과학원 교통환경연구소가 실험을 해보았다. 2003년식인 경유차량이 1km를 달리는 데 0.061g의 미세먼지가 나왔다. 이 차로 서울에서 부산을 다녀왔다면 종이컵 반 컵 정도(50g)의 미세먼지가 공기 중으로 배출되는 것이다. 그런데 이 차량에 매연저감장치를 장착해도 서울~부산 왕복 시 10g의 미세먼지가 나온다. 이 양도 엄청난 것이다. 2005년식 경유 시내버스는 더 심각하다. 서울에서 부산을 다녀올 때 123.2g의 미세먼지가 나왔다. 경유차량이 얼마나 많은 미세먼지를 배출하는지를 잘 보여주는 사례다. 이에 비해 휘발유나 LPG 차량은 운행 도중 미세먼지를 거의 배출하지 않는다. 그러다 보니 경유차량이 미세먼지 주범으로 몰리게 된는 것이다.

특히 수도권 시민들은 경유차량의 피해를 크게 입는다. 국립환경과학원이 2013년 발표한 대기오염 배출량 통계를 보자. 2010년 기준 전국에서 배출된 10㎛ 이하의 입자상 물질인 미세먼지(PM_{10})의 양은 11만 6,808톤이었다. 발전소와 제조시설에서 발생한 연료연소에 의해 발생한 미세먼지가 전체의 70%를 차지한다. 이어 자동차 등 도로 이동 오염원 배출량이 13%, 자동차 이외의 내연기관을 장착한 철도·선박·항공기·건설장비 등으로 인한 비도로 이동 오염원 배출량이 11%다. 그런데 수도권의 미세먼지(PM_{10}) 배출량 중 이동 오염원이 차지하는 비중은 78%다. 입자가 더 작은 초미세먼지($PM_{2.5}$)는 배출량의 86%가 이동 오염원에 의한 것이었다. 전국 평균보다 7배 이상 더 많다. 수도권은 좁은 지역에 많은 차량이 운행하다 보니 이런 현상이 발생한다. 그런데 바로 이동 오염원 배출량의 대부분은 경유차에 의한 것이다. 경유차의 경우 배출 기준을 만족시켜 출시되어도 급가속하거나 과중한 짐을 싣는 등의 실제 주행 조건에서는 기준치를 10배 이상도 초과한다. 문제는 차를 오래 타면서 매연저감장치가 노후화된다는 것이다. 또 고장이 나는데도 사후 관리가 이루어지지 않기 때문에 더 심각해진다.

최근에 미세먼지 대책 중의 하나로 경유세 인상안이 보도되기도 했다. 다행히 세금을 올리지는 않겠다고 결정한 것 같다. 이것은 잘한 것이라고 본다. 실제 미세먼지를 배출하는 경유차의 상당수가 노후 대형

미세먼지와 온실가스를 줄이기 위해서는 경유차 대신 친환경차를 확대 보급하는 것이 절대적으로 필요하다. 친환경차는 하이브리드, 플러그인 하이브리드, 전기차, 수소차 등을 말한다. 친환경차를 확대 보급하기 위해서는 무엇보다 친환경차 인프라 확대가 선행되어야만 한다. 그 어느 때보다도 공격적인 친환경차 정책이 필요한 시점이다.

화물차들이다. 그런데 이 차량들은 경유세를 올려도 유가 보조금으로 환급을 받는다. 경유세를 올리면 부담은 일반 경유차 운전자나 소형 화물차 소유주의 몫으로 돌아가기 때문이다.

일부 학자들은 경유차만 주범으로 모는 것은 부당하다고 한다. 미세먼지만 보면 경유차가 나쁘지만, 지구온난화를 부르는 이산화탄소 배출 면에서 보면 휘발유차량이 더 나쁘기 때문이다. 이산화탄소 배출량은 경유차가 가솔린차보다 20~30% 낮다. 경유차 규제 정책이 가솔린차 확대로 가서는 안 된다. 경유차를 없애는 대신 친환경 차량의 확대 보급이 절대적으로 필요하다. 친환경차는 하이브리드, 플러그인 하이브리드, 전기차, 수소차 등을 말한다. 정부는 2020년까지 국내 자동차 등록대수의 약 10%인 220만 대를 친환경 자동차로 보급할 계획이다. 일부 학자들은 친환경차가 과연 미세먼지 저감에 어느 정도 도움을 주는가에 대해 회의적인 의견을 내놓기도 한다. 그러나 현재로서는 미세먼지와 온실가스를 줄이는 최고의 차량이 친환경차다. 친환경차를 확대 보급하기 위해서는 무엇보다 친환경차 인프라 확대가 선행되어야만 한다. 그 어느 때보다도 공격적인 친환경차 정책이 필요한 시점이다.

사업장 및 생활 주변에서도 미세먼지를 줄이자

환경부의 미세먼지 줄이기 정책을 살펴보자. 과거에는 사업장 굴뚝에서 배출되는 대기오염물질의 배출 농도를 규제하는 방식이 주를 이뤘으나, 2008년부터는 수도권 지역에 대하여 대기오염물질배출총량제도를 적용하고 있다. 대기오염물질배출총량제도란 지역별로 대기환경이 수용할 수 있는 배출허용총량을 정한 뒤, 해당 지역 사업장에 연도별로 배출허용총량을 나누어주어 지켜나가게 하는 방식이다. 향후

2018년부터 2022년까지는 현재의 배출허용총량보다 50% 더 적게 할당할 예정이다. 또한 배출총량제 대상 이외의 사업자에 대해서도 배출허용기준을 단계적으로 강화할 예정이다. 이를 위해 2015년부터 신규 배출시설은 2010년 배출허용기준 대비 약 30~60%를 강화했고, 기존 배출시설의 경우 질소산화물은 20%, 먼지와 황산화물은 25%를 강화했다.

산업계가 자발적으로 미세먼지를 포함한 오염물질을 줄이겠다는 자발적 협약을 72개 다량 배출 사업자와 체결하여 감축해나가고 있다. 자발적 협약의 이행으로 2017년까지는 총 3만 6,000톤의 대기오염물질 배출량을 감축할 예정이다. 아울러, 벙커시유 등을 사용하는 보일러 버너에서 배출되는 오염물질을 저감하기 위해 중소기업, 상업용 건물 등에 설치된 버너를 질소산화물 등 대기오염물질을 적게 배출하는 저 NO_x 버너로 교체하는 비용을 지원하고 있다.

도시화에 따라 자동차나 사업장이 아닌 생활 속에서도 미세먼지가 다량으로 배출되고 있다. 수도권 지역만 보더라도 대기 중 반응에 의해 추가로 미세먼지를 발생시킬 수 있는 휘발성유기화합물의 약 15%가 생활 주변의 주유소, 인쇄소, 세탁소 등에서 배출된다. 특히 유조차가 주유소 저장탱크에 급유하거나 자동차에 주유하는 과정에서 공기 중으로 새어나오는 유증기에는 벤젠 등 발암물질이 포함되어 있으므로 이를 회수하는 설비를 설치하도록 하고 있다. 이를 위해 유증기 회수설비 의무설치지역을 기존의 산업단지와 대기보전특별대책지역, 대기환경규제지역 등 상대적으로 높은 대기오염이 우려되는 지역에서 나아가 인구가 많은 대도시 지역으로 확대해나가고 있다. 또한 자동차가 지나갈 때 흩날리는 재비산 먼지를 모니터링하는 '도로이동측정시스템'

으로 재비산 먼지를 측정하고 필요한 경우 도로 물청소를 하도록 하고 있다. 아울러 동절기 미세먼지 선제적 대응계획을 수립하여 추진 중이다. 국토교통부, 지자체 등과 협력하여 불법소각, 건설사업장 날림먼지, 벙커시유 불법 사용 등 미세먼지를 유발하는 각종 불법 행위에 대해 집중적으로 대응할 방침이라고 한다. 이런 노력들이 실질적으로 이루어져 미세먼지가 줄어들기를 희망한다.

미세먼지를 줄이기 위해 녹색 공간을 확대하라

"함부르크 면적의 70%는 호수와 강과 공원입니다." 필자와 함께 공부했던 독일 친구가 자랑하며 한 말이다. 그의 말처럼 함부르크는 녹색도시로 이름이 높다. 도시 한가운데 푸른 녹지, 깊고 푸른 호수, 물결치는 강변을 만날 수 있다. 도시에는 우아한 쇼핑거리, 고급 부티크, 앤티크 상점과 고급 식료품 상점이 즐비하다. 세계 최고 수준의 대학, 300여 개의 극장, 수없는 음악무대와 소극장을 만날 수 있다. 자연과 도시 생활이 조화될 수 있다는 것을 잘 보여준다. 이런 점을 인정받아 함부르크는 2011년 유럽 환경 수도로 지정되었다. 녹지와 호수가 도시 기후와 인간의 삶을 바꿀 수 있다는 것을 보여준 좋은 예다.

함부르크에 있다가 서울로 돌아오니 너무 비교가 되었다. 서울 등 우리나라의 대도시는 살기에 너무나 대기오염이 심했다. 미세먼지로 호흡하기가 어려운 날이 많았다. 어떻게 해야 서울도 살기에 쾌적한 도시가 될까? 그 방법 중 하나로 녹색 공간을 늘리는 정책이 시행되어야 한다.

KBS 김성한 기자는 나무들이 미세먼지를 흡수해 도심 숲은 공기청정기가 가동되는 것과 같다는 실험을 해보았다. 나무는 낮 동안 산소를 공급할 뿐만 아니라 인체에 해로운 미세먼지를 흡수한다는 것이다. 다

나무는 낮 동안 산소를 공급할 뿐만 아니라 인체에 해로운 미세먼지를 흡수한다. 산림과학원이 비교 측정한 결과, 숲속의 미세먼지 농도는 바깥보다 평균 10~20㎍/㎥ 정도 낮게 나타났다. 나무가 미세먼지를 잘 붙잡아서 미세먼지 농도를 낮춰줌으로써 공기청정기 역할을 하는 것이다. 도심 속에 녹지 공간을 확보해나가는 정책을 펴는 것도 미세먼지 농도를 저감할 수 있는 좋은 방법이다.

음은 보도 내용이다.

[김성한 기자] "차량이 오가는 도심의 일반 환경과 숲속의 미세먼지 농도를 비교해봤습니다. 버스 환승장에서는 '나쁨' 수준인 110㎍/㎥을 넘어갑니다. 그러나 숲으로 들어가자 미세먼지 농도는 75㎍/㎥, '보통' 수준으로 뚝 떨어집니다. 산림과학원이 지난 4월부터 비교 측정한 결과, 숲속의 미세먼지 농도는 바깥보다 평균 10~20㎍/㎥ 정도 낮게 나타났습니다."

[박찬열(박사/산림청 국립산림과학원)] "(나무가) 미세먼지를 잘 붙잡아서 농도를 낮춰줌으로써 공기청정기 역할을 하는 셈입니다."

[김성한 기자] "나무 한 그루가 흡수하는 미세먼지는 1년에 35.7g, 나뭇잎 표면의 거친 섬유 조직에 미세먼지가 붙잡혀 있는 겁니다. 미세먼지는 웬만한 바람에도 나뭇잎에 붙어 있다 비가 오거나 바람이 강할 때 바닥으로 떨어진다고 연구진은 설명했습니다."

나무만 많다면 굳이 미세먼지를 인위적으로 제거할 필요가 없지 않을까 싶을 정도로 나무는 미세먼지 제거에 효과가 큰 것이다. 정부는 무엇보다 녹지 공간을 확보해나가는 정책을 펴나갔으면 한다.

Tip 6
미세먼지 마케팅

미세먼지가 가전제품 시장 판도를 바꾸다

가전제품 회사가 웃음을 참느라고 힘들다. 2017년 봄에 발생했던 최악의 미세먼지 때문이다. 가장 수익을 올린 제품이 공기청정기다. 삼성전자, LG전자, 코웨이 등이 치열하게 경쟁을 펼치고 있는 제품이다. 벌써 2017년 1분기 판매량이 지난해 같은 기간보다 50% 이상 증가했다. 지난해 100만 대 수준에서 올해는 150만 대 이상으로 늘어날 것으로 업계에서는 예측하고 있다. 삼성전자의 경우 라인을 24시간 주 7일 풀가동하는데 3월 생산량은 작년 대비 100% 증가했다. 예전에는 소형 제품을 주로 구매했는데 최근에는 대형 고성능 제품이 많이 팔린다. 소비자들의 미세먼지에 대한 관심이 커진 것도 한몫했고, 대형 고성능 제품이라는 점도 크게 작용했다. 고급형 제품들은 스마트폰으로 제어할 수 있는 IoT(사물인터넷) 기능이 탑재되어 있다. 하반기쯤이면 AI(인공지능)가 탑재된 음성 인식 공기청정기도 출시될 예정이라니 기대가 크다.

공기청정기 말고 빅히트 친 제품이 건조기다. 건조기는 2016년에 LG전자와 중견 가전업체 린나이 등이 본격적으로 신제품을 선보였다. 2016년 연간 10만 대 수준으로 국내 시장이 커졌는데 올해에는 이보다 6배 많은 60만 대를 전망하고 있다. 2017년 1분기 롯데하이마트에서 건조기 매출액은 작년 1분기보다 11배 급증했던 것이 좋은 증거다. 건조기 시장에서 뒤떨어졌던 삼성전자도 새로운 건조기를 출시하면서 경쟁에 뛰어들었다. 최근 출시되는 건조기는 건조 과정에서 세균을 없애주고 세탁물을 빨지 않고도 먼지를 털어내는 기능도 있다. 미세먼지 저감에 제격이다. 또 전기요금이 매우 적게 든다. 2013년까지 폭발적으로 성장했던 제습기 시장의 재판이 미세먼지 가전 시장이라고 할 정도다.

'드레스룸용 천장형 빌트인 제습청정기'도 나왔다. 실내 공기질 관리가 강화되면서 드레스룸, 붙박이장 등에 결로, 습기, 곰팡이 등이 심각한 문제로 부각되고 있다. 이를 해결해주면서 공간 활용도도 높인 제품이다. 눈에 보이지 않는 미세먼지와 진드기를 제거한다는 스팀침구청소기도 불티나게 팔린다. 2017년 3월에만 미세먼지 관련 상품 판매 증가율은 전년보다 1,875%에 달했다. 미세먼지가 가전제품 시장 판도까지 완전히 바꾸고 있다.

참고문헌

강덕두 외, "미세먼지농도와 기상요소와의 시계열역학 분석", 부경대학교, 2016.

강진희 외, "미세먼지와 피부", 가톨릭대학교 의과대학, 2015.

경선영 외, "미세먼지/황사 건강피해 예방 및 권고지침: 호흡기질환", 가천대 의과대학, 2015.

국립환경과학원, "권역별 미세먼지($PM_{2.5}$) 농도 특성 파악 및 생성과정 연구", 진한엠앤비, 2015.

국립환경과학원, "도시지역 유해대기오염물질(HAPs) 모니터링", 진한엠앤비, 2014.

국립환경과학원, "주택실내공기질 관리를 위한 매뉴얼", 환경부, 2012.

국립환경과학원, "초미세먼지($PM_{2.5}$) 배출계수 자료집", 진한엠앤비, 2014.

권원태, "한반도 기후 100년 변화와 미래 전망", 기상청, 2013.

김도연, 『기후, 에너지 그리고 녹색이야기』, 글램북스, 2015.

김만해 외, "라이다 관측자료를 이용한 미세먼지 농도 산정", 서울대학교, 2014.

김범영, 『지구의 대기와 기후변화』, 학진북스, 2014.

김상헌 외, "대기 미세먼지가 천식 발생과 조절에 미치는 영향", 한양대학교 의과대학 외, 2016.

김승원 외, "건설업 옥외작업장 근로자의 미세먼지 노출 실태 조사", 계명대학교 등, 2016.

김승이, "초고층아파트 주민의 신체적 건강과 주거환경에 관한 연구", 아주대학교, 2012.

김인수 외, "미세먼지/황사 건강피해에 대한 예방 및 권고지침: 호흡기질환", 연세대학교, 2015.

김인수 외, "미세먼지/황사 건강피해 예방 및 권고지침: 심혈관질환", 연세대학교, 2016.

김준호, 『산성비』, 서울대학교출판부, 2007.

김태회, "미세먼지 예측모델의 정확도 향상을 위한 WRF 모델링: 객관분석기법에 따른 민감도 분석", 부산대학교, 2016.

남재작, 『기후대란 – 준비 안 된 사람들』, 시나리오친구들, 2013.

남준희 외, 『굿바이! 미세먼지 PM10, PM2.5의 위험성과 대책』, 한티재, 2017.

남종영, 『지구가 뿔났다 : 생각하는 십대를 위한 환경 교과서』, 꿈결, 2013.

달콤팩토리, 『미세먼지에서 살아남기』, 아이세움. 2014.

데브라 데이비스, 『대기오염 그 죽음의 그림자』, 에코리브르, 2004.

마리우스 다네베르크, 『기후변화에 대응하는 재생가능에너지』, 다섯수레, 2014.

명준표, "미세먼지와 건강 장애", 가톨릭대학교 의과대학, 2015.

미국심장협회(AHA), 《동맥경화증, 혈전증, 혈관 생물학 저널》, 미국심장협회, 2017.

박경호 외, "미세먼지 농도와 악성 신생물 사망률과의 상관관계", 한서병원가정의학과, 2016.

배현주, "서울시 미세먼지(PM_{10})와 초미세먼지($PM_{2.5}$)의 단기노출로 인한 사망영향", 한국환경정책·평가연구원, 2012.

비피기술거래, "미세먼지에 관련된 국내시장분석 보고서", 비피기술거래, 2016.

샤론 모알렘, 『아파야 산다: 인간의 질병·진화·건강의 놀라운 삼각관계』, 김영사, 2010.

서울시보건환경연구원 대기측정관리팀, "2017년 1월 대기질 분석 결과", 서울시. 2017.

서울시환경연구원, "서울시 주택의 실내 공기질 개선방안", 서울시환경연구원, 2013.

소지현 외, "겨울철 동아시아의 $PM_{2.5}$ 변동과 관련된 북태평양 기후변동성 분석", 한양대학교 해양융합화학과, 2014.

손일권 외, "수원 미세먼지 농도(PM_{10})와 시정의 상관관계", 공군10전투비행단 기상대대, 2015.

신범철 외, "2008-2015년 우리나라 PM_{10}, $PM_{2.5}$ 간의 농도비율과 상관관계", 국립기상과학원, 2015.

신희우 외, "강수강도와 시간에 따른 PM_{10} 농도의 시간적 변화 특성", 이화여자대학교, 2015.

양현종 외, "미세먼지/황사 건강피해 예방 및 권고지침: 천식", 순천향대학교 의과대학, 2015.

양혜원, 『오늘 미세먼지 매우 나쁨』, 스콜라, 2016.

오혜련 외, "서울에서 미세먼지 고농도 지속기간에 따른 기상장 비교: 1일 지속 대 4일 이상 지속", 서울대학교, 2015.

윤영균, "기후변화협약 협상동향 및 산림부문 대응 방향", 교토의정서 발효 2주년 학술심포지움 발표자료, 2007.

윤일희, 『현대 기후학』, 시그마프레스, 2004.

이노우에 히로요시, 배영진 옮김, 『은밀한 살인자, 초미세먼지 $PM_{2.5}$ 초미세먼지의 위협에서 살아남는 9가지 생활수칙』, 전나무숲, 2014.

이다솜 외, "미세먼지·초미세먼지 장기변동성에 미치는 기상장에 관한 연구", 광주과학기술원, 2017.

이원정 외, "부산지역 미세먼지에 대한 건강 취약성 평가", 부산대학교, 2014.

이유진, 『기후변화 이야기』, 살림, 2010.

이현경 외, “수도권의 고농도 미세먼지 발생시 종관장 유형 분석”, 국립기상과학원, 2015.

이형숙, “서울지역 미세먼지 농도가 호흡기계 및 심혈관계의 외래 방문 및 입원과 진료비에 미치는 영향”, 서울여자간호대학교, 2016.

인천광역시, “2020년 미세먼지 저감 종합대책”, 2016.

임유라 외, “서울시 미세먼지(PM_{10})로 인한 사망영향에 대한 기온의 수정효과”, 한국환경정책평가연구원, 2013.

장안수, “미세먼지가 건강에 미치는 영향”, 순천향대학교 의과대학, 2015.

전영신, “고려사에 기록된 황사와 황무현상”, 한국기상학회지, 2000.

전영신, “조선왕조실록에 나타난 황사 현상”, 한국기상학회지, 2000.

전형진 외, “겨울철 가정의 에너지 사용량과 실내환경 인자의 상관성에 관한 조사”, 한국실내환경학회지 8권 4호, 한국환경정책평가연구원 외, 2011.

전종혁 등, ‘2008~2013(6년)에 관측된 연무와 박무 현상과 이와 관련된 시정, PM_{10} 농도의 통계 특성 분석”, 국립기상연구소, 2014.

정명일 외, “서울시의 고농도 PM_{10} 발생일에 영향을 미치는 종관 기상장의 특성”, 서울대학교, 2016.

정성환 외, “미세먼지의 건강영향”, 가천대학교 의과대학, 2016.

정관영, “황사의 크기 및 침착량에 대한 수치모의”, 한국대기보전학회지,1998.

조경두 외, “인천광역시 미세먼지 실태분석 및 정책방안”, 인천발전연구원, 2009.

천만영 외, “대기오염 방지기술”, 신광문화사, 2014.

채상희 외, ‘$PM_{2.5}$ 배출 시나리오를 고려한 WRF-CHEM 수치모의에서의 구름 및 강수 변동 분석”, 국립기상연구소, 2010.

추교황, “MODIS센서를 활용한 서울지역에서의 미세먼지($PM_{2.5}$와 PM_{10}) 농도 추정 알고리즘 연구”, 강릉원주대학교 대기화경과학과, 2015.

클라우스 퇴퍼·프리데리커 바우어, 박종대·이수영 옮김, 『청소년을 위한 환경 교과서: 기후변화에서 미래 환경까지』, 사계절, 2009.

트루디 벨, 손영운 옮김, 『사이언스 101 기상학』, 북스힐, 2010.

함지영 외, "2016년 봄철 서울의 PM10, PM2.5 및 OC와 EC 배출원 기여도 추정", 국립기상과학원, 2017.

환경학회, "고농도 미세먼지 대응을 위한 토론집", 한국대기환경학회, 2017.

한현동, 『이상기후에서 살아남기1, 2』, 아이세움, 2009.

환경부, "대기오염측정망 기본계획 조정 및 재수립을 위한 조사연구", 환경부, 2009.

환경부, "바로 알면 보인다. 미세먼지, 도대체 뭘까?", 2016.

환경부, "측정망 설치 · 운영 실태평가 및 기본계획 조정을 위한 연구", 환경부, 2014.

허정화 외, "1997년부터 2013년까지 서울에서 관측된 미세먼지 농도 변화", 서울대학교 지구환경과학부, 2014.

허창회 외, "서울에서 4일 이상 지속되는 미세먼지 고농도 현상의 발생 원인과 이동 패턴 분석", 서울대학교, 2015.

현준원 저, "미세먼지 오염 저감을 위한 대기관리법제 개선방안 연구", 한국법제연구원, 2015.

Bryan N. Duncan et al, *A space-based, high-resolution view of notable changes in urban NOx pollution around the world (2005-2014)*, Journal of Geophysical Research, 2015.

C. Donald Ahrens, *Essentials of Meteorology*, Cengage Learning, 2008.

Cotton, *Human Impacts on Weather and Climate*, Cambridge University Press, 2007.

Estokova, Adriana, *Powdered Substances and Particulate Matter in Industry and Environmental*, Trans Tech Pubn, 2016.

Felix Gad Sulman, *Health, Weather and Climate*, S. Karger, 2007.

Harrison, R. M., *Airborne Particulate Matter: Sources, Atmospheric Processes and Health*, Royal Society of Chemistry, 2016.

Kalima, Al, *Dust and Ashes*, Balboa Pr, 2016.

Marvel et al., *Earth temp decendent of Aerosol Effect*, NASA, 2015.

Phillips, David Graham, *The Grain of Dust*, Createspace Independent Pub, 2015.

Robin Birch, *Watching Weather*, Marshall Cavendish Children's Books, 2009.

U. S. Environmental Protection Agency, *Particulate Matter Research Needs for Human Health Risk Assessment to Support Future Reviews of the National Ambient Air Quality Standards for Particu*, Bibliogov, 2013.

U. S. Environmental Protection Agency, *Receptor Models Relating Ambient Suspended Particulate Matter to Sources*, Bibliogov, 2013.

U. S. Environmental Protection Agency, *Regulatory Impact Analysis of the National Ambient Air Quality Standards for Particulate Matter*, Bibliogov, 2013.

William James Burroughs, *Does the weather really matter?*, Cambridge University Press, 2005.

초판 1쇄 발행 2017년 9월 12일
초판 3쇄 발행 2019년 6월 20일

지은이 김동식 · 반기성
펴낸이 김세영

펴낸곳 프리스마
주소 04029 서울시 마포구 잔다리로 71 아내뜨빌딩 502호
전화 02-3143-3366
팩스 02-3143-3360
블로그 http://blog.naver.com/planetmedia7
이메일 webmaster@planetmedia.co.kr
출판등록 2005년 10월 4일 제313-2005-00209호

ISBN 979-11-86053-08-9 03300